O livro dos feitiços e encantamentos de
Laurie Cabot

O livro dos feitiços e encantamentos de
Laurie Cabot

Laurie Cabot

com colaboração de
Penny Cabot & Christopher Penczak

ALFABETO

Publicado em 2020 pela Editora Alfabeto
Copyright ©2014 Laurie Cabot with Penny Cabot and Christopher Penczak. Todos os Direitos Reservados.
Laurie Cabot's Book of Spells and Enchantments is a trademark of Copper Cauldron Publishing, LLC, in the United States and/or other countries

Direção editorial: Edmilson Duran
Produção editorial: Lindsay Viola
Supervisão Geral: Thiago Ferreira
Tradução: Virginia Dalbo
Capa e diagramação: Décio Lopes
Preparação de textos: Luciana Papale e Gabriela Trevisane

Revisão técnica: Claudiney Prieto
Revisão: Luciana Papale e Marisa Petcov
Fotos: Rory McCracken e Terra Nova Creative
Agradecimentos: Um agradecimento especial para Jean Renard por ceder a foto de Laurie Cabot usada na capa, Susan Cohen, Jean Mills, Tom Cowan e para todos do Cabot-Kent Hermetic Temple.

DADOS INTERNACIONAIS DE CATALOGAÇÃO NA PUBLICAÇÃO (CIP)
Angélica Ilacqua CRB-8/7057

Cabot, Laurie
  Livro dos feitiços e encantamentos de Laurie Cabot / Laurie Cabot, Penny Cabot, Cristopher Penczak: tradução de Virginia Dalbo. – 3ª edição – São Paulo: Alfabeto, 2021.

  416 p. – Bibliografia
  ISBN: 978-85-98307-86-2
  Título original: Laurie Cabot's Book of Spells and Enchantments

  1. Wicca 2. Magia 3. Ciências ocultas I. Título II. Cabot, Penny III. Penczak, Cristopher IV. Dalbo, Virginia

  19-2552   CDD 299.94

Índices para catálogo sistemático:
1. Wicca 299.94

Todos os direitos reservados, proibida a reprodução total ou parcial por qualquer meio, inclusive internet, sem a expressa autorização por escrito da Editora.

Termo de isenção de responsabilidade: este livro e todos os seus feitiços, rituais, fórmulas e conselhos não substituem o atendimento ou consulta médica. Por favor, consulte um médico antes de usar qualquer erva, remédios ou qualquer tipo de chá. Sem indicação específica, fórmulas não devem ser consumidas ou ingeridas. A editora e a autora não se responsabilizam pelos usos deste material.

EDITORA ALFABETO
Rua Protocolo, 394 | CEP 04254-030 | São Paulo/SP
Tel: (11)2351-4720 | E-mail: editorial@editoraalfabeto.com.br
www.editoraalfabeto.com.br

Qualquer feitiço deste livro mágico não se realizará
se não for correto e para o bem de todos.

Os olhos do Deus e da Deusa estarão sobre tudo
o que eu fizer com meus trabalhos mágicos.

Então, que assim seja!

Sumário

Prefácio da Edição Brasileira 11

Prefácio 15

Introdução 17

Capítulo Um – Feitiços & Encantamentos 21

Os fundamentos de um feitiço 24

Desejando, pensando e lançando um feitiço 29

Armadilhas 30

Carma 31

Magos e Bruxos improváveis 33

Capítulo Dois – Magia & Ritual 35

Alfa 36

A contagem regressiva do cristal 37

Ferramentas do altar 39

Limpando e consagrando 42

Montando o altar 43

Espíritos na magia 44

O Círculo Mágico da Tradição Cabot 46

O Círculo Mágico 47

Capítulo Três – O Herbanário Mágico 53

As bênçãos da natureza 53

Magia herbal 57

Ervas, plantas & árvores 59

Resinas & seivas 89

| 7 |

8 | Livro dos feitiços e encantamentos de Laurie Cabot

Óleos mágicos: essências, infusão & fragrância 91

Pedras, minerais e metais 98

Metais 115

Animais 120

Terra de cemitério 125

Cor, símbolos & outras ferramentas mágicas 126

Capítulo Quatro – Proteção Mágica 135

Más intenções 136

Sem prejudicar ninguém 138

Neutralização 138

Escudo de proteção 140

Proteção contra fantasmas e espíritos 141

Proteção da casa 143

Ordens de proteção 144

Capítulo Cinco – Amor & Romance 159

Autoestima 160

Romance 162

Ética e problemas em magia de amor 164

Alimentando o amor 168

Capítulo Seis – Prosperidade 189

Profissão 192

Capítulo Sete – Curando 215

Imposição de mãos 216

Cores curativas 218

Cura a distância 220

Reflexologia e acupressão 222

Capítulo Oito – Casa Mágica 229

Mobília 229

Magia no banheiro 233

Decoração 235

Cristais e outros objetos de poder 237

Altares caseiros 241

Brinquedos mágicos 246
Proteção da casa 247
Comida mágica..248
Medicina e magia 255
Animal de estimação mágico..255

Capítulo Nove – Feitiços de Viagem 259

Proteção para viagens 261
Águas mágicas 270

Capítulo Dez – Poder Psíquico...273

Sensibilidade psíquica 275
Lunações do ano..281
Adivinhação..288
Comunicação com espíritos 290
Viagem astral 295

Capítulo Onze – O Empoderamento Mágico..........................301

Magia e poder...304
Respiração da Bruxa 309
Otimismo, pessimismo & equilíbrio 311
Poder com os outros 317
Vestindo-se magicamente 320
Provando a cinética...322
As vestimentas dos Bruxos 324
Óleos para os sabbats sazonais 327

Capítulo Doze – Divindades Mágicas 341

Capítulo Treze – Magias Emprestadas....................................389

Magia egípcia..390
Magia grega e romana 396
Magia judaico-cristã 399
Magia nórdica...405
Magia vodu 410

Conclusão – Magia, Religião & Criação..................................415

Prefácio da
Edição Brasileira

Quando soube da notícia de que Laurie Cabot tinha lançado um novo livro, depois de tantos anos sem publicar, eu mal pude acreditar!

Ao viajar para os Estados Unidos, no início de 2015, quase não podia esperar para chegar a Salem e adquirir logo o meu exemplar. Qual não foi minha surpresa quando fui presenteado, por Alexander Cabot, com um exemplar de *O Livro dos feitiços e encantamentos de Laurie Cabot*, em inglês, alguns dias antes de embarcar para a Cidade das Bruxas. O livro veio autografado pela própria Laurie Cabot e foi dado a mim durante um agradável almoço em um restaurante etíope no coração da Big Apple. Alexander é um dos Altos Sacerdotes da Tradição Cabot de Bruxaria e foi iniciado por Laurie em pessoa. Ele vem criando uma ponte entre Brasil e Estados Unidos, contribuindo substancialmente com o intercâmbio de Pagãos entre os dois países, já faz alguns anos.

Carreguei o livro em minha bolsa durante todo o dia, enquanto visitávamos diferentes pontos da cidade; eu estava ansioso para chegar logo ao hotel para abri-lo. Quando, finamente, pude abrir o livro, fui invadido pelo mesmo maravilhamento que senti quando li *O Poder da Bruxa* pela primeira vez, há praticamente 20 anos: a magia inconfundível de Laurie podia ser sentida em cada página. Era como se ela ditasse o texto em meus ouvidos conforme eu passava os olhos pelas linhas do livro. Li cada parte com a mesma intensidade e interesse, como se fosse um novato na Bruxaria, experimentando a mesma sensação de anos atrás. Pensei, logo nas primeiras páginas, "este livro precisa ser publicado no Brasil!"

Permaneci mais alguns dias em Nova Iorque e então parti em direção a Salem, acompanhado de minha querida amiga, Nadini, uma de minhas iniciadas na Tradição Diânica Nemorensis. Ela estava de férias, visitando comigo os Estados Unidos, ansiosa por vivenciar toda a magia da viagem. Como verdadeiros Bruxos que somos, chegamos a Salem no meio da madrugada, depois de enfrentar chuva, frio e neve. Após uma noite de merecido descanso num bom hotel, fomos ao Jaho Coffee, um dos cafés mais charmosos e conhecidos da cidade.

Eu já havia combinado com antecedência um primeiro encontro com Christopher Penczak, famoso autor de diversos livros sobre Wicca e Paganismo nos Estados Unidos. Sabia que a Copper Cauldron, a editora que publicou o novo livro de Laurie, pertencia a ele. Queria aproveitar a oportunidade para conversar com o Chris e negociar os direitos de publicar uma tradução dessa obra no Brasil, pela Editora Ardane, que na época era apenas um projeto meu que não havia se manifestado. Chris foi me encontrar no Jaho Coffee, após os cumprimentos iniciais e alguns elogios mútuos, introduzi o assunto e ele aceitou a proposta imediatamente. Não só isso. Ele também organizou um encontro nosso com a própria Laurie. Eu já tinha visitado a Cidade das Bruxas outras vezes, mas nunca tinha tido a oportunidade de conhecer pessoalmente a Bruxa Oficial de Salem.

O encontro, que se deu na tarde daquele mesmo dia, foi maravilhoso. Laurie nos recebeu de forma muito amável, com um caloroso abraço, tirou fotos e contou um pouco da história de como aquele que se tornaria um dos autores mais conhecidos do Brasil de todos os tempos, mas que na época não passava de um agente literário misterioso e desconhecido, chegou em sua loja há mais de 20 anos para negociar os direitos de seu primeiro livro publicado no Brasil (*O Poder da Bruxa*), e foi embora aborrecido, sem ter conseguido falar com ela que, então, já era uma Bruxa mundialmente famosa. Esse encontro meu com Laurie selou a negociação que possibilitou a publicação do livro no Brasil, e que agora se encontra em suas mãos.

Laurie Cabot tem feito muito pela comunidade Pagã ao longo de todos esses anos; sua prática de Bruxaria tem seu próprio sabor. Se você gosta da marca singular de Laurie, encontrada em seus outros livros, vai adorar também essa obra, que traz rituais, poções, filtros e encantamentos típicos dela.

O Livro dos feitiços e encantamentos de Laurie Cabot é uma fonte inesgotável de informações, práticas espirituais e visões místicas. Laurie nos contempla, ainda, com sábios conselhos e orientações preciosas a cada capítulo, tornando possível evitar os erros potenciais, equívocos e as armadilhas tão comuns encontradas ao longo do caminho dos que estão dando seus primeiros passos na Bruxaria.

Pela primeira vez o Livro das Sombras da família Cabot é aberto para compartilhar seus mais profundos mistérios! Somos privilegiados por vivermos este momento ímpar na história da Bruxaria, quando Bruxas e Bruxos podem revelar livremente seus segredos, sem medo de perseguição. Laurie faz isso de maneira magistral em suas obras.

Desfrute as páginas deste livro, pois ele é um exemplo, além de ser resultado de uma história de perseverança, amor e fé de uma Bruxa que tem praticado a Arte por mais de 60 anos e que ajudou a construir tudo o que hoje desfrutamos.

Explore cada parte desse mundo fantástico no qual a autora nos ensina que toda magia é possível e que o verdadeiro poder da transformação está no interior de cada um de nós. Esse poder sempre nos pertenceu. Talvez você precise de um livro como este para despertar a consciência de que o poder é inerente a cada um de nós, e que é chegado o momento de finalmente assumi-lo e integrá-lo como seu legado inato.

Use esse poder para transformar a sua vida.

Use-o para transformar o mundo!

Claudiney Prieto
Fundador da Tradição Diânica Nemorensis e
autor do best-seller *Wicca: A Religião da Deusa*

Prefácio

Quando Laurie e eu começamos a conversar sobre este livro, ela tinha fechado recentemente a Official Witch Shop, na famosa cidade de Salem, em Massachusetts, na região de Pickering Wharf. Como muitos estudantes que cresceram na Nova Inglaterra, eu fazia viagens de campo e passava férias familiares em museus históricos e lugares famosos relacionados aos julgamentos de Bruxas em Salem. Foi na adolescência, contudo, que meus olhos se abriram para as verdadeiras lojas de Bruxaria naquela cidade, tornando a Bruxaria algo real, uma tradição viva, e não um capítulo encerrado da história, saído de um filme de terror ou de um livro. Fiquei encantado com a Crow Haven Corner, na época, uma loja gerenciada pela filha de Laurie, Jody Cabot, e foi lá, no quarto dos fundos, que fui apresentado a Laurie. Desde então, comecei a ter aulas com ela, o que mudou minha vida.

Ainda que os rituais, as aulas e as celebrações fossem mais importantes, a loja foi uma porta de entrada para mim. No sentido literal e figurado, ela me abriu as portas do mundo mágico. Eu amava os pequenos pacotes de ervas e incensos, a variedade de pedras, as curiosidades e as estátuas, e recebia sempre uma aula completa quando simplesmente perguntava, para quem estava detrás do balcão, o que eram aqueles objetos e como eles eram usados.

Mas as coisas mudaram, Laurie se mudou de Crow Haven e se associou com várias outras lojas, incluindo a Pyramid Books, a primeira encarnação da Nu Aeon e a loja Enchanted. Ela também abriu suas próprias lojas, uma antes da Crow Haven, que foi a primeira em Salem e uma das primeiras lojas de ocultismo na América, além de mais tarde ter aberto outra no cais – The Cat, the Crow and the Crown e, finalmente, a Official Witch Shop. Gerenciar um espaço que se parece mais com uma escola comunitária e um centro de pesquisas religiosas é trabalho duro e, então, chegou a hora de ela fechar as portas de suas lojas. Eu temi que grande parte da magia especial que permeava cada um daqueles locais sumisse e fosse esquecida.

Ao mesmo tempo em que se interessa por uma ampla variedade de tópicos e trabalho comunitário, a principal alegria de Laurie é ajudar as pessoas por meio do compartilhamento da magia. Minhas visitas ao seu apartamento ocorreram enquanto ela estava trabalhando em projetos novos sobre feitiços, itens mágicos ou pesquisando novos ingredientes. Conversávamos sobre a vida e a magia enquanto ela trabalhava com grande alegria.

Era aquela alegria da magia que eu queria ver em um livro, queria documentar e compartilhar o trabalho que ela desenvolveu nas muitas lojas que tinha criado e lecionado. Em uma noite de Beltane, ao conversar sobre livros, sugeri que ela lançasse um livro de feitiços, pois sabia de sua paixão por compartilhar a magia. Laurie concordou, mas pediu minha ajuda para organizar a obra em parceria com sua filha, Penny, e assim foram plantadas as sementes do livro que você tem agora em suas mãos.

Nosso objetivo por meio desta obra foi reunir a magia que Laurie tem usado ao longo de sua história, mas também as coisas novas em que vinha trabalhando e, na sua própria voz, compartilhar os ensinamentos que ela tem para oferecer. Meu trabalho tem sido o de transcrever e complementar, conectando as partes da sabedoria de seus ensinamentos orais quando nos encontramos. Tem sido minha alegria e um privilégio partilhar deste momento com ela e ser capaz de compartilhar os frutos do nosso trabalho com vocês agora. Abra este livro e abrirá a porta para um mundo de magia e encantamento, dando os primeiros passos em direção às maravilhas onde o mistério espera por você!

Blessed be!

Christopher Penczak

Introdução

"Encantamento" é uma palavra que eu gosto de usar; assim como invocação também. Quando ouço a palavra *encantamento*, imediatamente vejo em minha mente um filme de Walt Disney, onde corujas falam, uma menina fala com uma lagarta e um jacaré toca uma trombeta, todos rodeados por estrelas cintilantes e vivendo em um lugar distante e místico, com flores cantando, evocando uma forte sensação de mistério. Encantamento e Invocação são palavras que Bruxas podem e devem usar. Para o leigo, elas podem parecer intocáveis, mas não são. A magia não está fora do alcance das pessoas comuns. O mundo está cheio de encantamentos; qualquer pessoa pode invocá-los. Tenho dedicado minha vida compartilhando esse mundo de encantos com aqueles que o procuram.

O que o mundo necessita é de magia. Algumas religiões a excluem. A ciência também a exclui, apesar de, para os Bruxos, a magia ser realmente uma ciência. A maioria das culturas escondeu sua magia, então não se pode vê-la. Não se consegue encontrá-la. Mas o mundo precisa de magia, agora mais do que nunca. Toda pessoa é capaz de algumas proezas mágicas, porque magia significa mudar, e tal mudança inclui mudar o mundo e o ambiente, vida e emoções, saúde e bem-estar geral. Magia é simplesmente a mudança.

Meu sonho era abrir uma loja. Eu não sonhava em abri-la em Salem, que agora é um famoso destino daqueles que procuram por magia, mas também infame pelos julgamentos de Bruxas. Sonhava em abrir uma loja de Bruxaria em Boston, mas acabei abrindo em Salem, e acho que funcionou melhor; a cidade equilibrou parte de seu passado. Especificamente, eu sonhava em abrir uma loja de Bruxaria onde as pessoas pudessem ser ensinadas sobre a magia real, onde elas pudessem aprender o que usar e como usar. Na loja dos meus sonhos, todos os atendentes seriam Bruxos verdadeiros, que poderiam ajudar as pessoas com seus problemas, ensiná-los a fazer sua própria magia e entender como não prejudicar ninguém e ainda assim atingir seus objetivos. Haveria Bruxos reais, vários de nós, usando nossas vestes tradicionais. As pessoas poderiam vir até nós e nos pedir ajuda. A maior parte das Bruxas daquela época estava escondida. Não havia nenhuma em Salem. Elas não eram visíveis ou acessíveis. Achei que se tivéssemos uma loja, seríamos acessíveis para qualquer um. Tudo o que você teria que fazer era ir na loja para aprender.

As pessoas pensam que a magia é mais misteriosa do que é. Na verdade, ela é muito científica. Existem estruturas e princípios; a magia muito prática, e magia prática é o que precisamos hoje. Necessitamos de coisas que podemos descobrir, e que realmente funcionam. Compartilhar minha magia não significa diminuir meu poder. Ninguém pode tirar seu poder pessoal a menos que permita. Se você tem proteção, ninguém pode prejudicá-lo, então não se preocupe com aqueles que tentam lhe prejudicar, embora você certamente pode prejudicar a si mesmo; seus astros e sua conjunção astrológica podem estar cruzados, mas compartilhar as bênçãos de feitiços e de encantamentos é uma coisa maravilhosa.

A maioria das pessoas que não são Bruxas tem grandes superstições sobre feitiços e rituais. Acham que alguém pode fazer um feitiço ou colocar uma maldição sobre elas, ou sentem que têm uma maldição de longa data ou que um membro da família lhes rogou uma grande praga. Grande parte dessas pessoas não tem conhecimento para lançar um verdadeiro encantamento, e quando o fazem, a maioria deles não dura muito tempo. Feitiços sempre podem ser quebrados. Sempre há uma solução para maldições reais ou imaginárias.

Quando leigos entravam na loja, considerávamos que eles tinham suas superstições e suas preocupações sobre o lado escuro da magia; nós ensinava-os a como neutralizar esse lado, como usar a magia para o bem e para a proteção e como deviam se sentir confortáveis perto de qualquer um que faz magia de qualquer tipo. Ensinava-os sobre feitiços de bênçãos, e como a magia pode ser usada por qualquer pessoa.

Não é preciso ser uma Bruxa ou um Bruxo para fazer magia. Alguns acham que sim, mas eu digo absolutamente que não. Qualquer pessoa pode fazer magia. Ensinamos a ciência e a arte da Bruxaria separada da religião, para que qualquer pessoa possa ser uma Bruxa científica. Você também pode ser uma Bruxa criativa, e não precisa praticar a religião em tudo. Existem três fases distintas de Bruxaria em nossa Tradição. Você pode manter suas próprias práticas e crenças, mas buscar pela magia prática em sua vida. Quem sabe aonde ela vai levá-lo?

Depois de 42 anos, fechei as portas da minha loja em Salem. Com uma loja eu estava limitada apenas àqueles que poderiam vir até mim. Com este livro, posso compartilhar meu trabalho em todas as lojas de Bruxaria, continuando minha missão de encher este mundo de encanto e magia.

Muitos dos feitiços que realizamos são feitos espontaneamente, conforme necessário, sem serem escritos com exatidão, pois foram ditos num momento de inspiração. Porém, neste livro, eles foram elaborados; eles funcionam, são fórmulas e ensinamentos que usei em minha loja. Eu os dividia com meus clientes quando eles vinham para uma leitura psíquica, e com meus alunos para ensiná-los a aprender a fazer sua própria magia. Esses feitiços se baseiam na ciência da Bruxaria, nos princípios sólidos da magia. Eles funcionam porque seu fundamento é sólido. As pessoas continuavam a voltar à loja, pois sabiam que minha magia era confiável. São esses feitiços comprovados e os princípios que os criou que eu quero compartilhar com você. Alguns são do Livro das Sombras de nossa família.

Ao contrário da loja, este livro pode ir a qualquer lugar, pode estar na biblioteca de todo mundo. Qualquer um pode aprender o que teria aprendido se viessem à loja e ainda mais. Lá era possível obter resposta a uma pergunta, mas este livro ensina como fazer magia a cada feitiço. Nunca pensei que Bruxos pudessem escrever o "como" em livros, mas aqui estamos. O mundo mudou tanto. No passado, tenho certeza de que as pessoas nunca imaginaram que Bruxas abririam lojas.

Quando caminhava pelas ruas de paralelepípedos de Salem, eu amava quando a brisa fresca, proveniente do porto, levantava a ponta da minha capa. Vendo as casas históricas e o porto, minha mente ia automaticamente para a época dos julgamentos das Bruxas. Passeando em Salem, pude sentir que sou parte da nossa história. Enquanto caminhava pela rua em minhas vestes, fiz uma promessa de que eu não as tiraria, para que, assim, tivéssemos uma Bruxa visível. Para que todos que têm um mal-entendido sobre Bruxas e o que aconteceu com elas pudessem passar a compreender e a saber que somos reais. Eles precisam dessa ligação, é um presente morar perto das Bruxas, que sempre têm sido as guardiãs de nossas culturas. Nossas comunidades precisam de nós; o mundo precisa da nossa magia. É bom estar visível agora. É bom estar andando pelas ruas onde as pessoas eram tão preconceituosas, onde uma vez mataram por acreditarem que Bruxas eram más. Agora estamos aqui para ajudar nossos vizinhos, nossa comunidade e o nosso mundo, e para ser uma parte visível da vida.

Nem todos podem andar com capas e mantos pelas ruas, então este livro precisa chegar aos lugares que não existam Bruxos visíveis, onde ainda podem não nos encontrar em sua comunidade e ver, sentir e ouvir o encantamento aonde quer que vá, em tudo o que faz. Deixe que este livro abra para você a porta de um mundo de magia, de feitiços e de encantamentos.

Capítulo Um

FEITIÇOS & ENCANTAMENTOS

Sempre que as pessoas pensam em Bruxas, elas pensam em feitiços. A ideia da Bruxa lançando um feitiço para conseguir o que quer pinta um quadro místico e é parte da nossa cultura. Essa imagem pode ser encontrada em nossa mitologia, no folclore, em livros, filmes e programas de televisão. Muitas pessoas querem aprender a fazer seus próprios feitiços, mas muitas vezes desistem porque pensam que não são poderosas o suficiente, que não são Bruxas. Mas qualquer um pode fazer um feitiço se sua mente estiver focada nisso.

Um feitiço é o que as outras religiões chamariam de oração. Bruxas pensam em oração – e em feitiços – de maneira diferente da maioria das pessoas. Sabemos que nosso próprio ser e nossa própria energia pode manifestar o resultado pelo qual estamos "rezando" ou fazendo um feitiço. Não necessariamente é preciso se ajoelhar para uma divindade, ou implorar para ela lhe conceder algo. Bruxas reconhecem que a deidade suprema é a mente universal, o que as pessoas chamam de Tao, Força, Deus/Deusa, a primeira causa e muitos outros nomes. É o poder supremo do Universo, não importa como vemos ou qual seja seu nome. Sabemos que somos parte disso. Em um dos meus livros favoritos sobre a filosofia hermética, o *Caibalion*, ela é chamada de Mente Divina, ou O Todo. Todas as coisas existem dentro da mente divina. Se você entender que é uma parte do todo, poderá causar muitas mudanças com a prática da magia.

Pessoas comuns fazem feitiços com mais frequência do que imaginam. A véspera de Ano-Novo é um grande exemplo de trabalho mágico. A maioria não percebe que as resoluções para um novo ano é um tipo de feitiço. No Réveillon as pessoas vestem suas melhores e mais glamorosas roupas, fazem um grande jantar com champanhe e outras bebidas, saem de suas casas para comemorar, elas estão em um estado mental de alegria, de luxo e de projetos para um futuro próximo. Querem ter um "bom ano" repleto de boa sorte, boa comida e bons momentos.

Sua resolução para o ano que se inicia é um feitiço. Não é apenas um simples desejo devido ao ritual em torno disso. Se você "entrar" em um determinado estado mental por meio de sua vestimenta e de suas ações, e em seguida definir sua intenção, realmente está fazendo magia. Todos os anos pessoas fazem feitiços sem saber.

Se você passa a véspera de Ano-Novo com uma cerveja e com comida chinesa em frente à televisão, você deveria mudar esse hábito ou estará fazendo a mesma coisa no próximo ano. Vá ao teatro ou a um show. Arrume-se. Faça algo magnífico; faça sua resolução e certamente terá um ano melhor. Bruxas fazem a mesma coisa no nosso dia mais sagrado, Samhain, comemorado como o Dia das Bruxas, ou Halloween, pela maioria das pessoas. Para nós, é nosso Ano-Novo. O povo celta começava o ano nesse dia, quando a estação começa a esfriar e a parte escura do ano tem seu início. Continuamos essas tradições, considerando o Ano-Novo espiritual. As Bruxas da Tradição Cabot se arrumam para esse dia tendo em mente o que querem invocar e transformar no próximo ano. O ato de se vestir nesta noite especial ajuda esse feitiço, assim como as resoluções para o nosso novo ano.

Além de fazer feitiços, uma Bruxa também é considerada uma encantadora. Encantamento é um componente necessário para a prática de magia. É uma daquelas palavras deliciosas, cheias, com um sentido de fantasia e maravilha. O encantamento ajuda a criar a configuração e a visão de si mesmo como sendo mágico e poderoso. Ele é o romance da magia. Não somente sobre o amor entre duas pessoas; trata-se também de encher sua vida com as coisas que você ama. Decore sua casa com objetos que realçam sua personalidade e seu caráter. Crie uma sala encantada ou encante sua casa inteira. Quando você começa a usar itens que ama e faz magia neste lugar, está criando uma projeção de como sua magia vai funcionar; uma visão de si mesmo, poderoso e mágico. Você realmente sente a magia funcionando. Encantos criam uma atmosfera mágica. Por exemplo, eu tenho um boneco pendurado em uma parede de minha casa, tenho uma cômoda antiga, no estilo vitoriano, e um espelho de moldura de ouro.

Não é só o seu ambiente que pode se tornar encantador, seu próprio *self* é um objeto de encantamento. Você pode usar maquiagem, vestes ou mesmo um chapéu pontudo para definir o humor de sua magia. No momento, estou com minhas unhas pintadas de azul para um encantamento de prosperidade de Júpiter; planeta que rege a boa sorte e negócios de sucesso. O modo de se vestir altera sua consciência e sua perspectiva, ajudando a magia. Verifique se você tem vários espelhos em sua casa para refletir sua própria imagem.

Encantamento vai além de decoração e de objetos físicos. É o uso das palavras, da ação e da beleza. Você pode criar uma imagem de sua magia com suas palavras, bem como a "visualização" de um feitiço. O uso das palavras para dar vida à sua intenção é um ato importante na magia. É como escrever um livro. As palavras irão ajudá-lo a ver seu objetivo se realizar por meio da criação de uma cena. É um aspecto importante no trabalho com feitiços.

Como qualquer outra habilidade, você pode desenvolver seu senso de encantamento. Palavras criam beleza e o encantamento cria uma beleza mística, mas nem todos nascem com essa habilidade. Experimente. Brinque com sons e palavras que criam sua própria magia. Leia sobre folclore e contos de fadas, ou os diálogos de um roteiro de uma peça de teatro. Leia uma poesia que ache sugestiva. Reflita. Por que você gosta dela? Quais são suas histórias e autores mais encatadores? Quanto mais estudar e praticar, mais as habilidades para criar com suas palavras crescerão.

Nas páginas deste livro, compartilharei meus segredos de feitiços e encantamentos, usando ideias, ferramentas, imagens e palavras que tornaram meus trabalhos bem-sucedidos. O feitiço é um método para focar sua intenção, e as Bruxas têm estudado a ciência e a arte de um feitiço eficaz, focando efetivamente a intenção. Valendo-se da experimentação e da prática, você será capaz de usar magia para transformar sua vida, quer se identifique ou não como uma Bruxa. Conforme a jornada continua, pode até ser que descubra que existe uma bruxinha aí dentro de você.

OS FUNDAMENTOS DE UM FEITIÇO

Enquanto na Bruxaria tendemos a falar de maneira religiosa, pois ela é uma religião, a ciência básica, que repousa no lançamento de um feitiço, é como a ciência por trás da energia da luz. As palavras românticas da Bruxaria não vão ensinar o que a luz faz, apesar de tal romance definir o humor do encantamento. Às vezes, é preciso aprender de um jeito mais enxuto e menos romântico para compreender a ciência. Mistério é importante na Bruxaria, mas ele pode ser superestimado. As pessoas precisam ser claras. As coisas precisam ter pragmatismo para ter valor, pelo menos para os iniciantes na ciência da Bruxaria. Uma vez que você aprender os rudimentos de um feitiço, vai poder usar a arte da Bruxaria e a linguagem romântica do encantamento em seu feitiço. Mas você deve sempre saber o poder subjacente por trás de toda a magia.

Esse poder subjacente é o que muitas Bruxas retratam como a "mente universal". Podemos personalizá-la e chamá-la de Deusa e/ou Deus, é o que muitos de nós fazemos, mas ela também é percebida como uma inteligência divina impessoal, o impulso da criação. É a soma total do visível e do invisível, e as Bruxas sabem que a mente universal é luz. A energia do Universo cria tudo no mundo que nós experimentamos através da luz que, tanto do espectro visível do arco-íris quanto das ondas invisíveis de energia, que consideramos luz psíquica, é o meio pelo qual o Universo é criado e mantido e de como podemos comunicar nossas necessidades, desejos e intenções para a mente universal.

Nossos pensamentos, nossas palavras e nossa mente também são luz, porque fazem parte desta mente universal e são usados para nos projetarem em direção a ela. Fazemos isso através de energia luminosa, da visão psíquica interior, ou do terceiro olho, e por meio da energia que vive ao redor e através do nosso corpo, conhecida como aura. Nossos pensamentos, palavras e mente exterior afetam as visões internas do nosso olho psíquico, da nossa aura. A partir da energia mental, nossas intenções são projetadas em forma de energia para a mente universal, que se realizam no Universo, de uma maneira ou de outra, dependendo de quão clara sua energia e as suas intenções sejam. Aqueles com foco claro manifestam o que querem. Aqueles que não têm intenções claras, como a maioria das pessoas no mundo, têm manifestações pouco definidas e confusas na vida.

Os fundamentos de um feitiço bem-sucedido são:

- Resultado final: decidir qual o resultado que quer ou que precisa. O que deve ser criado?
- Visão clara: ver claramente pelo olho da mente. Imagine o resultado final já realizado. O objetivo já existe no nível psíquico, ele só precisa se manifestar no nível físico.
- Ferramentas: definir as ferramentas mágicas adequadas, aquelas com a energia apropriada para projetar suas intenções.

Juntas, essas três coisas podem ser chamadas de feitiço ou de "projeção", tal qual imaginamos quando dizemos "estou projetando meu desejo." Projeção é uma terminologia moderna mais confortável para as pessoas que acham conceitos de feitiços muito arcaicos ou românticos, mas eles são essencialmente os mesmos. Às vezes, quando alguém se refere a "projetar", pode não está usando ferramentas físicas, mas aquelas mais sutis do encantamento.

O resultado final do feitiço é a realização do que você quer. Aqui, no *Livro dos feitiços e encantamentos de Laurie Cabot*, dividimos os capítulos sobre feitiços em várias intenções populares, tais como amor e romance, prosperidade, proteção, cura, casa, viagens e empoderamento. Às vezes, tais intenções gerais não são suficientes. É preciso focar o resultado final do que se quer, a menos que esteja satisfeito com uma intenção geral. O que você quer exatamente, e tem certeza disso? Muitas vezes pedimos alguma coisa porque é o meio para um fim, porém devemos focar o fim em si, o resultado. Poucas pessoas realmente querem dinheiro: na verdade, querem fazer as coisas que o dinheiro proporciona. O que você quer fazer com o dinheiro? Se quer férias, faça um feitiço para férias. Se quer um carro novo, faça um feitiço para o carro novo que deseja. Tirar o foco do dinheiro ajuda a manifestar seu desejo verdadeiro.

Para ajudar a focar, visualize-se com o resultado final ao fazer o seu feitiço. Não se preocupe com a maneira que ele se manifestará. Mantenha a intenção de que seria "para o bem maior" ou "sem prejudicar ninguém", mas não sinta que precisa pensar em todos os detalhes. A mente universal é muito mais sábia do que nós e pode resolver as coisas de uma maneira que nem imaginamos. Se sentir que não pode visualizar, tente imaginar o feitiço o mais claro possível. Use um desenho ou um corte de uma revista. Coloque seu rosto na foto para mostrar o que quer que ela se manifeste. A habilidade de visualização pode crescer com o tempo e a prática.

Conheci um homem em Salem que ia trabalhar na Califórnia. Ele teria que vender sua casa e comprar uma nova naquele local. Três meses se passaram e nada estava acontecendo. Ele estava perdendo um tempo terrível tentando fazer as coisas mudarem de direção. Foi então que esse homem conheceu um Rosacruz, que disse para que ele não se preocupasse com os detalhes, para somente imaginar-se na Califórnia, em uma casa nova, com seus filhos em uma escola apropriada. E que era para ele imaginar isso tudo definido e alegre. "Não se preocupe com o "como", disse o Rosacruz, "concentre-se no que você quer. Então relaxe e deixe de se preocupar com isso. Dê um mergulho na piscina".

Ele seguiu esse conselho e, imediatamente após ter relaxado, uma ligação de sua nova empresa o surpreendeu. Apresentaram um corretor que além de encontrar uma casa para ele na Califórnia, pagou pela mudança. A casa em Salem ainda levou três meses para vender, mas tudo funcionou sem problemas, uma vez que ele parou de tentar controlar o "como" e centrou-se exatamente no que queria.

As ferramentas para seu feitiço podem incluir várias substâncias encontradas na natureza, como ervas, raízes, resinas, pedras, metais e peles de animais, muitas vezes usadas em poções, que podem ser à base de água ou de óleo. Essas poções podem ser usadas em você mesmo enquanto lança o feitiço, ou em cima de outros objetos envolvidos no encanto. Pedras e outros artefatos, como joias, por exemplo, podem ser usados como talismã. Vários objetos podem ser colocados em um saco de pano colorido, pequeno, conhecido como amuleto, e levado com você até que o feitiço se manifeste plenamente. As ferramentas incluem também palavras escritas, que são queimadas ou transportadas em um pequeno saco; velas coloridas são acesas.

As ferramentas de encantamento também são consideradas mágicas, e podem ser usadas com ou sem outras ferramentas. Movimentos da mão, gestos e movimentos oculares, todos fazem a energia fluir. Certos feitiços requerem determinados movimentos, como saudação ao Sol ou à Lua, ou tocar o chão, por exemplo. Algumas tradições mágicas têm posturas clássicas e gestos para movimentar energia.

A maioria dos feitiços deve ser falada em voz alta, forte e imponente. Luz e som não podem ser separados. Mesmo aparentemente internos, seus pensamentos têm um som, uma vibração. Existem muitos sons que não ouvimos e muitas formas de energia que não podemos ver, mas, mesmo assim, são bem reais e afetam nossos feitiços. Quando você coordenar uma voz adequada com sua visão interior, muitas vezes não precisará de nenhuma outra ferramenta.

As palavras são particularmente poderosas em magia, porque são manifestações de nossos pensamentos. Toda nossa vida é criada por pensamentos, não importa se você entende esse fato ou não. Definir o pensamento – usando conjuntos claros de conceitos, palavras e imagens – é essencial para o lançamento de um feitiço. Pense na sua magia recitando a intenção em sua mente. Fale em voz alta para que não só você possa ouvi-lo: exteriorize para o mundo físico. Essas são palavras de poder. A mente universal vai interpretar sua intenção, usando o caminho mais fácil para manifestar um resultado que melhor se harmonize com suas palavras.

Às vezes, suas palavras não correspondem às suas intenções, então certifique-se delas. É preciso se comunicar claramente com a mente universal, pois ela tem inteligência e informação total e pode encontrar palavras para trabalhar sua magia e fazer as coisas acontecerem. Não sabemos todas as maneiras pelas quais as coisas podem se manifestar, mas a mente universal sabe.

Eu queria ir para a Inglaterra. Queria viajar por um tempo, mas não tinha ideia de como isso seria possível com minhas contas e compromissos em casa. Tão logo expressei essa intenção e lancei meu feitiço, recebi uma ligação de uma companhia química do Reino Unido. Eles queriam me contratar para fazer consultas psíquicas sobre as pessoas que estavam prestes a contratar, e pagariam a viagem. Eu fiquei em uma casa que pertencia à empresa, mobiliada e com piscina, e ainda tinha um chef francês à minha disposição. Esse trabalho só duraria três dias, mas fui convidada para ficar por três meses. Na ocasião, apareci na BBC e em muitos outros programas no Reino Unido e acabei conhecendo um dos amores da minha vida. Não fiquei rica com esse trabalho, mas paguei minhas contas nos Estados Unidos e ainda sobrou para ir às compras em Londres. Fiz minha magia e rituais no campo, rodeada pelo cheiro de urze. Foi uma experiência incrível, e eu tinha bastante tempo, tudo porque projetei umas férias prolongadas na Inglaterra.

Completamente separada do feitiço de férias, fiz uma projeção para um relógio Rolex. Eu queria me sentir bem-sucedida, queria ter um símbolo de sucesso. Um mês depois, quando voltei, recebi um pacote de meus anfitriões da empresa química. Mandaram-me um relógio Rolex como um presente de agradecimento. Dois feitiços cumpridos em uma só situação, graças à sabedoria da mente universal. Eu nunca pensaria que uma empresa química realizaria esses dois desejos.

A música é outra forma eficaz de ferramenta. Por meio do canto, de instrumentos que você toque sozinho ou de uma gravação que harmonize o ambiente, a música empresta um poder emocional ao feitiço. As emoções podem nos ajudar a projetar a intenção. Quanto mais forte as emoções, mais forte ela pode ser projetada; a música ajuda a criar um clima emocional claro. Pense em quantos filmes mexeram com suas emoções com base na trilha sonora. Nas cenas românticas a música é muito diferente da que ouvimos nas cenas de confronto e de raiva. A música ajuda a aprofundar e a melhorar a experiência do filme. Assim como acontece na magia, nossa vida deve ter trilha sonora.

Às vezes, feitiços funcionam melhor em uma configuração de grupo, quando a magia é compartilhada. Outras vezes, funcionam melhor num ambiente solitário. Em grupo, deve ser feito por aqueles da mesma "tribo", ou aqueles que se consideram da mesma família. As pessoas devem ter confiança o suficiente em seus relacionamentos para permitir que todos tenham o que desejam, sem censurar, subconscientemente, os pensamentos uns dos outros. Se houver conflito subjacente é melhor fazer seus feitiços sozinhos. Encontrar pessoas com a mente e o propósito compartilhado, pode proporcionar resultados surpreendentes. As faíscas voam e a magia é bem-sucedida.

DESEJANDO, PENSANDO E LANÇANDO UM FEITIÇO

Enquanto a magia pode parecer simples, existem algumas sérias diferenças entre desejar, pensar e realmente lançar um feitiço, e muitas pessoas confundem os três. Compreendendo a diferença, você poderá decidir quanta energia quer colocar em um feitiço, e quanto do seu tempo e esforço vai gastar.

Desejar é simplesmente a esperança de que sua intenção se torne realidade. Às vezes, isso é suficiente, mas geralmente não é. Há pouca energia em um desejo. Ao ritualizar o desejo, mais energia será acumulada. Se você celebrar seu desejo em um ritual tradicional, então terá um acúmulo de energia dos últimos desejos, o que tornará o feitiço bem-sucedido. Desejar olhando uma estrela – ou jogando uma moeda na fonte ou no poço – é um ritual tradicional que empresta algum poder ao seu desejo. Mas as pessoas desejam coisas o tempo todo e, a maioria delas não coloca energia e foco suficiente e, provavelmente, nunca verão seus desejos realizados.

Pensar em um feitiço é só isso, o pensamento sobre sua intenção. Dependendo do seu nível de concentração e do seu foco, isso pode ser bom ou ruim. Muitas pessoas são demasiadamente claras em suas intenções, quando pensam sobre elas, sua mente está focada como um feixe de laser. Outras são mais vagas, sabotam suas intenções e nunca liberam totalmente sua magia para se manifestar. Uma vez que você está sendo claro, precisa deixar ir, em vez de ficar obcecado com os detalhes. Focar sobre o resultado final é importante. Caso contrário seus pensamentos vão lhe aprisionar em uma sopa psíquica.

Lançar um feitiço usa ciência e arte da magia. Para uma Bruxa, é a maneira mais eficaz de se realizar o intento. Ele simplesmente funciona melhor. Crie seu feitiço usando as correspondências mágicas. Escolha as ferramentas adequadas – ervas, pedras, velas e cores – e o momento mais adequado para fazer o feitiço. Use seus encantamentos para harmonizar a si mesmo e para encantar os outros. Faça o ritual para entrar em um espaço sagrado entre os mundos, onde sua intenção é mais bem recebida pela mente universal.

ARMADILHAS

Uma armadilha em magia é quando não somos claros. Quem me dera eu tivesse sucesso imediato em todos os meus feitiços e projeções, mas, às vezes, ficamos atrapalhados. Quando ficamos confusos, dizemos que caímos numa armadilha. Nossa cultura não funciona com base no princípio de primeiro projetar o resultado final. Tudo o que fazemos é detalhista. Quando não pensamos no objetivo final de nossa intenção, podemos ficar confusos com os detalhes e cair nas armadilhas. Mesmo as Bruxas não acreditando no conceito cristão de demônio, há alguma sabedoria no ditado "O diabo está nos detalhes".

A mente universal cria tudo o que experimentamos. Há uma inteligência que orienta a criação. Nós criamos quando interagimos com ela, quer saibamos ou não. A maioria das pessoas não sabe, e mesmo aqueles que sabem não são sempre claros em suas intenções, pois não somos criados com essa maneira de ver o mundo. Se entendêssemos verdadeiramente a natureza da criação, não seríamos tão confusos em nosso próprio pensamento. Seríamos muito cuidadosos em como projetamos nossas necessidades e nossos desejos. Teríamos mais cuidado com nossos pensamentos e palavras.

Pensar ou falar algo e não o neutralizar, e então externar para a mente universal manifestar, usando pensamentos ou palavras confusas, pode ser prejudicial. Nossa manifestação será confusa dentro da mente universal, ou poderá causar dano aos outros ou a nós mesmos.

Bruxos que pensam, dizem ou fazem algo que não querem manifestar como parte de sua magia costumam neutralizar isso. Para neutralizar, simplesmente pense "Eu neutralizo" logo após o pensamento indesejado. Quando algo é dito ou manifestado, mas deve ser neutralizado, fale "Eu neutralizo isso" logo em seguida. Se não quer criar algo que você imagina em sua mente, imagine um "X" branco sobre o que visualizou, cancelando-o, e pense ou diga "Eu neutralizo isso", na sequência, substitua esse pensamento, palavra ou imagem com o que você realmente deseja criar.

CARMA

Carma é tecnicamente um termo emprestado muito usado por Bruxos nos dias atuais, mas que é muito importante e válido. Proveniente das tradições hindu, a palavra carma se traduz em "ação", referindo-se aos resultados ou as consequências de suas ações. Muitos, erroneamente, acreditam que carma é sobre ter que pagar por algo ruim que fizeram numa vida passada, e desconhecem que é sobre como trabalhar na sua própria evolução na vida que tem agora. Basicamente, essa é a resposta que você tem das energias cósmicas que adquiriu quando veio para este lugar, para este tempo. Carma até tem a ver com acontecimentos de vidas passadas, incluindo as coisas que aprendeu antes e as que ainda precisa aprender ou experimentar, mas não é um castigo, não é necessariamente ruim. Carma é simplesmente carma.

Podemos definir o carma como uma forma de magia, uma parte do ciclo da reencarnação e a ascensão de uma mente superior. Por meio da experiência e do equilíbrio do carma, podemos mudar de um estado de ser no Universo para o outro, indo além de onde estamos agora, em direção à mente divina. Se a mente divina é "o todo", então, tornar-se um com o todo é o que devemos experienciar.

Carma é o mecanismo pelo qual podemos experimentar, aprender e realizar esta grande obra. Nós jogamos ou vamos jogar em todas as funções que existem para fazer isso. Fomos todos ladrões e vítimas; assassinos e assassinados; líderes e subordinados. Temos que ter todos esses papéis para entender a lição que cada um traz. Acreditamos que aqueles mais envolvidos na informação sutil e esotérica têm compreensão e experiência de alguns dos papéis mais antigos, mas há muito para aprender à medida que avançamos para a união com a mente divina. Nesta vida, cada um de nós tem um papel a desempenhar.

Entender o carma é simplesmente compreender o nosso lugar na vida, como chegamos aqui e o processo pelo qual podemos crescer e mudar. Não tem nada de pessoal. Podemos querer satisfazer nossos desejos pessoais, mas o carma não é sobre isso, seu papel é o de nos ajudar a prestar atenção em nossas lições, no nosso lugar no Universo e nesta vida.

Na astrologia, o planeta Saturno governa nossa compreensão do carma. Um ciclo de Saturno dura 29 anos e meio. Isso é chamado de Retorno de Saturno, pois ele retorna para o lugar que estava quando você nasceu.

Entre as idades de 27 a 30 anos, reavaliamos as lições de nossos primeiros 30 anos no Planeta. Se você não integrar o aprendizado, vai estar no mesmo lugar quando tiver 60 anos de idade. É como ser atingido na cabeça novamente pela mesma pedra. Mas se houver integração, as lições com 60 anos serão mais sutis, mais refinadas, e você tem uma chance maior de alcançar a sabedoria.

MAGOS E BRUXOS IMPROVÁVEIS

Há pessoas à sua volta usando magia o tempo todo. São Magos e Bruxos improváveis. Eles não se identificam como tal e podem não usar as armadilhas românticas familiares da magia, mas usam ferramentas de encantamento. Assim como a maioria de nós, na véspera de Ano-Novo, eles prepararam o cenário para criar um eu mágico entre os mundos. Mostre-me alguém bem-sucedido na vida e, provavelmente, você está olhando para um Mago improvável. Músicos, artistas e empresários projetam suas intenções claramente à mente universal. Eles sabem o que querem, imaginam-se alcançando isso e são claros em seus objetivos. Vestindo a roupa de poder – para cantar em um palco ou um terno antes de um almoço de negócio –, eles evocam uma confiança em si mesmos que se traduz em encantamento.

Passe algum tempo pensando sobre o uso de tais habilidades e seu próprio sucesso. Aposto, mesmo que nunca tenha feito um feitiço antes em sua vida, que você certamente já fez algum tipo de magia. Agora, com uma maior compreensão da ciência e da arte do lançamento de feitiços, você pode ser ainda mais claro e bem-sucedido.

Capítulo Dois

Magia & Ritual

A tecnologia é a máquina que coloca os princípios da ciência em prática, da roda ao computador. Se a Bruxaria é uma ciência, então o ritual é a tecnologia que a faz funcionar. Enquanto a maioria pensa que um ritual é supersticioso e arcaico, os Bruxos sabem que cada parte de um rito serve a um propósito. Mesmo quando alguns deles estão vestidos com o romance do encantamento, tudo tem sua função. Assim como todos os carros têm motor, rodas e volante, e ainda parecem ser diferentes dependendo da cor, do modelo e da marca, cada ritual, pelo menos na Bruxaria, tem semelhanças fundamentais, embora o estilo possa ser diferente. Existem inúmeros estilos na arte da Bruxaria, rituais e ferramentas não são apenas adereços, cada ato e cada ferramenta tem seu próprio poder.

Se você estivesse lendo essa obra em inglês, notaria que eu escrevo magia de uma maneira incomum. Por um tempo, a forma mais tradicional de escrever magia em inglês era *magic*, que também serve para representar os diferentes tipos de ilusionismos, como os realizados por Harry Houdini. O mago infame Aleister Crowley acrescentou o uso de um "k" no final dessa denominação para diferenciar os dois conceitos, usando a palavra *magick* para representar a magia em seu uso sagrado, uma ortografia vitoriana que resultou da sua obsessão com o número onze (K é a décima primeira letra do alfabeto). Eu, particularmente, uso a palavra *majick* para representar a mesma coisa em inglês. Numerologicamente, a palavra *majick* representa o número dois (4 + 1 + 1 + 9 + 3 + 2 = 20, 2 + 0 = 2). Dois é o poder da polaridade, quando as coisas se separam e depois se juntam novamente. É o Yin e o Yang dos taoístas chineses, é o princípio de equilíbrio entre as polaridades. Na Bruxaria, é o masculino e o feminino, o Deus e a Deusa. Algumas das escolhas de carreira daqueles que têm o número dois em sua numerologia incluem caminhos criativos, como músicos, designers ou arquitetos, professores ou curandeiros. Outros procurarão ser diplomatas ou conselheiros. Para mim, *majick* tem este tema embutido nela. É uma força criativa que pode ser usada para a cura e para o ensinamento. Isso nos ajuda na comunicação, como um conselheiro ou um orientador. A magia real incorpora todas estas coisas. Apesar de esse não ser um tema pertinente à língua portuguesa, já que a diferença entre magia e mágica é bem clara para os falantes desse idioma, é importante que saiba que as Bruxas da Tradição Cabot escrevem *majick* para representar magia em inglês. Lembrem-se disso.

Magia e rituais precisam de ferramentas, e não só aquelas do feitiço. Existem algumas ferramentas básicas que serão úteis, não importa que tipo de feitiço você esteja fazendo.

A primeira dessas ferramentas é o conhecimento do estado alfa, um estado de ondas cerebrais específicas que ajuda a acessar melhor suas habilidades psíquicas e mágicas.

ALFA

Embora alfa seja uma chave para a magia, nada mais é que um estado de ondas cerebrais a qual todos nós entramos várias vezes durante o dia. A única diferença entre os Bruxos e os outros é que sabemos como usar o alfa à vontade, para aumentar nossa magia.

Nossas ondas cerebrais são medidas em ciclos, por segundo ou por hertz. Existem quatro estados de ondas cerebrais principais, conhecidas como:

Beta	24 – 14 cps	Consciência normal acordada.
Alfa	14 – 7 cps	Relaxamento, sonho, consciência psíquica.
Teta	7 – 3 cps	Sono profundo.
Delta	3 – 0 cps	Sem pensamentos, consciência pura.

Cada um de nós completa o ciclo passando pelos quatro estados de consciência durante o sono. Muitos não percebem conscientemente que estão em estado alfa, que é um entre-estado no qual o indivíduo pode descansar, limpar, curar, reter informações, ser criativo, experimentar informações mediúnicas e projetar intenções mágicas. A maneira de recebermos informações enquanto em alfa é semelhante a como recebemos informações em um sonho.

Para entrar em alfa, eu criei a contagem regressiva do cristal, com base na ciência das ondas cerebrais e nas propriedades da luz. Essa contagem regressiva acessa o arco-íris do cristal de luz na sua aura. Essa luz transporta as informações, e essa técnica ajuda todo o espectro de luz a entrar em sua glândula pineal, a glândula associada ao seu terceiro olho, a sede da visão psíquica. Isso vai estimular sua habilidade psíquica e ajudá-lo a receber informações.

Para realizar a contagem regressiva do cristal, feche os olhos e relaxe seu corpo. Imagine a tela de sua mente na sua frente, entre as sobrancelhas, onde seria o "terceiro olho". Não tente ver com os olhos físicos, mas com sua mente, como você faria em um sonho. Visualize cada cor e o número na tela de sua mente conforme você for contando para um estado mais profundo.

A CONTAGEM REGRESSIVA DO CRISTAL

Sente-se calmamente em uma cadeira e feche os olhos. Respire fundo e relaxe. Prossiga e relaxe todos os músculos ao redor de seus olhos e pálpebras. Relaxe sua mandíbula. Sinta o calor no topo de sua cabeça, sobre sua testa, seu rosto e ombros, na coluna, ao longo de seus braços e dedos. Sinta o calor em suas coxas e pernas, sobre e sob seus pés. Relaxe.

Agora você vai entrar em nível alfa. Vamos usar a contagem regressiva do cristal. Olhe para a tela de sua mente, com os olhos fechados e relaxados. Você está usando o seu cérebro e não os músculos de seus olhos. Olhe para a tela de sua mente.

Veja o número sete, e a cor vermelha.

Veja o número seis, e a cor laranja.

Veja o número cinco, e a cor amarela.

O número quatro é verde, e a cor verde.

O número três é azul, e a cor azul.

O número dois é azul-marinho, e a cor azul-marinho.

O número um é violeta, e a cor violeta.

Agora você está em alfa.

Conte de 10 até 1 para aprofundar esse estado de consciência.

Dez, nove, oito, sete, seis, cinco, quatro, três, dois, um.

Você está agora no seu nível mais profundo de consciência,

onde tudo é claro e correto, e assim será.

Quando estiver terminado seu trabalho psíquico ou qualquer outra coisa que queira realizar em alfa, conte de maneira crescente.

Durante a contagem, apague sua tela mental com a mão. Abençoe-se com saúde, colocando sua mão no topo da cabeça e, com um movimento de varredura, desça sua mão na frente de seu corpo. No seu plexo solar, empurre a mão para fora do corpo. Conte de 1 a 10, sem cores. Conte de 1 até 7, sem cores. Abra os olhos.

Uma técnica útil é programar seu gatilho alfa instantâneo. Quando estiver em alfa, cruze seu dedo médio com o indicador e fale: "toda vez que eu cruzar meus dedos indicador e médio, isso será um gatilho para o alfa instantâneo". Use-o para:

- Achar vagas em estacionamentos.
- Relaxamento, respiração adequada e redução da pressão arterial.
- Melhor compreensão e memória nos estudos.
- Lembrar de informações importantes vindas de leituras ou de conversas.
- Melhorar as respostas em provas.

- Eliminar maus hábitos e condicionar hábitos mais saudáveis.
- Tudo o que sua mente possa criar com alguma utilidade.

Depois de tudo, diga:

Que isso seja correto e para o bem de todos.

Agora, quando fizer feitiços e rituais, você pode acionar seu gatilho alfa instantâneo ou fazer a contagem para um estado alfa mais leve, onde à luz de velas você fale palavras mágicas.

FERRAMENTAS DO ALTAR

Na Bruxaria, as ferramentas são partes envolvidas na tecnologia do ritual. Usamos esses instrumentos porque eles podem focar determinados tipos de energia e ajudam a criar o espaço mágico. Uma Bruxa pode fazer magia sem ferramentas, mas com elas as coisas ficam mais fáceis e mais claras. Assim como não é necessário exatamente ter um carro para viajar centenas de quilômetros, ter a ferramenta das "rodas" anexadas ao carro, moto ou outro item pode tornar a viagem mais fácil.

As ferramentas a seguir, no geral, são as mais importantes para o lançamento de um feitiço:

ALTAR: o altar propriamente dito é extremamente necessário para feitiços. Qual superfície você usará para seu espaço de trabalho? Pode ser a mesa da cozinha, um balcão, uma mesa de café ou qualquer superfície plana com espaço suficiente. Alguns Bruxos têm um altar exclusivo para seu trabalho mágico. Eu usei uma escrivaninha como altar durante anos, embora para rituais maiores era mais confortável montá-lo nas mesas da cozinha ou da sala de jantar.

TOALHA DE ALTAR: coloque um pedaço de tecido em cima de sua superfície de altar, por baixo de suas ferramentas. O algodão é ideal por ser um tecido natural. Não se preocupe em costurar a bainha de suas toalhas de altar. Se você é uma Bruxa ativa, sua toalha logo estará coberta com cera e precisará ser substituída. A cor do pano do altar pode ser alinhada com a cor do planeta associado ao seu ritual. Para uma toalha de altar destinada a todos os fins, escolha a cor preta. O preto é a culminação de todas as cores e substitui todas as cores universais.

BASTÃO: um bastão mágico é geralmente um pedaço comprido de madeira usado para criar o espaço sagrado do Círculo Mágico e para ajudar a direcionar sua energia. Existem bastões de todos os tipos, tamanhos e estilos, e ele não precisa ser muito grande para ser eficaz. O tipo de madeira pode afetar a magia do bastão. Muitas Bruxas preferem o bastão feito de macieira, porque é a árvore sagrada para a Bruxaria; a maçã tem um pentagrama de sementes no meio dela. Maçãs e romãs são símbolos sagrados da Deusa, quando você trabalha com essas frutas, está em sintonia com a energia Dela. Outras madeiras sagradas são: carvalho, salgueiro, freixo e espinheiro. Bastões modernos com frequência são trabalhados a partir de argila, tubos de metal, vidro e cristais. Todas essas substâncias têm suas próprias propriedades mágicas, mas tradicionalmente um bastão é feito de madeira.

TURÍBULO: um turíbulo é um queimador de incenso, um vaso no qual queimamos carvão e grãos feito de ervas, resinas e madeiras. A maioria dos incensos caseiros vai exigir um turíbulo ou uma ferramenta semelhante. Os turíbulos podem ser qualquer prato ou tigela. Coloque algumas pedras e areia no fundo, elas vão absorver e difundir o calor do carvão. Se você usar bastantes pedras e areia, vai poder até mesmo fazer um turíbulo numa taça de cristal decorativo, embora, tradicionalmente, eles sejam feitos em bacias de latão ou, nos dias de hoje, em caldeirões pequenos de ferro. Para evitar deixar marcas em seu altar use um material resistente ao calor, como um disco de mármore, disponível na maioria das lojas de cozinha, ou um tripé, que também vai ajudar a difundir o calor na parte inferior. Não queime a superfície do seu altar. Pequenos discos de carvão disponíveis em lojas de Bruxaria são acesos e colocados sobre a areia e em seguida o incenso é aspergido sobre a brasa para fazer fumaça. Incensos de vareta também podem ser colocados na posição vertical na areia. Em magia, o incenso geralmente corresponde à intenção do feitiço.

ATHAME: um athame é uma faca ritual, tradicionalmente, eles são de dois gumes e com cabo escuro. Hoje as Bruxas modernas usam uma variedade de athames, incluindo aqueles feitos de cristais e de pedras preciosas. Um athame pequeno e afiado é necessário para entalhar velas.

CASTIÇAL: muitos feitiços exigem a queima de velas. Por isso, um bom conjunto de suportes de vela é necessário. Castiçais de latão são os melhores, mas os de estanho também são bons. Ambos são ótimos condutores de energia mágica. Evite os castiçais de vidro, eles podem rachar com o calor extra e a energia da magia.

VELAS: uma variedade de velas coloridas é útil para a maioria dos feitiços. A luz bruxuleante é o elemento da criação.

FÓSFOROS: tradicionalmente, fósforos, e não isqueiros, são usados em magia. Isqueiros têm muitas variáveis desconhecidas, da química do fluido ao plástico do invólucro, que é um produto do petróleo, governado por Netuno, o planeta das ilusões e dos enganos. É melhor não ter tal energia no seu Círculo, mesmo ele tendo sido purificado e carregado. Prefira os fósforos que não tenham nada escrito neles, eles são ideais para magia.

PAPEL: o papel, ou um pergaminho mais sofisticado, são necessários para feitiços na forma escrita. É apenas neste caso que eu não aconselharia a ser ecologicamente correto. Não use papel reciclado, pois eles carregam uma energia anterior ao seu feitiço escrito. Certifique-se de que não há nenhuma marca d'água ou escrita sobre seu papel de feitiço, nada que interfira na sua magia. Use papel novo. Cores de papel e tintas semelhantes às toalhas de altar podem ser alinhadas com a cor associada à intenção do feitiço.

POÇÕES: garrafas para as poções que você criar são necessárias para o feitiço a longo prazo. Poções são usadas para ungir velas e objetos, bem como para efeitos mágicos.

Outras ferramentas têm orientação mais religiosa e servem para tipos específicos de rituais. Elas incluem:

CÁLICE: recipiente para água, usado para bebidas sagradas e como oferta de libação para a terra, Deuses e ancestrais. Geralmente é colocado no oeste do altar e pode ser feito de prata, vidro ou cristal.

PENTÁCULO: um pentáculo ou patena é um prato tradicionalmente usado nos rituais para manter os alimentos sagrados para o banquete. Na Bruxaria, é geralmente um disco com um pentagrama em cima dele, usado como foco para a energia. Itens podem ser colocados em cima do pentáculo para direcionar suas energias mágicas. Você pode fazer um pentáculo de papel se desejar.

SINO: um sino pode ser tocado para despertar uma energia específica ou uma divindade. Muitas vezes o sino é feito de um material que ajuda determinar o tipo de energia ou o ser que ele pode invocar.

ESTÁTUAS: estátuas de divindades específicas que você sente afinidade podem ser colocadas sobre o altar.

LIMPANDO E CONSAGRANDO

Todas as ferramentas devem ser limpas e consagradas antes da utilização. A limpeza de um item serve para remover qualquer energia indesejada ou incorreta do instrumento. A energia pode vir de proprietários anteriores, do ambiente onde foi encontrada ou de intenções passadas. Um instrumento pode ser purificado com aspersão de água, sal e poções de proteção, ou sendo passado através da fumaça de incensos de benjoim, olíbano e mirra. Tais energias também podem ser limpas e neutralizadas por pensamentos e intenções, passando as mãos sobre o item quando você estiver em alfa instantâneo ou limpando as energias indesejadas.

Itens são consagrados com uma energia específica. Ao usar um instrumento ou um ingrediente em um feitiço de amor, por exemplo, você vai carregá-la com amor. Se a magia for para atrair dinheiro, vai carregá-la com riqueza. Instrumentos em geral podem ser carregados com uma intenção geral para magia e não uma intenção específica. Pensar e falar sua intenção enquanto segura o objeto para carregá-lo com a energia dessa intenção é o suficiente para consagrar um item que já foi limpo.

Instrumentos também podem ser carregados com uma intenção "fixa" que não pode ser alterada pelo tempo ou por outras pessoas. No final do processo de consagração, você pode adicionar essa intenção.

MONTANDO O ALTAR

O altar para fazer sua magia deve ser o mais simples e fácil possível e deve estar virado para o Norte, a direção de energia associada com a Deusa. Geralmente, os instrumentos do altar são colocados de acordo com o elemento correspondente, embora para lançar um feitiço simples não seja necessária toda essa preocupação. Norte é Terra, e uma pedra ou uma tigela de sal pode representar esse elemento. O Fogo está no Leste, uma vela é geralmente um bom representante para ele. O Ar está no Sul, e um turíbulo de incenso ou uma pena é um símbolo excelente. O Oeste é a Água, que pode ser representado por um cálice ou por uma taça[1]. No centro devem ficar as ferramentas de trabalho necessárias para o feitiço, uma vela preta do lado esquerdo, uma vela branca à direita e uma vela de trabalho para a intenção do ritual no centro.

Altar da Tradição Cabot (cortesia de Enchanted em Salem – Salem, MA)

ESPÍRITOS NA MAGIA

Alguns feitiços exigem que você invoque espíritos para ajudá-lo em sua magia. Enquanto os espíritos não são instrumentos no sentido tradicional, eles se tornam aliados e parceiros em nossa magia. Espíritos podem ser incrivelmente úteis, eles podem ver as coisas de uma perspectiva maior, é como em "Alice através do espelho". Os espíritos podem ver o que não vemos. Seu pensamento é diferente do nosso próprio pensamento e percepções. Eles não distinguem as coisas como boas e ruins, então podem ter uma percepção maior; alguns são até capazes de ver o futuro. Embora Bruxas e magos possam prever o futuro, com frequência não podemos ver o nosso próprio destino com clareza, mas vários espíritos podem nos ajudar e nos avisar, porque eles podem ver claramente. Alguns espíritos, tais como as aldravas (ver capítulo 4), nos avisam do perigo invisível. Se solicitarmos essa ajuda, eles agem como um tipo de fada, que bate na nossa porta ou na parede para nos alertar sobre o perigo, ou o nos acorda caso estejamos dormindo e estamos correndo algum risco.

Muitos tipos de espíritos podem nos ajudar com nossa magia:

FADAS: existem fadas de todas as formas e tamanhos. A palavra "fada" é um nome genérico para muitos tipos diferentes de espíritos da natureza que habitam em uma dimensão paralela à nossa. Eles são o povo pequeno da mitologia celta. Bruxas de ascendência celta dizem ter sangue de fada. Quando eu era uma garotinha, costumava dar comida para as fadas, quando minha família morava na Califórnia. Gostava de fazer camas sob as roseiras. Apesar de ter visto fadas somente mais tarde, quando era criança eu já acreditava na existência delas.

ELFOS: são espíritos intimamente conectados com a natureza. Habitam em outro plano, como as fadas, mas são mais altos e não voam. Eles andam e falam como os humanos; muitos poderiam ser confundidos com seres humanos magicamente lindos. Alguns acreditam que elfos, às vezes, andam entre nós, caminhando entre os mundos à vontade. Eles até poderiam viver entre nós por um tempo; nós nunca saberíamos.

Gnomos e duendes: gnomos são espíritos da natureza como as fadas e os elfos, mas são menores, atarracados e vivem mais debaixo das profundezas da terra. São considerados espíritos de boa sorte e prosperidade devido à sua capacidade de desenterrar as riquezas da terra, mas devem ser respeitados para ganhar a sua amizade.

Dragões: espíritos poderosos ligados à energia vital do Planeta. Vivem em qualquer lugar do globo e podem tanto ser subterrâneos quanto alados. Dragões acumulam e guardam riquezas. Eles estão muito perto do nosso mundo, podendo nos influenciar facilmente, inclusive para o mal. Alguns são entidades cósmicas, fora da Terra. Você pode chamar quatro dragões, correspondendo às quatro direções, quando lançar um Círculo Mágico.

Animais: os animais são poderes primordiais associados com a natureza, a terra e os Deuses. Cada animal tem uma lição especial e transmite uma mensagem para os humanos. Espíritos animais podem ser chamados nas quatro direções para ajudá-lo no seu Círculo Mágico. Uma combinação comum de animais na Tradição Cabot é chamar o veado ao Norte, a raposa vermelha no Leste, o corvo no Sul e salmão no Oeste[2].

Ancestrais: muitos espíritos são na verdade seus ancestrais, pessoas que você conheceu em vida e que se dispõem a ajudá-lo após a morte. Membros da família, amigos e entes queridos podem ser conectados do outro lado e ajudam a nos proteger enquanto realizamos nossa magia. Melhor ainda se o ente querido foi Bruxo durante a vida.

Bruxos antigos: também conhecidos como Os Antigos, são Bruxos do passado que nos guiam, aqui e agora. Se você é iniciado em uma tradição de Bruxaria, eles são seus ancestrais, mas seguem uma linha ininterrupta até os primeiros antepassados Bruxos. Os Antigos podem apoiar e ensinar sua magia a quem estiver interessado.

Heróis e divindades: muitos dos espíritos mais poderosos são encontrados no folclore e na mitologia. Os heróis das nossas culturas e na Bruxaria, particularmente os heróis do mito arturiano, são nossos ancestrais e podem ser chamados pelo nome para nos ajudar. Enquanto alguns veem os Deuses e a Deusa do antigo mito como personificações de aspectos poderosos da natureza: tais como a Terra, a Lua e o Sol –, muitos deles também são nossos mais antigos ancestrais, reverenciados por tanto tempo, que se tornaram nossos Deuses. Bruxas na Tradição Cabot invocam os Deuses das Ilhas Britânicas, incluindo os Deuses da Inglaterra, da Irlanda, da Escócia e do País de Gales, assim como os Deuses anteriores da antiga Gália. Divindades e heróis diferentes têm especialidades diferentes, e é bom chamar aqueles para ajudá-lo de acordo com sua especialidade. Espíritos podem ser chamados ao Círculo Mágico para ajudar no ritual mágico, com um convite ou uma invocação poética simples. Se forem chamados com o coração aberto e uma clara intenção de não prejudicar ninguém, eles ouvirão e ajudarão, se for o caso.

O CÍRCULO MÁGICO DA TRADIÇÃO CABOT

Lançar o Círculo Mágico é o processo ritual para criar o espaço sagrado, um templo entre os mundos. Quando uma pessoa está entre os mundos, ela está mais em sintonia com os poderes criativos da mente universal e é capaz de falar mais claramente com ela, com Deuses, antepassados e espíritos-guardiões. Sua vibração está mais em harmonia com essas inteligências divinas.

Outro nome usado para esse tipo de espaço sagrado é Círculo de Bruxas, pois, desde os tempos antigos, Bruxas são conhecidas por dançar e fazer magia em círculos. Há também aqueles que chamam essa demarcação de Círculo da Lua, já que as celebrações rituais de Lua cheia e Lua nova usam o círculo. Muito da nossa magia é "governada" pela Lua. Quando você deseja manifestar algo, deve fazer seus feitiços quando a Lua estiver crescendo. Para banir ou diminuir alguma coisa, seus feitiços devem ser feitos quando a Lua estiver minguando. Calendários astrológicos geralmente marcam a passagem da Lua em quatro quartos, que podem ser usados especificamente para determinados tipos de magia.

1º quarto	Crescendo	Lua crescente	Novos começos, manifestações lentas.
2º quarto	Crescendo	Lua cheia	Manifestação imediata e poderosa.
3º quarto	Diminuindo	Lua minguante	Banimento e remoção lenta.
4º quarto	Diminuindo	Lua nova	Banimento e remoção imediata.

O Círculo das Bruxas e dos Magos não é diferente dos rituais de outras tradições que honram as quatro direções, tais como as rodas da medicina e as cerimônias dos índios da América do Sul e do Norte. As cerimônias mais simples encontradas em culturas mágicas em todo o mundo honram as quatro direções.

Não existe uma maneira única de criar o espaço sagrado. Cada Tradição de Bruxaria e de magia tem seu próprio estilo e técnica. Bruxos antigos provavelmente tinham suas próprias fórmulas. Em grimórios medievais e livros de magia há uma variedade de círculos, alguns deles marcados no chão. Só nos tempos atuais as pessoas começaram a codificar e formalizar o Círculo Mágico. Bruxos da Tradição Cabot têm seus próprios métodos de criar o Círculo. Os Altos Sacerdotes da nossa Tradição o traçam com a luz da sua espada, preenchida com a luz da Excalibur, passada para eles durante sua iniciação. Os aprendizes de Segundo Grau o traçam com um bastão. Veja a seguir uma técnica simples de lançar um Círculo adaptada da Tradição Cabot:

O Círculo Mágico

Arrume seu altar ao Norte com todos os instrumentos necessários. Unte seus pulsos, testa e nuca com a poção de proteção. Se você ainda não fez uma poção de proteção, use uma mistura de sal e água, isso ajudará a livrá-lo das energias não compatíveis antes do ritual, semelhante a outras tradições que usam sálvia na limpeza antes de suas cerimônias.

Segurando seu bastão virado para Norte, visualize um feixe de luz saindo da ponta do bastão, vindo de sua própria energia concentrada. Com este raio de luz, trace um círculo perfeito ao redor de você. Depois diga:

Eu lanço este Círculo para nos proteger de toda e qualquer energia positiva ou negativa e de outras forças que possam vir a nos fazer mal.

Repita esse passo, traçando um segundo círculo de luz sobre o primeiro. Faça isso em silêncio. Repita novamente, traçando um terceiro círculo de luz sobre o segundo. Abençoe o círculo com as palavras:

Este Círculo está lançado, que assim seja.

Após traçar pela terceira vez o círculo, fique de frente para o Norte. Curve-se para essa direção reconhecendo seu poder e o do Círculo Sagrado e toque no altar três vezes com seu bastão.

Nós empoderamos o Círculo chamando os elementos dos quatro quadrantes. Os guardiões dos elementos nesse ritual são os dragões das direções, antigos poderes originais que podem nos ajudar na nossa magia.

Outros rituais podem invocar animais ou elementais. Para uma magia simples, estenda a sua mão esquerda para convidar as energias para o Círculo e a mão direita para liberar. Se você estiver fazendo um ritual mais formal ou religioso, pode usar um pentáculo para abrir-se para as energias das quatro direções.

Mantenha os dedos estendidos da mão esquerda, como se fosse uma estrela de cinco pontas, virado para o Norte, e diga:

Dragão do Norte, poder da Terra, seja bem-vindo a este Círculo.
Que assim seja.

Gire no sentido horário, de frente para o Leste com os dedos estendidos da mão esquerda e diga:

Dragão do Leste, poderes do Fogo, sejam bem-vindos a este Círculo.
Que assim seja.

Gire no sentido horário, de frente para o Sul com os dedos estendidos da mão esquerda e diga:

Dragão do Sul, poderes do Ar, sejam bem-vindos a este Círculo. Que assim seja.

Gire no sentido horário, de frente para o Oeste com os dedos estendidos na mão esquerda e diga:

Dragão do Oeste, poderes da Água, sejam bem-vindos a este Círculo. Que assim seja.

Reconheça o Espírito, quando você retornar de frente para o altar, dizendo:

E o Espírito, sempre conosco. Que assim seja.

Se você estiver usando um pentáculo, coloque-o no centro do altar. O lançamento de um Círculo, muitas vezes considerado um sacramento ou um mistério, é baseado e inspirado em conceitos celtas do Outromundo. Isso não é necessário para todo o feitiço, mas é uma parte muito bonita e poderosa do ritual. Vire-se para o altar, levante os braços numa posição receptiva e diga:

Aqui está Tara (elevando o braço esquerdo), aqui está Avalon (eleve o braço direito). Sou a Soberania neste espaço. Nós somos soberanos neste espaço.

Segure seu bastão ou athame com um gesto triangular em ambas as mãos. Levante-o e diga:

Eu atraio para este Círculo e distribuo as energias mais corretas e harmoniosas do Universo.

Mergulhe no recipiente de água e gire no sentido horário três vezes, dizendo:

Eu abençoo está água. A água da vida.

Toque o polegar na água, leve aos seus lábios três vezes. Levante o cálice e diga:

Uma libação aos Deuses e aos Antigos. ISKA BA!

Recoloque o cálice no Oeste. Unte sua vela preta três vezes de cima para baixo, dizendo:

Eu unto esta vela com as energias da Deusa.

Acenda a vela dizendo:

Eu acendo esta vela com a luz da Deusa. Que assim seja.

Unte a vela branca do lado direito do altar três vezes, de cima para baixo, dizendo:

Eu unto essa vela com as energias do Deus.

Acenda a vela dizendo:

Eu acendo esta vela com as energias do Deus. Que assim seja.

Unte e acenda sua vela de trabalho, reverenciando os atributos do trabalho a ser feito. Velas de diferentes cores são usadas para diferentes intenções (ver capítulo 3).

Execute seus feitiços e encantamentos neste momento. Uma vez que o trabalho for feito, agradeça aos Deuses e aos Antigos.

Despedindo-se dos quadrantes, começando pelo Norte, levante sua mão direita (ou pentáculo) e diga:

Dragão no Norte, Poderes da Terra, obrigado por se juntarem a nós nesta noite. Que assim seja.

Mova-se no sentido anti-horário, levante sua mão direita (ou pentáculo) e diga:

Dragão do Oeste, Poderes da Água, obrigado por se juntarem a nós nesta noite. Que assim seja.

Ande no sentido anti-horário para o Sul, elevando a sua mão direita (ou pentáculo) e diga:

Dragão do Sul, Poderes do Ar, obrigado por se juntarem a nós nesta noite. Que assim seja.

Mova-se no sentido anti-horário para o Leste, elevando a sua mão direita (ou pentáculo) e diga:

Dragão do Leste, Poderes do Fogo, obrigado por se juntarem a nós nesta noite. Que assim seja.

Destrace o Círculo, movendo-se no sentido anti-horário ao seu redor com o bastão e diga:

Este Círculo está aberto, mas não rompido.

O Círculo Mágico pode ser traçado num ambiente fechado ou ao ar livre, e deve ser em um local onde você não será perturbado por outra pessoa. Muitas Bruxas têm uma sala dedicada para magia, para ser seu templo, mas a maioria de nós não tem esse luxo. Em sua casa, você deve limpar o espaço completamente com incenso e usando seu gatilho alfa instantâneo, para neutralizar quaisquer forças indesejadas, fazendo um "X" mental. O Círculo pode ser imaginado de um tamanho perfeito, atravessando as paredes se necessário, uma vez que a maioria das salas não acomoda um Círculo completo. Certifique-se de neutralizar qualquer coisa dentro das barreiras que possam inibir sua magia.

Círculos ao ar livre podem parecer mais poderosos para muitos de nós, pois não existe nada nos separando do fluxo de energia que vem da natureza. Um lugar onde os elementos se manifestem é melhor ainda, como uma colina varrida pelo vento, por exemplo, ou perto de um córrego de água na floresta. Qualquer lugar sagrado e mágico para você, que lhe inspire, é um excelente lugar para criar seu Círculo e realizar seus feitiços e suas celebrações.

Ulmeira

Considerada sagrada pelos druidas, a ulmeira (*Filipendula ulmaria*) é usada para inspirar amor e felicidade; alivia o estresse e a tensão. O seu cheiro fresco é usado para induzir os festejos e a alegria. Essa erva pode ser espalhada sobre a casa para trazer paz e boa vontade. Foi colocada nos umbrais das portas para impedir a entrada de ladrões.

Unha-de-gato

Urtiga

Uva ursina

Capítulo Três

O Herbanário Mágico

Uma boa Bruxa mantém uma dispensa bem abastecida com todos os seus ingredientes. Lojas de Bruxaria muitas vezes oferecem itens que gostaríamos de usar em nossa magia, mas que são incomuns e difíceis de encontrar. Esses itens nos conectam aos nossos antepassados, pois eles usaram tais ingredientes em seus boticários. O uso contínuo de resinas, madeiras mágicas, pedras brilhantes e óleos têm sido uma parte das artes mágicas da Bruxaria. Nossos antepassados usavam o que estava disponível para eles na época. Quando comecei meu caminho, não havia nenhuma loja de Bruxaria, então eu usava o que conseguia encontrar no supermercado, na prateleira de especiarias e nos campos e florestas.

AS BÊNÇÃOS DA NATUREZA

Feitiços mágicos podem precisar de ingredientes especiais obtidos pelo conceito de correspondência. No *Caibalion* – um livro de filosofia hermética, usado pelos Bruxos da Tradição Cabot para compreender melhor o Universo, a magia e nossa relação com o todo –, o princípio da correspondência é: "Como acima, é abaixo. Como abaixo, é acima." Isso significa que os padrões se repetem e que as energias invisíveis dos céus acima podem ser encontradas na natureza abaixo. Astrologia – e astrologia mágica – é a ciência e a arte de compreender essa correspondência em nossas vidas e nos caminhos mágicos.

| 53 |

Determinadas substâncias na natureza refletem a luz psíquica, a vibração de certos planetas e estrelas. Dizem que "correspondem" uns com os outros. Existe a luz da aura em todas as coisas. Tudo tem um campo de energia luminosa, uma aura, que carrega sua própria informação e intenção. Essa luz tem correspondência com a luz celeste. Se você quiser aproveitar a energia do Sol para o sucesso ou para a saúde, pode ser útil guardar algo que também carrega a luz do Sol fortemente dentro de sua aura. Se seu feitiço inclui um monte de coisas que correspondem com a luz solar, você pode ter uma forte presença da energia do Sol para sua intenção.

A natureza é particularmente boa em guardar uma luz pura, uma vibração pura. Os seres humanos são facilmente influenciados por todos os planetas e estrelas e, de um jeito diferente, todo o resto: ervas, pedras, madeiras, metais e animais têm consciência e aura muito puras, e são capazes de ancorar vibrações específicas e a energia de um ou dois planetas diferentes. Dizemos que um ingrediente mágico é "regido" por um determinado planeta ou astro.

Em particular, essas energias astrológicas do mundo "abaixo", no nosso princípio de correspondência, têm melhor harmonia com os elementos. Assim como as correspondências astrológicas, ingredientes mágicos também têm correspondências elementais. Os quatro elementos na magia ocidental estão associados com os quatro sentidos, e cada um encarna forças arquetípicas mais bem descritas na forma elemental.

ÁGUA: emoções, amor, cura, relacionamentos, família, lar, nutrição, fluidez, habilidades psíquicas.

FOGO: vontade, luz, direção, paixão, carreira, energia, força vital, criatividade, sexualidade, espiritualidade.

TERRA: sobrevivência, lei, corpo, mundo físico, finanças, dinheiro, prosperidade, casa, saúde.

AR: verdade, vida, comunicação, informação, conhecimento, respiração, percepção, memória.

Deixar os restos de nosso feitiço na natureza vai influenciar no resultado. Espalhá-los aos ventos pode nos trazer informações ou enviar uma mensagem. Enterrar coisas ajuda a murchar e apodrecer; devolvendo-as para terra ou para as raízes, resultados profundos de longo prazo são obtidos. Liberar as coisas na água nos ajuda a curar e a conectar; água estagnada nos ajuda a remover e a reduzir, como um pântano; água doce traz bênçãos e água do mar é a melhor para cura e limpeza profunda. Queimar coisas libera sua energia e as cinzas podem sempre ser eliminadas usando um dos outros três elementos.

Nossas ações no ritual são também uma maneira de correspondência com a nossa intenção. Se quisermos parar algo, neutralizá-lo, podemos congelar o objeto de nosso feitiço. Quando quisermos que prossiga, que siga o fluxo, é só descongelar. Se unimos algo, literalmente juntamos as peças do feitiço. Se for o contrário, é só separá-los. Ingredientes naturais também têm formas de correspondência quando queremos influenciar ou curar. Trabalhar com a pulmonária pode ajudar a curar os pulmões. A raiz de selo-de-salomão se parece com uma coluna e é boa para as costas. Curandeiros de ervas, como o famoso alquimista e médico Paracelso, chamou essa correspondência de doutrina das assinaturas, mas Bruxos e curandeiros tribais sabiam disso séculos antes dele. Podemos até mesmo ver as correspondências nas cores tradicionais dos planetas, ou seja, sua luz mágica na cor das flores, sucos e óleos, nos minerais dentro de pedras e metais.

Feitiços são importantes, mas encontrar harmonia com a natureza é ainda mais importante. A natureza e a mente universal são os melhores professores. Um reflete o outro. Todos nós precisamos ser conscientes da natureza em nossas vidas diárias e tentar nos sintonizarmos a ela. Preste atenção no nascer e no pôr do sol, no vai e vem das marés e no alinhamento das estrelas. Sinta o subir e descer dos ciclos. Saber onde Vênus e a Ursa Maior estão no céu é um ato mágico, tal como qualquer feitiço. Apenas estar ciente da sua presença nos céus, saber o que está acima de sua cabeça, ajuda no nosso aprimoramento.

Não só os grandes ciclos respeitam o princípio do "como acima, é abaixo". Observe os ciclos locais para sua magia. Se você quiser se harmonizar com a sua região, use objetos que encontrar por perto. Pétalas de flores, areia e pedras de sua própria cidade serão melhores. Eles vão afetá-lo e você vai afetá-los. Aqui em Salem a artemísia está em toda parte. Você pode também facilmente encontrar erva-de-são-joão, erva-doce selvagem, mil-folhas e cardo. Elas crescem bem nas fendas das ruas, nos espaços públicos verdes e perto das estradas. Procure aprender sobre suas plantas regionais primeiro. Para que servem elas? Que tipos de árvores crescem na sua região? Se você não conseguir identificá-las com ajuda de um livro, vá à secretaria do meio ambiente e pergunte que plantas existem nas ruas e parques públicos. Vá até uma ONG ambiental de sua cidade. Há muitos recursos para nós. Se as árvores foram derrubadas durante uma tempestade com relâmpagos, você consegue um pedaço? Se não conseguir pegar troncos de árvores caídas, você sabe onde elas são descartadas? Madeira derrubada por um raio, sobretudo carvalho, é muito poderosa. Aprenda os padrões da sua comunidade, assim como a sua natureza.

Procure saber o que está embaixo dos seus pés. O que está abaixo de você em sua própria região. Rocha vulcânica tem uma energia diferente de uma formação de arenito. Argila e granito influenciam de forma diferente as pessoas e as comunidades que vivem em cima deles. Quando sabemos disso, podemos entender melhor algumas das influências sobre as comunidades e por que elas se desenvolvem de maneiras diferentes em seu país.

A natureza nos oferece alguns dos maiores aliados mágicos sob a forma de plantas de poder, pedras e animais. A seguir, veja um guia para alguns ingredientes maravilhosos, tradicionais e modernos, que eu sempre tenho estocado em meu próprio boticário. Posso encontrá-los em lojas, disponível para todos, e mantê-los em casa para minha magia e para a realização dos meus produtos mágicos.

MAGIA HERBAL

Uma erva é, tecnicamente, qualquer planta com uso medicinal ou mágico, as mais poderosas são consideradas ervas daninhas pela maioria dos jardineiros, mas é muitas vezes nas coisas selvagens que o poder da natureza é mais forte.

Quando uma Bruxa fala sobre ervas mágicas, incluímos:

PLANTAS VERDES: são as plantas frescas ou secas, constituídas por raízes, caules, folhas, flores ou sementes. Algumas receitas podem precisar de apenas uma parte da planta, tais como a raiz, enquanto outras não são específicas. Muitas vezes a ação mágica ou medicinal da raiz é diferente da flor.

MADEIRA: a casca das árvores é usada tanto de forma mágica quanto medicinal. Algumas madeiras formam uma base para o incenso, e outras têm propriedades mágicas específicas.

RESINAS: são excreções de árvores e arbustos que muitas vezes secam e viram uma goma mais endurecida. Suas gotas endurecidas geralmente formam "lágrimas". Resinas são ricas em óleos essenciais e muitas vezes deixam um cheiro forte e agradável quando queimadas em cima de carvão, liquefazendo-se antes de queimar.

ÓLEOS: podem ser essenciais e de base. Os óleos essenciais são poderosos produtos químicos voláteis. Extraídos de grandes quantidades de matéria vegetal e extremamente concentrados e aromáticos, eles devem ser diluídos com um óleo de base e são muito usados em práticas de aromaterapia. Óleos-base são geralmente extrações líquidas de gorduras vegetais de sementes ou de frutos de plantas. Azeite de oliva, óleo de semente de uva, óleo de amêndoas e óleo de gergelim são óleos-carreadores comuns em magia e aromaterapia. O óleo de jojoba é ideal, mas tecnicamente não é um óleo, mas uma cera, e não degrada tão rápido quanto esses outros óleos. Alguns praticantes de magia usam óleos de base mineral ou óleos à base de petróleo ou gel, mas isso não é recomendado.

Fixadores: são substâncias que ajudam as misturas a reter o aroma e a evitar a degradação. Bruxos usam sal para evitar que poções feitas de ervas com água se fermentem e se decomponham, embora existam várias outras substâncias que podem ajudar na preservação da poção ou do óleo e seu perfume. Agentes fixadores incluem raiz de íris, olíbano, copal, bálsamo, sândalo e sálvia. Pomadas, vaselina, gordura vegetal e cera de abelha são considerados agentes fixadores também. Vitamina E, apesar de não ser um verdadeiro fixador em termos de aroma, pode ajudar a preservar misturas de óleos essenciais e pomadas. Adicione algumas gotas a qualquer poção à base de óleo ou pomada.

Uma Bruxa pode recolher e secar suas próprias ervas para magia em um jardim cultivado ou na natureza. Se estiver em meio à natureza, uma prática regra de ouro é: nunca colha mais de um terço da erva disponível. Tradicionalmente, ervas são cortadas com uma faca especial, geralmente feita de cobre (como diz o folclore, as energias das ervas são melhores para magia se nenhum ferro ou aço tocá-las). Às vezes, uma foice crescente ou uma faca de cabo branco podem ser usadas para cortar ervas. No entanto, sei de outras Bruxas que cultivam ervas e as cortam com uma tesoura afiada.

As ervas devem ser desidratadas, a não ser que sejam usadas imediatamente, caso contrário, elas ficarão mofadas. Ervas podem ser recolhidas com hastes, amarradas com corda ou elástico e penduradas de cabeça para baixo para secar. Se a planta tiver sementes e flores delicadas que possam cair, pendure-a dentro de um saco de papel com aberturas para entrar ar. Desse modo, qualquer semente e flor que cair vai secar na parte inferior do saco. Flores podem ser guardadas dentro de livros ou secas sobre uma tela. Ervas desidratadas devem ser armazenadas em recipientes de vidro hermético, longe dos raios solares, sempre que possível. Enquanto a erva retiver sua cor e seu perfume, ela ainda estará boa para ser usada em magia e na medicina. Sempre rotule os frascos, pois muitas ervas secas são parecidas.

ERVAS, PLANTAS & ÁRVORES

Abeto balsâmico *(bálsamo de Gileade)*
Água, Ar • Lua, Júpiter

Coloque o abeto balsâmico em uma bolsa mágica preta para obter força, conhecimento e poder. Usado em banho, pode ajudar a reviver sentimentos de amor, quando você acredita que ele está perdido. O abeto balsâmico também é conhecido como *bálsamo de Gileade*, diferente da planta aromática popular, cujos botões também são conhecidos como bálsamo de Gileade, que é o *Populus balsamifera*. Abeto balsâmico pode ser usado como substituto mágico para esses botões, que se tornaram caros e difíceis de encontrar.

Abóbora *(sementes)*
Fogo, Água • Vênus, Marte, Sol, Lua

Sementes de abóbora podem ser usadas para proteção. Transporte três sementes em seu bolso ou em um saco mágico para essa finalidade. Você pode fazer uma magia para prosperidade colocando três sementes em sua propriedade. Enquanto as abóboras crescem, sua prosperidade também vai se multiplicar. As sementes, devido ao seu alto teor de zinco, estão associadas tanto como um alimento de cura como afrodisíaco, portanto podem ser usadas em magias de cura e amor. Sementes de abóbora são frequentemente usadas para sonhos mágicos e colocadas em um travesseiro de sonho para ajudá-lo a tornar seus sonhos realidade.

Agrimônia
Fogo • Sol, Marte

Erva poderosa para quebrar feitiços e para limpar o ar de energias não desejadas. Use-a com outras ervas de proteção para banir energias nocivas e para ajudar a superar os inimigos. A agrimônia ajuda a acender sua vontade de lutar em situações injustas. Coloque-a em uma bolsa mágica preta.

Agripalma
Água, Terra • Lua, Vênus, Terra

Agripalma é a erva da mãe, e como muitas ervas que são usadas em saúde reprodutiva para as mulheres, ela é utilizada magicamente para capacitar mulheres e manifestar as bênçãos da Deusa, além de fortalecer o corpo da mulher, inclusive durante a gravidez e o parto. Use como amuleto em uma bolsa rosa com um quartzo-rosa para aliviar dores menstruais. Para homens e mulheres, promove a "autonutrição" e a autoconfiança, como uma mãe que impulsiona uma criança para ter sucesso no mundo.

Alcaçuz
Ar, Terra • Mercúrio, Vênus, Sol, Terra

O alcaçuz é usado em magia mercurial para ajudá-lo a falar de forma eloquente e com uma voz convincente. Isso pode ajudar na criatividade, especialmente quando a tarefa envolve escrita ou palavras. A raiz de alcaçuz pode ser usada em feitiços de amor e de luxúria e para garantir a fidelidade. Também é uma erva forte para ser usada em travesseiros de sonho, pois funciona bem para sonhos de discurso eloquente, para a escrita criativa e para a fidelidade. Também é usado em feitiços para quebrar vícios, especialmente o tabagismo e outros vícios orais.

Amaranto
Terra • Saturno

Sementes de amaranto são misticamente muito potentes. Elas são um símbolo da vida divina e da ressurreição e apela para forças maiores, além da nossa magia simples do dia a dia. Use-a para a imortalidade, invisibilidade, cura e para evocar os mortos.

Amora
Água • Vênus, Júpiter

Amora é uma planta sagrada, associada com a Deusa; seus frutos são sagrados para a Deusa Brigit. Quando frescas ou sob a forma de vinho e licores, as amoras podem ser usadas em seus rituais de cura e inspiração. Folhas de amora são usadas para transformar azar em sorte. Se sentir que alguém é a fonte de sua má sorte, espalhe as folhas na porta dessa pessoa. A amora nos ajuda a superar o medo e pode ser usada em feitiços de cura, em geral, ou para feitiços de dinheiro e de proteção.

Angélica *(raiz)*
Fogo, Água, Ar • Sol, Lua, Vênus, Urano

Associada aos arcanjos, a angélica é usada em feitiços de proteção e cura. Dizem que ela foi um presente de Deus durante a peste. Pendure um saco mágico com essa raiz e um cristal de quartzo no quarto de uma criança para trazer os anjos para assisti-la e protegê-la. Angélica ajuda a trazer o sono tranquilo e protegido para crianças e adultos e também pode ser queimada para atrair a influência dos anjos na sua magia.

Anis-estrelado
Água, Ar • Lua, Vênus

O anis-estrelado é a "roda da alegria", já que ajuda a gerar felicidade e alegria para você e sua família. Pode ajudar a amolecer o coração de um amor e curar relacionamentos que foram danificados pela dor e pela incompreensão. Coloque uma "roda" de anis-estrelado inteira em uma bolsa rosa com uma pedra de citrino e um pouco de purpurina para evocar a alegria.

Artemísia
Água • Lua

A artemísia é uma erva de desenvolvimento mediúnico. Usada em poções e incenso, estimula o terceiro olho e abre a intuição e a visão. Usada demais, pode trazer uma leve euforia, que dificulta o foco do trabalho psíquico. Também é uma erva de proteção, banindo as forças nocivas. Muito usada pelas mulheres para proteção durante a gravidez, embora nunca deve ser ingerida por uma gestante. A artemísia é melhor usada para proteção de gravidez como um amuleto, colocada em um saco branco ou prateado com um pentagrama e carregada ou queimada em casa.

Aspérula-doce
Fogo, Água • Marte, Vênus, Plutão

A aspérula-doce é usada para proteger contra o mal, especialmente para proteção de sua casa de todo mal e de seu relacionamento das intenções maliciosas dos outros. Pode ser usada também para ajudar no aumento do amor-próprio, da autoestima e funciona melhor em combinação com a arauvolfia e a malaquita. Coloque-a em um saco verde para trazer essas propriedades. O vinho de maio é feito colocando os galhos frescos de aspérula em um vinho alemão. Quando ingerido, confere propriedades semelhantes de proteção e amor-próprio.

Bardana *(raiz)*
Fogo, Terra, Ar, Água • Sol, Vênus, Marte, Saturno, Urano

Profunda, a raiz de bardana nos dá tenacidade para magias a longo prazo, incluindo cura e proteção. Ela afasta energia prejudicial e pode ser transportada em uma bolsa vermelha, para sorte e bênçãos.

Bardana amarela
Ar • Júpiter

A raiz da bardana amarela funciona bem em magia de cura, prosperidade e fertilidade. A planta em si cria uma infinidade de sementes no final do seu ciclo de vida, portanto é boa para manifestar abundância em uma intenção específica.

Baunilha
Fogo, Água • Vênus, Marte, Plutão

Fava de baunilha é tradicionalmente usada em feitiços de amor e de luxúria. Seu convidativo e inebriante aroma é surpreendentemente sensual e pode induzir pensamentos vigorosos no outro. Também ajuda a aumentar os poderes mentais.

Betônica

Fogo, Terra • Sol, Terra

A magia da betônica protege seu corpo e sua alma. Ela ajuda a resolver e a manifestar suas necessidades físicas. Colocada debaixo do travesseiro, protege de pesadelos e sonhos prejudiciais. Durante o verão, ela pode ser queimada em uma fogueira como forma de purificação.

Bétula *(folha)*

Ar, Água, Terra, Fogo • Mercúrio, Lua, Terra, Plutão

Bétula é uma árvore mágica celta de cura e de bênção. Use-a para curar a pele de quaisquer manchas ou doenças e para ajudar a curar as células do seu corpo. Folhas de bétula são usadas para acabar com o mau-olhado ou magias nocivas, particularmente a fofoca, e funcionam melhor para esta finalidade quando transportadas em uma bolsa vermelha.

Boldo

Ar, Fogo, Água, Terra • Mercúrio, Marte, Lua, Sol, Saturno

O boldo é uma erva das fadas. As Bruxas americanas dizem que ele é sagrado para o Deus galês Bran, apesar de o boldo ser uma erva nativa do Chile. Quando colocado em uma tigela na sua casa ou transportado em uma bolsa verde ou roxa, atrairá os espíritos das fadas. O boldo pode ser usado para realçar a magia de todos os feitiços que utilizam o poder das fadas, para incrementar sua magia e eficácia e para conceder o dom da visão. Ele se mistura bem com quartzo claro simples, que amplifica o seu poder.

Borragem

Terra, Fogo, Ar • Terra, Júpiter

A borragem pode ser usada para conceder a coragem em todas as situações difíceis. Ela aumenta a confiança em todas as coisas e pode aliviar a dor de um amor perdido. Seus poderes naturais são limpeza e afastamento das energias indesejadas, e pode também ser usada para proteção e para estimular os poderes psíquicos sem baixar suas defesas psíquicas. A borragem funciona bem quando transportada em uma bolsa branca, cinza ou prata.

Buganvília
Água, Ar • Lua, Mercúrio, Vênus, Júpiter

Buganvílias são sagradas para a Deusa Eostre, Deusa da alvorada e da terra. O poder da Mãe Terra e toda a natureza vai estar contigo e com sua magia se você adicionar uma pouco de buganvílias ao seu feitiço. Ela traz prosperidade e bênçãos para todas as coisas e pode trazer conforto em sua casa para você e seus entes queridos.

Cálamo
Fogo, Ar • Sol, Mercúrio

A raiz de cálamo pode fortalecer e vincular qualquer feitiço. Assim, adicioná-la em qualquer trabalho torna sua magia mais forte. Na Lua crescente, pode ser usada para cura, sorte e prosperidade. Na Lua minguante, proteção, banimento do mal, problemas de saúde e sofrimento mental.

Calêndula
Fogo • Sol

Queimar flores de calêndula é sagrado para a Deusa. Elas estimulam a energia psíquica, a clarividência e os sonhos, em todos os seus domínios. Por conta de sua cor dourada, essas flores são usadas em feitiço de prosperidade e também podem ser usadas em um encantamento ou em um incenso para trazer de volta um amante. Evite durante a gravidez e lactação.

Camomila
Água • Sol

A camomila é uma erva de cura que faz o corpo descansar e se regenerar quando precisamos nos recuperar de uma doença ou simplesmente manter a boa saúde. Ela pode ser usada para ajudar o sonho mágico e meditação e em magia solar, para trazer luz, nutrir o sucesso e inclusive atrair mais dinheiro. Funciona bem em um encantamento com citrino em uma bolsa dourada.

Canela
Fogo • Júpiter

O espírito da canela aquece e convida. Sendo governada por Júpiter, planeta da boa sorte, a energia da canela pode influenciar pessoas de altos escalões e criar situações em que todos fiquem bem-humorados e sociáveis ao fazer negócios. A canela pode trazer sorte, portanto pode ser usada em feitiços de jogos de azar.

Cardo-mariano
Fogo, Água • Júpiter, Terra, Sol, Lua

A semente de cardo-mariano é uma das poucas especiarias de Júpiter que não é picante. Está associada a Júpiter devido a sua ação sobre o fígado, a parte do corpo influenciada por esse planeta. Cardo-mariano pode ser usado para curar a raiva e a fúria, assim como para a saúde geral e bem-estar, limpando qualquer energia indesejada, além de aumentar a força e a vitalidade, enquanto diminui a depressão. Magicamente é usado para manter a "comida na mesa e dinheiro no bolso"; prosperidade suficiente para viver e alimentar sua família. As sementes podem ser colocadas em sua carteira, em seu sapato ou polvilhadas em torno da casa.

Cardo-santo
Fogo, Água • Sol, Lua

Como erva sagrada da Escócia, cardo-santo é uma daquelas ervas mágicas raras que podem ser usadas para adicionar poder e bênçãos para todos os fins. Em particular é usado em bênçãos para crianças, visando trazer a força tripla de amor, beleza e sabedoria, e pode ser usado em feitiços para adultos com as mesmas intenções.

Castanha d'água *(Trapa bicornis)*
Terra, Fogo • Saturno, Plutão

Também conhecida como *raiz de morcego*, por sua semelhança com a cabeça desse mamífero, a castanha d'água é também conhecida como *raiz de cabeça de bode* ou *raiz de cabeça do diabo*, no México. Você pode usá-la para tornar desejos em realidade e se proteger de danos, incluindo feitiços e magia prejudicial. Essa erva evoca o poder do espírito do morcego e o Deus Cornífero das Bruxas.

Catinga-de-mulata/Atanásia
Água • Vênus, Mercúrio, Vulcano, Sol

A catinga-de-mulata tem natureza tóxica; está associada com a morte e os ritos funerários, mas estranhamente também com a magia de imortalidade em feitiços de saúde e bem-estar. A atanásia também é uma erva de proteção, usada como um vermífugo para remover parasitas indesejados. Magicamente pode afastar forças e pessoas incômodas.

Cedro
Fogo • Júpiter, Sol

O cedro funciona bem quando queimado, porque libera seu poder mágico, trazendo saúde, riqueza e proteção. Pode ser combinado com cravo ou com paus de canela e transportado em um saco azul para obter um empréstimo, melhorar o seu negócio ou encontrar um emprego novo e melhor.

Cereja
Água, Fogo • Lua, Vênus, Marte

A cor vermelha da cereja doce é associada com amor e romance. Carregue-a em uma bolsa vermelha com quartzo-rosa para trazer amor selvagem para você. Também pode aumentar suas habilidades com uma ferramenta de adivinhação, tais como tarô ou runas.

Cicuta
Terra • Saturno, Marte, Júpiter, Plutão

Podemos nos referir à cicuta tanto como árvore quanto como erva venenosa, a mesma que foi usada para acabar com a vida de Sócrates. Tradicionalmente, o povo a rotula de planta muito perigosa, porém muitas lendas modernas se referem a ela como a árvore sempre verde. Os espinhos, os cones e a casca da árvore podem ser usados para o conhecimento do mundo astral e aumentar a compreensão e a sabedoria esotérica. Você também pode se proteger de seus inimigos com ela, tanto de danos físicos quanto mágicos. A planta venenosa é mortal e deve ser evitada. Seu uso pode causar morte e ferimentos graves.

Cinco-em-rama
Ar • Mercúrio, Sol, Lua

A cinco-em-rama, também conhecida como cinco-folhas, carrega a magia de agarrar, segurar e manifestar. Suas folhas são associadas com a mão, parecendo que tem cinco dedos, ou às vezes sete, para cada folha, daí o nome. Ela pode ser usada como proteção, bloqueando o mal; é uma erva "de contra-ataque mágico", desfazendo maldições. Um velho ditado popular diz "tudo que cinco dedos podem fazer, cinco-em-rama pode desfazer". Ou seja, qualquer coisa que alguém fizer contra você, a cinco-em-rama pode ajudá-lo a desfazer. E pode, também, ajudar a manifestar os quatro elementos, além do Espírito. É uma erva de aterramento, usada para "trazer as Bruxas de volta" quando adicionada a pomadas para induzir visões. Use cinco-em-rama para trazer um amante rico ou conectá-lo a uma pessoa do signo de touro. Funciona bem em um saco mágico verde.

Coentro
Fogo • Marte

Coentro é o tempero do amor e da luxúria; ele gera um fogo dentro de quem usá-lo. Erva que pode ser usada em pós, poções e incensos, pode tornar a luxúria em compromisso e pensamentos de casamento, e também trazer paz e boa vontade entre aqueles que não se dão bem. Para um poderoso feitiço de luxúria, coloque um prato de sementes de coentro ao ar livre sob a Lua cheia. Para deixar seu amante louco de desejo, jogue um punhado dessas sementes em uma área arborizada e fale o nome do seu amor em voz alta para a Lua.

Cominho
Água, Ar • Lua, Mercúrio, Marte

O cominho mantém seu rosto e seu nome na mente e até mesmo nos sonhos do seu amante. Promove a fidelidade no relacionamento, impedindo o outro de se afastar. Tente usá-lo em uma caixa mágica com ervas de amor e duas pedras de jaspe. Ele também pode ser usado como um feitiço de proteção, quando misturado com olíbano e queimado ou espalhado.

Cominho (semente)
Fogo, Água, Ar • Sol, Lua, Mercúrio, Vênus, Marte

Sementes de cominho têm um forte poder sexual, como muitas das ervas que produzem uma infinidade de sementes. Magicamente, ajudam a manter a pessoa na mente de um amante ou podem aumentar o desejo do seu parceiro, independentemente da distância. Tradicionalmente, elas também são usadas para curar, manter uma boa saúde e impedir o roubo. Podem ser levadas soltas no bolso, na carteira ou na bolsa, espalhadas onde quiser que surtam efeito, ou colocadas em uma bolsa vermelha com quartzo-rosa ou granada.

Confrei
Terra • Vênus, Marte, Saturno

A raiz de confrei carrega uma profunda sabedoria. Ela pode ajudá-lo a lembrar de vidas passadas e também a aterrar a vida presente. Alguns usam para estimular pensamentos de casamento e de fidelidade, um compromisso real, no seu parceiro. Também pode ser usada para curar um coração partido ou para banir a melancolia. Quando colocado em uma mala, impede que sua bagagem se perca.

Funciona bem com hematita e pode ser transportado em uma bolsa branca.

Cravo-da-índia
Sol, Júpiter, Vulcano

O cravo-da-índia tem uma história rica como uma valiosa especiaria trazida pelas rotas de comércio para a Europa nos tempos medievais. Apesar de ser uma erva comum e popular nos dias de hoje, ela é muito mágica. Como a canela, o cravo-da-índia traz boa sorte e sucesso, bem como ajuda a melhorar a carreira e a gerar fama e também bane forças hostis, especialmente quando queimado.

Cumaru
Fogo • Júpiter

O cumaru é utilizado em magias para amor, sorte, prosperidade e poder. Carregue-o sozinho ou com outras ervas em um saco roxo, azul ou preto.

Damiana
Água, Fogo • Vênus, Marte

Poderoso afrodisíaco, a damiana induz à luxúria, ao amor e à paixão. Pode ser usada para fazer um doce licor de ervas a fim de ser compartilhado entre os amantes. Quando queimada, a damiana também pode ajudar a induzir visões e entrar em comunhão com os Deuses e os espíritos.

Dulse *(alga)*
Água • Netuno

A dulse é um tipo de alga que pode ajudar a pessoa a se conectar com as energias dos oceanos e com a magia das criaturas do mar e elementais da água, mesmo se estiver longe do mar, e pode ser usada também para melhorar e aumentar suas capacidades mediúnicas naturais.

Endro

Ar • Sol, Lua, Mercúrio

Tanto a erva como as sementes do endro podem ser usadas em magias. O endro é associado com aceleração mágica e faz os feitiços se manifestarem mais rápido. Você pode adicionar uma pitada nos feitiços, nos incensos e nas poções, ou carregá-lo em um saco preto. Em algumas lendas, diz-se que o endro "rouba a vontade da Bruxa," o que significa que ele pode proteger contra magia prejudicial. O endro pode ajudá-lo a se recuperar da tristeza de quando um amor vai embora. A grande quantidade de sementes dessa erva está associada a virilidade e a fertilidade.

Equinácea

Fogo, Ar • Sol, Lua, Mercúrio, Terra

A equinácea, ou flor-de-cone, é conhecida popularmente como um suporte imunológico herbal. Da mesma forma, sua magia ajuda a apoiar e a fortalecer nossos feitiços. Ela funciona melhor em uma bolsa mágica preta feita para esta finalidade. Sua raiz também é usada para parar o veneno de cobra, e, magicamente, pode ser usada para parar a fala venenosa e ações que podem prejudicar você e seus entes queridos.

Erva-de-gato

Água • Vênus

Tanto herbal quanto magicamente, a erva-de-gato pode ajudar a relaxar, descansar e sonhar. Promove a cura geral e o bom humor, é o deleite favorito dos nossos companheiros felinos. Usando a erva-de-gato com bondade e amor, você pode aumentar psiquicamente o vínculo com seu gato para que ele ou ela se torne seu familiar mágico.

Erva-cidreira

Água, Ar, Fogo • Vênus, Urano, Sol

A erva-cidreira é uma grande bênção. Ela pode purificar a nós mesmos e nosso espaço para abrir o caminho para felicidade e para o sucesso. Erva que traz riquezas e atrai amigos ou parceiros de negócios com recursos. Isso nos ajuda a encontrar tesouros invisíveis, literalmente ou metaforicamente dentro de nós mesmos e nos conduz ao nosso próprio reconhecimento e riquezas. A erva-cidreira também pode auxiliar na saúde e na magia cosmética.

Erva-de-são-cristovão
Fogo, Terra • Plutão, Saturno, Terra

Com uma magia poderosa para atrair e repelir, essa erva pode ser usada em feitiços para atrair todas as coisas que você quer e precisa. Particularmente, ela é útil para encontrar um lar seguro e feliz. Quando queimada ou transportada em um saco preto, pode ajudar a neutralizar seus inimigos.

Erva-de-são-joão
Fogo • Sol

Planta muito mágica com uma história rica, a erva-de-são-joão traz luz para qualquer situação e é usada tanto clinicamente como magicamente no tratamento de depressão ou escuridão mental e outras formas de doenças mentais. Pode ser usada em combinação com pétalas de girassol, *Centella asiatica* e quartzo claro em um saco azul ou branco. Também ajuda a curar problemas envolvendo trauma, banindo pesadelos, e é uma erva protetora em geral, usada para chamar a proteção das fadas.

Erva-do-bode-excitado *(Epimedium)*
Fogo • Marte, Plutão

Erva afrodisíaca, usada em magia para ajudar a conquistar um amante selvagem. O ideal é carregá-la junto a você em uma bolsa vermelha ou colocar as folhas sob o colchão ou sob a cama, que ela aumentará o desejo e a paixão sexual.

Erva-doce *(semente)*
Água • Lua, Vênus

A semente de erva-doce é usada para prevenção de pesadelos e para auxiliar um sono profundo; coloque-a em um saco pequeno debaixo do seu travesseiro. Também é uma erva do amor e do romance, trazendo paz e harmonia para seus relacionamentos.

Erva-santa *(Eriodictyon californicum)*
Ar • Vênus

Use a erva-santa em magias para beleza e para cura, assim como em feitiços para aumentar seus poderes mediúnicos e protegê-lo. Erva bastante eficaz em sonhos mágicos, permitindo que você se comunique com espíritos e aliados em seus sonhos.

Escutelária
Ar • Mercúrio, Lua

Essa é a erva da mente. Ajuda com a recordação da memória e proporciona habilidades de estudo para fazer provas e aprender novos conhecimentos. A escutelária aumenta todas as nossas percepções e faculdades mentais. Pode trazer pensamentos claros e relaxamento para ajudar a dormir e acaba com a insônia. Harmoniza bem com centella asiatica e quartzo-branco: coloque-os em uma tigela ou em um saco e tire-a do saquinho quando estiver estudando, ou coloque na sua mesinha de cabeceira quando for para a cama. Ela serve também para trazer dinheiro, mas faz isso aumentando nossas habilidades e planos para ganhá-lo, tornando-nos mais espertos, não alterando a sorte em si.

Espinheiro *(casca)*
Ar, Terra • Mercúrio, Saturno

A casca da árvore do espinheiro é muito poderosa. Ela tem uma energia muito masculina; no entanto, é usada para manter a energia masculina em equilíbrio. É uma erva de proteção, particularmente poderosa para ajudar as mulheres em situações abusivas. O dom mais poderoso do espinheiro é a capacidade de ajudar a mudar o seu "destino", ou o curso atual, e criar um novo futuro.

Estragão
Fogo • Terra, Sol, Marte

Usado para ajudar uma mulher a ser mais independente, forte e feliz e para nos manter aquecidos no inverno e manter nossas escolhas corretas. O nome em latim do esfregão, *Artemesia dracunculus*, revela sua associação com dragões. Já seu nome do gênero, que se refere a Ártemis, o vincula a outras ervas mágicas como a artemísia e o absinto.

Eucalipto
Fogo, Terra, Água • Saturno, Plutão, Sol, Lua

O eucalipto é uma erva muito aromática. Usado na cura, ele afasta doenças e desinfeta, sendo bom para curas mágicas contra gripes e resfriados. Ele funciona bem com lavanda e pode ser colocado em um saquinho amarelo com um cristal de quartzo claro para a cura. O eucalipto pode também ser usado para auxiliar as investigações, para certificar-se de que a verdade seja revelada.

Eufrásia
Ar, Fogo • Mercúrio, Sol

A eufrásia é conhecida por ter um "pontinho" em cima da flor, lembrando o formata de um olho; e é usada para todas as coisas associadas tanto com os olhos físicos quanto com olhos psíquicos. Ela pode conceder a visão clara do seu caminho espiritual e ajudar a ver o futuro; concede a visão do desconhecido e ajuda a aumentar as habilidades psíquicas, particularmente para responder a perguntas pessoais. A eufrásia também pode fazê-lo parecer mais atraente, irresistível, para o outro.

Funcho
Água, Ar • Lua, Mercúrio, Netuno

Sementes de funcho podem acalmar a energia nervosa, curar doenças digestivas e deixá-lo feliz e satisfeito. O funcho também pode multiplicar coisas, aumentando a abundância de tudo para o qual é feito o feitiço, devido à multiplicidade de suas sementes.

Ginseng azul
Água, Fogo • Lua, Sol

Ginseng azul é usado para aliviar a dor, tanto física como psicológica, e também para proteção em geral. Ele é bom para proteger pessoas e lugares. Coloque ginseng azul em um saco preto para proteção pessoal ou pendure-o para proteger um local como sua casa, escritório ou carro.

Girassol
Fogo • Sol

O girassol é uma planta imbuída de todas as bênçãos do Sol. Use suas pétalas e sementes para manter a luz de seu coração, atrair alegria e trazer prosperidade e boa sorte. Usado em um travesseiro aromático, ele vai colocar luz sobre a verdade que você está procurando e revela as respostas em seus sonhos. O girassol pode ajudar a curar um coração partido, elevando sua autoestima e seu fogo interior. Pode ser usado para trabalhar com qualquer divindade solar. Eu uso para trabalhar com Lugh, na obtenção de suas habilidades e proteção.

Hamamelis
Ar, Água, Fogo • Mercúrio, Lua, Sol

Popular para banhos, a hamamelis também é usada por muitas razões mágicas. Quando transportada em um saco preto, ela protege contra as energias nocivas e ataques psíquicos. Colocada em um saco azul, pode ser usada para curar um coração partido. Em casa ou no local de trabalho, pode criar harmonia quando espalhadas. Essa erva ajuda na viagem astral ou no "voo psíquico", quando usada sob o travesseiro, concede sonhos proféticos.

Hibisco
Água • Vênus, Júpiter, Sol

A linda flor de hibisco é usada em feitiços de amor, especialmente quando a distância é um fator. Feitiços com hibisco podem ser usados para manter você na mente do seu amor, independentemente da distância entre vocês.

Hissopo
Ar • Júpiter, Mercúrio

O hissopo pode influenciar as pessoas em posições de autoridade e de poder; com a sua magia, é possível obter favores e ter boa sorte. Também é uma erva de limpeza e de purificação, bem conhecida para a cura de problemas de culpa e vergonha.

Hortelã
Água, Fogo • Vênus, Marte

Use a hortelã para instigar a mudança em sua vida. Essa é uma erva muito eficaz para trazer a mudança na vida amorosa ou no trabalho. Carregue-a em uma bolsa rosa com um quartzo-rosa para catalisar um novo amor, ou com um citrino num saco azul, verde ou amarelo para um novo emprego.

Inhame selvagem *(raiz)*
Fogo, Água • Júpiter

O inhame selvagem, também conhecido como inhame chinês, é considerado um afrodisíaco na medicina chinesa. Em magia, é usado para paixão e é bem conhecido por curar a inapetência sofrida quando perdemos um amor. O inhame selvagem pode ser usado para curar problemas de infertilidade e auxilia na concepção. Em geral, sua magia é como um tônico, aumentando a força vital e a vitalidade. Isso pode fortalecê-lo para lidar com o estresse e a tensão no trabalho e em casa. O inhame pode ser usado para trazer bondade e bênçãos para o seu lar. Funciona melhor quando colocado em um saco rosa ou dourado.

Jalapeño
Fogo • Marte

O calor da pimenta jalapeño, como muitas outras especiarias quentes, pode ser usado para luxúria, paixão, sexo e poder. Pode ser um catalisador mágico, adicionando energia para qualquer trabalho. Ao usá-lo em um encanto, o jalapeño funciona melhor quando colocado em um saco vermelho. Assim como a pimenta-preta, é recomendado que não se queime a erva em carvão.

Jasmim
Água • Lua, Júpiter

O jasmim é uma flor que floresce à noite, repleta de magia e mistério. O aroma sedutor fala de seu poder para obter favores, no romance ou para atingir o sucesso. Atrai sorte, prosperidade e boa fortuna; no entanto, também é eficaz no amor em forma de pós, óleos e poções. O jasmim é usado para aumentar a consciência psíquica em sonhos ou mesmo ter sonhos para guiar seu amor ou sucesso, pode ajudar a nos orientar na compreensão de nossas vidas passadas e também pode ser utilizado em magia para honrar a Deusa Lua.

Kelp *(alga)*
Água • Netuno

Como outras algas, a kelp é usada para todas as formas de magia com água e oceano. O kelp liga-se ao espírito dos mares mesmo quando longe dele, é uma alga especialmente mágica quando se procura proteção para viagens sobre a água e é ótima para proteção em geral.

Laranja
Fogo • Sol, Vênus, Júpiter

A laranja é como uma miniatura do Sol para o sucesso e o bem-estar. Ela pode ser usada em magias de amor para transformar um simples relacionamento em casamento e ajuda no sucesso de todos os empreendimentos de negócios. A laranja aumenta a saúde e o sistema imunológico e pode ajudar nas habilidades de adivinhação. Levar a casca de laranja em um saco mágico evoca essas qualidades.

Lavanda
Ar • Mercúrio, Júpiter, Urano, Sol

Erva multiuso dotada com muitos dons, a lavanda pode ser usada para trazer paz e tranquilidade, sobretudo para acalmar os nervos para o sono e o sonho mágico, podendo realçar e estimular os poderes psíquicos. Essa erva serve também para cura mágica e é boa para feitiços de sobriedade e para limpar e curar o sangue. Queimada, fornece um aroma de limpeza para banir energia prejudicial, mas também motiva a cumprir seu propósito no mundo e a procurar a sabedoria profunda.

Ligústica ou levístico
Água • Vênus, Neptune, Sun

Ligústica é usada em todas as formas de feitiços de amor (para criar, atrair, proteger e se abrir para o amor). Ela é usada também para conceder beleza. Funciona bem com quartzo-rosa em sacos de encanto cor-de-rosa, verde ou vermelho sangue.

Limão
Fogo, Água • Sol, Lua

A casca dessa fruta cítrica é usada para descobrir quem é um amigo verdadeiro e quem é falso, e pode ser usada como um ingrediente em fórmulas de purificação. Também concede a saúde e vida longa e é usada em magias de amor. O perfume do limão pode aumentar a intenção da sua magia.

Lírio-do-bosque *(raiz)*
Ar, Água, Terra • Júpiter, Saturno, Vênus

A raiz do lírio-do-bosque pode ser transportada em uma bolsa mágica preta com outras ervas para proteção geral ou misturada com ervas de Júpiter para o sucesso. Nas tradições nativas, é identificado tanto como um afrodisíaco quanto como um auxílio para o parto, então ela pode ser usada em magia para qualquer uma dessas intenções.

Louro
Terra, Fogo, Ar • Terra, Sol, Júpiter

Folha de louro ou loureiro é uma erva de sucesso jurídico. Para ganhar em um julgamento, escreva a palavra "vitória" em tinta preta sobre uma folha de louro e coloque-a em seu sapato esquerdo quando você for a um tribunal. Se suas intenções são corretas e não prejudicarem ninguém, você será vitorioso. Louro é também a erva dos oráculos e pode ser queimada como incenso para aumentar os poderes psíquicos e a capacidade de ver e compreender claramente.

Lúcia-lima *(Aloysia citrodora)*
Ar, Fogo • Mercúrio, Vulcano, Sol

Lúcia-lima pode ser usada em magias de amor para ganhar a fidelidade do parceiro, bem como para ajudar a promover a castidade quando o sexo deve ser evitado. Como uma erva de sonho, pode ajudá-lo relaxar e a adormecer; uma erva de sucesso, usada para magia de dinheiro e para obter riquezas.

Malva azul
Terra, Água • Saturno, Júpiter

Flores de malva azul trazem inesperada boa sorte, dinheiro e outras formas de fortuna em sua vida, além de poder continuar o fluxo das bênçãos. Ela se harmoniza bem com outras ervas para dinheiro e sucesso e pode ser transportada em um saco com citrino e quartzo claro para essa finalidade.

Malva Branca
Água, Terra • Lua, Vênus, Saturno, Plutão

A raiz da malva branca é uma erva de suavidade e de relaxamento; traz a cura suave e o conforto. Quando queimada, atrai a assistência espiritual e bênçãos, trazendo "boa energia". Pode ser usada em magia de amor e de sexo, favorecendo uma energia de atração; pode ser usada também para remover obstáculos para a prosperidade e riquezas.

Mandrágora
Terra, Água • Saturno, Vênus, Mercúrio, Lua

A mandrágora é uma erva poderosa, seu nome se refere a diversas plantas, incluindo a mandrágora verdadeira, mandrágora inglesa, *Bryonia alba*, mandrágora americana ou *Podophyllum peltatum*. A raiz de mandrágora verdadeira possui muitas vezes a forma de uma figura humana. Mesmo que sejam ervas diferentes, são usadas para os mesmos fins mágicos, incluindo proteção, amor e como catalisador mágico para somar poder a qualquer feitiço.

Manjerona
Ar • Mercúrio, Sol

A manjerona ajuda a limpar sua mente e a ver as coisas como elas realmente são. Ela pode trazer amor e felicidade no trabalho ou em casa. É a erva que abençoa *handfastings* e casamentos. A manjerona também pode ajudar a restaurar a felicidade após a dor; leva embora a tristeza e limpa as nuvens que lhe impedem de se comunicar com clareza e de atingir a pacificidade.

Marroio-branco
Ar • Mercúrio, Lua

O marroio-branco é uma erva da boa saúde em geral e de cura; reforça a força vital e o sistema imunológico; é usada tradicionalmente em pastilhas e xaropes para tosse e também para proteção, incluindo feitiços contra magias maliciosas. Essa erva atua como auxiliar em qualquer forma de exorcismo ou expulsão de espíritos indesejados. Para esse efeito, ela é eficaz quando queimada. Marroio-branco pode aumentar a memória e os poderes mentais.

Matricária
Fogo, Água • Sol, Lua, Vênus

A matricária pode ajudar a aclarar o pensamento. Ela ajuda a prevenir a ansiedade, incluindo a preocupação sobre se alguém o ama. A matricária pode mantê-lo longe de ficar a cada momento procurando um novo amor. Essa erva é conhecida por curar dores de cabeça; em feitiços, pode ajudar a curar todos os problemas da cabeça e conceder a mente tranquila. Também ajuda aqueles que são propensos a sofrer acidentes, prevenindo-os. A matricária funciona bem com ametista e pode ser transportada em uma bolsa branca.

Melissa
Água, Ar, Fogo • Lua, Júpiter, Vulcano, Sol

A melissa é uma das ervas mais útil disponível. Seu nome científico, *Melissa officinalis*, indica uma conexão tanto com a abelha quanto com a Sacerdotisa grega que ajudava a Pitonisa, a Alta Sacerdotisa e o Oráculo de Delfos. De acordo com os alquimistas, a melissa tem uma grande quantidade de força vital e pode restaurar a saúde. Magicamente, ela adiciona cor e brilho à aura e pode ser usada em feitiços de amor, cura, poder psíquico, sucesso e dinheiro rápido. Qualquer feitiço pode ser auxiliado com uma pitada de melissa.

Menta
Ar, Terra • Mercúrio, Lua, Terra

A menta é uma erva de comunicação. Ela ajuda a limpar o ar e a mente, então a verdadeira comunicação pode acontecer. Por sua característica refrescante, ajuda a aliviar a dor e auxilia a cura de todo os tipos, incluindo a cura psíquica. É uma grande erva para curar sintomas de resfriado.

Milefólio
Água • Vênus

O milefólio é usado em feitiços de coragem e de poder, bem como para amor e capacidade psíquica. Pode atrair bons amigos e aliados e ajuda na conexão com o reino das fadas. O milefólio é associado com limite e proteção e pode reforçar seu escudo psíquico e ajudá-lo a se desconectar de coisas e pessoas perigosas.

Mirtilo *(folha)*
Fogo, Água • Sol, Lua, Saturno

Folhas de mirtilo ajudam a colher tudo o que é bom a partir do esforço de seu trabalho e de seus hobbies. Elas também podem ajudá-lo a ver onde precisa estar e o que fazer com seu tempo e como aproveitar sua energia. O mirtilo poder atrair os espíritos da terra, conhecidos como gnomos, para ajudar na sua magia. Use suas folhas em feitiços para dinheiro, prazer, felicidade e segurança.

Moruagem
Água • Lua

Moruagem, também conhecida como erva-estrela, pode acalmar situações de conflito e trazer tranquilidade onde há raiva. Também é usada em feitiços para atrair um amor ou para manter um relacionamento atual.

Mostarda *(sementes)*
Fogo • Marte, Júpiter, Sol

Como outras plantas com sementes abundantes, a mostarda está associada com prosperidade e abundância. Classicamente, ela é usada em magias para riqueza, sorte e vitórias em geral. A mostarda se harmoniza bem com outras ervas de natureza semelhante, quando transportadas em um saco de encantamento azul ou verde. Polvilhe algumas sementes na carteira, na bolsa, no seu bolso ou nos sapatos. Sementes de mostarda também têm o poder de remover afastar seus inimigos, abrindo o caminho para o seu próprio sucesso.

Musgo irlandês *(Erva-do-mar)*
Água • Júpiter, Netuno

O musgo irlandês pode ser usado para se conectar com a magia das sereias. Ele também é usado para proteção, dinheiro e sorte. Para ter uma chance em jogos de azar, use o musgo irlandês em um saco verde.

Noz-preta *(Juglans nigra)*
Fogo, Terra • Vênus, Terra, Sol

A noz-preta, por conta de sua casca dura, é muito protetora. Pode ser usada em feitiços para evocar a proteção dos cavaleiros da Távola Redonda, especificamente para colocar o escudo de proteção do Sir Gawain diante de você. E pode bloquear o "veneno", seja ele psíquico, mágico ou emocional; para este objetivo, funciona bem quando misturada com pedaços de âmbar e mandrágora e colocada em um saco preto.

Noz-moscada
Fogo, Terra • Vênus, Marte, Terra

A noz-moscada é um poderoso tempero. Sua magia ajuda a expandir a aura e você viaja magicamente, podendo tocar o céu e as estrelas além do cosmos. Em um nível mais terrestre, promove o bem-estar geral, a felicidade, a fidelidade e a boa sorte.

Orquídea
Ar • Mercúrio, Vênus

As flores da orquídea são usadas na beleza e em feitiços de amor. A raiz é considerada afrodisíaca e utilizada em encantamentos para homens aumentarem sua virilidade e para mulheres aumentarem sua beleza. Orquídeas também podem realçar poderes psíquicos e funcionam bem quando uma pequena fração é queimada como incenso com outras ervas psíquicas, como artemísia e mirra, por exemplo.

Pé-de-leão *(Alchemilla molli)*
Água, Terra • Vênus

O pé-de-leão é uma erva poderosa; dizem que tem o poder de desbloquear os mistérios da Mãe Terra. Essa erva concede força física e saúde para as mulheres e pode ser usada para abrir o coração e atrair o amor. O orvalho é capturado na "taça" da flor do pé-de-leão. Segundo a lenda, quem se banha neste orvalho na manhã de Beltane fica jovem

O Herbanário Mágico | 83

e linda. Essa é a erva rainha dos alquimistas, como revelado pelo seu nome latino de *Alchemilis vulgaris*. Os alquimistas tentam desvendar os segredos da natureza, e o pé-de-leão nos ajuda a fazer isso.

Pimenta-da-Jamaica
Fogo • Sol, Lua, Júpiter

A pimenta-da-Jamaica harmoniza as altas energias que podem ser chamadas em seu feitiço para fazer quase tudo o que você quiser. Use-a para desencadear poderosas forças místicas, ela é especialmente boa para feitiços que envolvam dinheiro, sorte e cura.

Pimenta-malagueta
Fogo • Sol, Vênus, Marte, Netuno

A pimenta-malagueta é uma catalisadora ardente para toda magia, mas em particular pode trazer os fogos da luxúria para sua vida. Ela aumenta a libido e pode trazer satisfação sexual intensa quando acoplada à sua magia. Funciona bem em um saco vermelho ou preto, com uma granada e um pouco da poção de sexo à meia-noite (ver capítulo 5), coloque o amuleto debaixo do colchão.

Pimenta-preta
Fogo, Terra • Vênus, Marte, Saturno

A pimenta-preta, pela sua própria natureza, evoca fogo e paixão. Sinta seu sabor na língua. Sua magia pode ser usada para revitalização sexual e intensidade, especialmente quando colocada em um saco vermelho. Essa pimenta pode também ser usada em um feitiço de proteção. Neste caso, tem melhor eficácia se colocada em um saco preto. Fazer feitiços com pimenta ou qualquer outra erva ou pedra não é uma forma responsável de proteção contra doenças sexualmente transmissíveis, HIV e gravidez, então use o senso comum e formas tradicionais de proteção da saúde. Não queime pimenta-preta no carvão, pois nessa forma ela é tóxica. Por suas qualidades fortes, dolorosas e irritantes, ela é usada em guerra química de gases e em spray de pimenta.

Raiz de mão da sorte *(Lucky Hand Root – um tipo de orquídea)*
Fogo • Vênus, Júpiter, Sol

Chamada assim por sua semelhança com uma mão humana, essa raiz é um poderoso talismã para atrair o que você quiser e aumentar a destreza das mãos. Ela tem sido usada por músicos e artesãos para esse efeito, mas na maioria das vezes é usada em encantamentos e apostas de dinheiro.

Sabugueiro
Terra • Saturno, Terra, Sol, Lua

O sabugueiro detém uma magia poderosa, rica em tradição, além de ser medicinal, pode trazer cura e proteção contra o mal. Suas flores são usadas, especificamente, em uma lavagem facial para trazer beleza. Está associado com o espírito das fadas; um sabugueiro velho e solitário é dedicado à rainha das fadas, Hylde-Moer. Essa planta pode ser colocada no túmulo dos mortos para orientá-los e protegê-los na outra vida. A madeira de sabugueiro nunca deve ser queimada, ou você vai "ofender" o espírito dela.

Salgueiro
Água • Lua

A casca de salgueiro nos ajuda em todas as formas de magia de cura, reduz a dor, traz alívio e concede proteção. O salgueiro está associado com o reino das fadas e pode ser usado em todas as formas de magia de fadas. Ele também aumenta a habilidade psíquica. Bastões de salgueiro são excelentes ferramentas para rituais de *handfastings*.

Sanguinária
Fogo, Água • Vênus, Marte

Planta poderosa, uma das primeiras a florescer depois que derrete a neve de inverno e a primavera começa. Magicamente é usada para agitar o coração, trazer amor e beleza. Quando colocada em um saco vermelho ou rosa e misturada com quartzo-rosa, folhas de morango e óleo de rosa, permite que vejam sua beleza interior e exterior. Com ela você vai aquecer tanto o seu coração, como o daqueles que lhe contemplarem, além de irradiar o sentimento de amor para aqueles que precisam. Você pode carregá-la como um amuleto ou pendurá-la na cama ou em sua penteadeira.

Selo-de-salomão
Terra, Fogo • Saturno, Vulcano, Sol

Usado como incenso, pode purificar sua aura e proteger mesmo depois de queimado. É uma erva de expansão e contração, adicionando energia para fazer a magia trabalhar em harmonia com a sabedoria e a vontade divinas. Pode ser usada para obter maior controle, já que o rei Salomão era um mago que podia convocar e controlar espíritos; como ele também era um rei rico, pode nos ajudar com dinheiro e sucesso.

Tomilho
Fogo, Ar • Vulcano, Mercúrio, Sol

Cavalheirismo é um conceito-chave associado com o poder do tomilho. Associado com a espada do cavaleiro, uma pitada pode ser adicionada ao seu athame ou espada. O tomilho pode manifestar qualquer desejo rapidamente, pois ele acelera os resultados mágicos. Quando carregado com cera de abelha é perfeito para proteção e amor e deve ser transportado em um saco preto.

Tussilagem
Fogo, Ar • Sol, Lua, Plutão

Tussilagem é uma erva de fácil entendimento e pode nos ajudar a encontrar a paz e a tranquilidade, mesmo quando há caos ao nosso redor; pode ser usada também para feitiços de amor e de aceitação. Quando queimada, pode estimular os poderes de clarividência.

Ulmeira

Água, Terra • Lua, Saturno, Terra

Considerada sagrada pelos druidas, a ulmeira (*Filipendula ulmaria*) é usada para inspirar amor e felicidade; alivia o estresse e a tensão; seu cheiro fresco é usado para induzir os festejos e a alegria. Essa erva pode ser espalhada sobre a casa para trazer paz e boa vontade, ou colocada nos quatro cantos para impedir a entrada de ladrões.

Unha-de-gato

Fogo, Água • Lua, Sol

A casca de unha-de-gato da Amazônia é usada para proteger tudo o que é valioso para uma pessoa: família, amigos, negócios e um lar. Na Escócia antiga, o gato era considerado um animal magicamente poderoso, e a unha-de-gato, que nesse país é usada como escudo, dizendo: "cuidado com o gato que arranha", pode ajudar a evocar sua magia. Essa é uma erva de proteção e da saúde em geral, e é usada em rituais de busca para comungar com espíritos e ancestrais.

Urtiga

Fogo • Marte, Vênus, Terra

A urtiga tem o poder de unir e o poder de separar. Conhecida por seus "pelinhos" que podem picar como uma abelha, ela lida com sérias conexões. Quando misturada em qualquer feitiço de amor, pode transformar o amor em um relacionamento sério, evoluindo para o casamento. Mas também pode nos curar quando sentimos a picada de um amor perdido.

Uva-ursina

Terra • Saturno

Usada para o poder psíquico e para a força pessoal, a uva-ursina pode ser utilizada em feitiços e em poções para se comunicar com os espíritos dos elfos; polvilhe-a no quarto enquanto queima velas para visão clara durante as consultas psíquicas. Mesclada com tabaco nas misturas de fumo nativo-americanas ela ajuda a se comunicar com o divino.

Valeriana *(raiz)*
Água • Vênus, Mercúrio

A valeriana é um poderoso sedativo, então, magicamente, ela é usada para nos ajudar a dormir e ter um sono profundo e rejuvenescedor. Misturada com outras ervas psíquicas, pode nos ajudar a falar com nossos entes falecidos nos sonhos e ser usada em feitiços de amor, de proteção e de purificação. O cheiro da valeriana tem sido comparado a meias sujas, e mesmo não sendo o odor mais agradável, é uma erva muito poderosa.

Vassoura
Ar, Fogo • Mercúrio, Marte

Essa planta apresenta flores que são usadas para varrer os maus pensamentos de sua mente e para limpar sua casa de energias não desejadas. Um chá pode ser feito e borrifado pela casa para dissipar forças negativas, as flores podem ser espalhadas em seu caminho conforme você anda. Junte-a com a raiz de mandrágora e hamamelis num saco branco para um poderoso encantamento.

Verbena azul
Terra, Água, Ar • Saturno, Lua, Vênus

A verbena é considerada a erva do feiticeiro, usada em muitas formas de magia. O tipo mais comum de verbena na América é a verbena azul, conhecida por suas muitas flores azuis em forma de estrela. O poder da verbena pode acalmar os nervos e nos ajudar a parar de viver apenas em nossa mente, entrando em contato com nossos corpos. Ela ajuda a promover um sono calmo e pode ser usada em um travesseiro aromático para banir pesadelos e acalmar os sonhos, especialmente quando misturado com erva-de-são-joão. Uma erva para todos os fins, que pode ajudar na magia de amor, dinheiro, cura e proteção.

Vetiver
Ar, Água • Urano, Mercúrio, Lua

O vetiver é usado para auxiliar no "voo psíquico" ou "viagem astral". Pode ser colocado em um saco mágico e amarrado na sua vassoura. Vetiver eleva e traz relaxamento e tranquilidade e é usado para proteção, especificamente contra ladrões, maldições e outros danos intencionais.

Visco
Fogo • Sol

O visco é a erva mais proeminente dos druidas, conhecido como "cura-tudo", porque podia ser usado em todas as magias. Uma manifestação dos Deuses sagrados sobre as árvores; diz a lenda que ele aparece onde um raio as acerta. O visco colhido de um carvalho é considerado o mais sagrado, rituais especiais eram realizados para colhê-lo, não se deve deixá-lo tocar o chão, senão perde o seu poder. Hoje o visco é usado para saúde, riqueza, dinheiro e sabedoria dos antigos ancestrais.

Zimbro
Fogo • Vênus, Marte, Sol, Júpiter

O zimbro pode ser usado para uma variedade mágica. As bagas são amplamente utilizadas para as intenções de proteção, quebrando maldições, com propriedades antirroubo, poder psíquico, amor e saúde. A madeira ou as folhas de zimbro podem ser queimadas como um incenso protetor e purificador. As bagas são usadas em cosmética mágica, para aumentar a beleza e para ajudar a perder peso.

RESINAS & SEIVAS

Âmbar
Fogo • Sol

A maioria das lojas de Bruxaria classificam o âmbar como sendo uma pedra ou um mineral, e o colocam na seção mineral, em sua forma bruta ou como joias. Mas trata-se de uma resina fossilizada, e como um talco bem fino ela é herbalmente usada como forma de incenso na magia. Como peças de âmbar sólidas, ele evoca o poder do Sol e de cura, de equilíbrio e de purificação. Como um talismã, o âmbar pode impedir o envenenamento tanto físico como psicológico.

Benjoim
Fogo, Água, Terra • Sol, Lua, Terra

Resinas de benjoim foram queimadas por Cleópatra para ter visões do futuro, pois ele aumenta nossas habilidades psíquicas e divinatórias. É também usado em poções para fixar ou para estabilizar a essência e o feitiço.

Cânfora
Água • Lua

Usado para afastar a doença, como uma erva de purificação, o cheiro de cânfora é poderoso e curador, pode aumentar a conscientização e auxilia nossas habilidades de adivinhação. Na tradição clássica, era um cheiro associado com as fadas.

Copal
Terra, Água, Fogo • Terra, Netuno

O copal é uma resina sul-americana usada em seu território nativo para convidar os Deuses e os espíritos benéficos para cerimônias. Se for fazer um boneco, um pedaço de copal funciona bem como o "coração" dele, ancorando a magia e trazendo a boneca à vida. Quando queimado, traz facilidade para nossa vida, criando felicidade e realizações. Copal combina bem com olíbano e mirra.

Estoraque
Água, Ar, Terra • Lua, Mercúrio

Resina de estoraque – não confundir com resina de pau-de-remo ou de benjoim – é a resina de uma árvore de seiva doce, embora as resinas de várias árvores são muitas vezes referidas como estoraque. Muito parecida com olíbano e com a mirra, pode neutralizar o mal e ajudar a purificar os sentidos e tranquilizar a mente, bem como induzir um transe profundo de cura quando queimada.

Goma de guar *(pó)*
Água • Lua

Pó de goma de guar é usado para capturar a paixão do uivo do lobo, a lua mágica e selvagem da floresta. Usado também para corrigir a intenção dos feitiços.

Mastique
Fogo, Terra, Ar • Sol, Saturno, Urano

O mastique também pode transportar ou selar um feitiço e pode impedir alguém, ou uma situação, de lhe causar dano.

Mirra
Água • Lua, Saturno

A mirra é uma erva muito protetora e conservadora, usada para neutralizar o mal, purificar e convocar o arco-íris depois da tempestade. Usada no antigo Egito no processo de mumificação.

Olíbano
Fogo • Sol, Lua, Júpiter

Uma das resinas mais poderosas e populares usada em templos, o olíbano cria um santuário de paz e promove a meditação e a introspecção. Pode ser usado para neutralizar, unir, inspirar e curar; além de também proteger do mal.

Pó de Adragante
Fogo, Ar, Água, Terra • Sol, Lua, Mercúrio, Terra

O pó de adragante é o espessante encontrado em muitas formas de incensos, porque atua como cola e tem aroma neutro, acalma e limpa de uma maneira muito suave. Ele é usado para honrar o rei das fadas e para se conectar ao seu poder. Para isso, coloque o adragante em um saco verde.

Sangue-de-dragão
Fogo • Marte

Vermelho é a cor mágica do sangue em todo o mundo, simbolizando a força da vida encontrada dentro de todos nós. Qualquer coisa usando esta cor traz vigor para a vida. Sangue-de-dragão é uma resina vermelha usada para envernizar violinos; uma erva poderosa de amor e de proteção, que pode atrair um amante ou banir forças indesejadas e espíritos nocivos. Ele é usado até mesmo como um poderoso incenso de exorcismo. Pode ser usado seco em pó ou dissolvido em poções e transportado em sacos de talismãs; muitas vezes funciona melhor quando queimado como incenso. Sangue-de-dragão é um catalisador poderoso que pode sobrecarregar qualquer feitiço que você executar.

ÓLEOS MÁGICOS: ESSÊNCIAS, INFUSÃO & FRAGRÂNCIA

Óleos formam um aspecto enorme do nosso boticário mágico, embora seu uso possa ser confuso, pois não podemos sair e escolher óleos no nosso jardim ou recolhê-los na floresta; geralmente os compramos em lojas esotéricas, lojas de alimentos saudáveis e farmácias de manipulação. Os tipos diferentes mencionados neste livro não são sempre claramente distintos, mas você deve trabalhar com o que estiver disponível. Magia não precisa ser cara para ser eficaz. O ingrediente mais importante é a sua intenção.

O aroma dos óleos é um poderoso gatilho. Nós muitas vezes destrancamos certas memórias devido a aromas associados. O cheiro de pão fresco ou de torta de maçã pode nos trazer memórias particularmente poderosas dos momentos em que eles foram sentidos. Da mesma forma, em magia, o poder do cheiro pode acionar a memória, ajudando em estados de transe e lembranças de longínquas terras mágicas. Muitas Bruxas regularmente usam óleos perfumados não só no ritual, mas também na vida diária para evocar energia, poder e bênçãos.

Os óleos podem ser divididos em essenciais, perfumados e infundidos. Cada um é feito de forma diferente, mas todos podem ser usados em magias. Óleos essenciais tecnicamente não são óleos, mas produtos químicos voláteis de plantas que lhes dá seu perfume único e muitas vezes suas qualidades medicinais. Eles são extraídos de grandes quantidades da planta e podem ser bastante caros. Os preços acessíveis (que também estão facilmente disponíveis) incluem lavanda, hortelã, limão e laranja. Óleos essenciais são usados em aromaterapia e fitoterapia e existem várias "gradações" para seu uso medicinal. A menos que o rótulo mencione óleo essencial 100%, é óleo diluído ou é uma essência.

Essências não significa que são óleos puramente naturais extraídos de uma planta, mas que geralmente contêm misturas de óleos naturais e sintéticos, para simular o cheiro de uma planta particular ou para simular a estrutura química de um óleo em especial. Alguns dos mais importantes óleos mágicos são muito caros para o praticante, tais como rosa e jasmim, ou são feitos de uma planta que tem um cheiro forte, mas a extração do perfume é bastante difícil e dispendiosa, talvez mesmo impossível. O processo de extração pode destruir o aroma ou alterá-lo radicalmente. Outros perfumes que eram muito populares nos movimentos ocultistas são feitos de animais – óleos como algália, almíscar e âmbar – e enquanto ainda listado em fórmulas, os praticantes de hoje usam óleos sintéticos para essas essências evocativas, ou substitutos de ervas. Enquanto a maioria dos óleos essenciais é extraída por destilação a vapor, alguns usam CO_2 ou outros solventes. Perfumes populares como morango, lilás, gardênia, cravo e maçã estão geralmente disponíveis somente como essências. Misturas de óleos essenciais puros que imitam o perfume de outra planta são conhecidas como "bouquet", embora se deva ter em mente as energias correspondentes originais de plantas nessa mistura. Devido a seus aromas populares que afetam a mente e a memória, muitas das fórmulas neste livro usam essências para estimular a psique e desbloquear as portas do encantamento. Quem treinou magia e ocultismo em uma época anterior, antes dos movimentos holísticos e naturais, usava fragrâncias que só eram disponíveis sinteticamente, mas usavam aqueles perfumes como disparadores de memória mágica.

Óleos infundidos são óleos verdadeiros, feitos colocando quantidades de matéria de ervas em um óleo e têm pouco cheiro. A mistura de óleo-erva é deixada de fora no sol para infundir ou é levemente aquecida no forno ou fervida para deixar cores, aromas e propriedades da planta no óleo. O óleo não fica com um aroma forte, mas tem a magia e muitas vezes a propriedade medicinal. Bruxas frequentemente esmagam o sangue-de-dragão ou outras resinas e infundem nele um óleo-base. Misture gentilmente a resina em pó e aplique um baixo nível de calor em uma panela. Deixe esfriar, coe jogando fora a matéria vegetal e coloque numa garrafa.

Óleos verdadeiros, infundidos ou sozinhos, com suas propriedades naturais, podem ser usados como base para misturar essências e óleos mais caros. Esses óleos-base incluem óleo de amêndoa, óleo de semente de uva, óleo de avelã, óleo de girassol e óleo de semente de alperce. Muitos vão usar azeite, mas é mais provável que fique rançoso e é uma base pobre para óleos essenciais caros. Use-o somente quando for usar todo o óleo rapidamente. Algumas gotas de óleo de vitamina E retardará o processo de decomposição. Apesar de criar óleos infundidos pobres, e ser uma cera líquida cara, o "óleo" de jojoba é uma excelente base para misturas de óleos essenciais caros, e não vai estragar facilmente.

Como com todas as ervas, consulte um livro de medicina respeitável ou um médico antes de usar quaisquer óleos, particularmente se houver preocupações médicas ou contraindicações. Muitos óleos são perigosos para gestantes. Use sempre óleos diluídos e teste-os, diluído, na sua pele, para certificar-se de que não há nenhuma reação alérgica.

Nunca ingira óleos sem conhecimento. O objetivo deste livro é ilustrar suas propriedades mágicas, e não usos medicinais.

Aqui está uma lista de perfumes mágicos para seus feitiços.

ABELMOSCO (sementes): substitui o almíscar, o poder animal e a energia primal.

ABETO: vida eterna, frescor e boa sorte.

ABSINTO: atração de espíritos, proteção e despertar da energia do fogo.

ALECRIM: aumento da memória e purificação.

ALMÍSCAR: luxúria e romance. Deus Cornífero da floresta selvagem.

ÂMBAR-CINZENTO: para selar toda a magia.

ANGÉLICA: conexão com espíritos e proteção.

ANIS: felicidade, paz e boa sorte.

ANIS-ESTRELADO: alegria e bênçãos.

ARTEMÍSIA: poderes psíquicos, sonhos e intuição.

BÁLSAMO: poder de superação, percepção e consciência.

BAUNILHA: amor, luxúria e poder.

BENJOIM: para visões psíquicas e para estabilizar uma situação.

BERGAMOTA: dinheiro e sucesso.

CAMOMILA: cura, relaxamento e centralização.

CÂNFORA: cura, adivinhação e magia das fadas.

CARDAMOMO: luxúria, amor, proteção e defesa.

CEDRO: proteção, longa vida, criação e manutenção do espaço sagrado.

CEREJA: feitiços de amor, beijo, romance e diversão.

CIPRESTE: reconfortante, centralizador e envolve trabalhos com os espíritos.

CITRONELA: limpeza, purificação e energização.

COENTRO: luxúria, paixão e é indicado para acender o espírito.

CRAVO: proteção, clareza e ancestralidade.

O Herbanário Mágico | 95

CRAVO-DA-ÍNDIA: cura, força e memórias.

CUMARU: é fixador e atrai dinheiro, sucesso e poder.

ERVA-CIDREIRA: limpeza, boa sorte e novos começos.

ERVA-DE-GATO: sucesso no amor, atratividade e sedução.

ERVA-DOCE: fertilidade, falar em público, proteção e poder mágico.

EUCALIPTO: limpeza, purificação e abertura de caminhos.

FAIA-DA-TERRA: para acalmar o clima selvagem e para trazer bênçãos do inverno.

FLOR DE LÓTUS: abertura de centros psíquicos, visão, e consciência espiritual.

FRANGIPANI: magia sexual e sensual, estados alterados de consciência e transe.

GENGIBRE: amor, dinheiro, saúde e energia.

GERÂNIO: felicidade, centramento, aterramento e proteção.

HELIOTROPO: adicionar o poder do Sol, sucesso, saúde, riqueza e felicidade.

HISSOPO: cura culpa, proteção e limpeza.

HORTELÃ: magia de amor.

HORTELÃ-PIMENTA: clareza na comunicação.

ÍRIS: fixador e protetor contra o mal.

JASMIM: magia lunar, sucesso, poderes psíquicos e comunicação com espíritos

LÁDANO: sucesso em negócios e dinheiro, proteção e fogo solar.

LARANJA: saúde, sucesso e felicidade.

LAVANDA: paz, tranquilidade, boa comunicação e contato com o reino das fadas.

LILÁS: potência, equilíbrio, verdade, harmonia e infância.

LIMA: limpeza, purificação e remoção de obstáculos.

LIMÃO: purificação e amor.

Lírio-do-vale: poder das fadas e cura do coração.

Louro: sucesso jurídico, adivinhação e poderes psíquicos.

Maçã: proteção, amor e empoderamento.

Maçã (flor): visão psíquica do Outromundo e magia das fadas.

Madressilva: magia do País de Gales.

Manjericão: amor, sexo e prosperidade.

Manjerona: clareza, amor, felicidade e casa.

Melaleuca: purificação e proteção.

Mimosa: encantamento, glamour, mudança de forma e autoimagem.

Mirra: purificação, proteção, ancestrais e Deusa Negra.

Morango: amor e abertura para o poder do amor.

Musgo do carvalho: manifestação, aterramento, dinheiro e casa.

Neroli: estimulação, proteção e limpeza.

Noz-moscada: energia física e psíquica e prosperidade.

Olíbano: boa sorte, sucesso profissional, purificação e proteção.

Palmarosa: amor, harmonia e bênçãos.

Patchouli: amor, proteção e manifestação.

Pimenta-da-jamaica: sucesso em matéria de amor e dinheiro e determinação.

Pimenta-preta: luxúria e proteção.

Pinho: para Merlin e Morrighan, liderança e poder.

Poejo: iniciação, proteção (cuidado: esse óleo essencial é abortivo).

Rosa: magia da Inglaterra, amor, cura e sonhos.

Sabugueiro: energia das Deusas negras e magia das fadas.

Sálvia: limpeza, purificação e incentivo da sabedoria.

Sálvia: sonhos e bom ânimo.

Sândalo: aumento dos poderes psíquicos, energia lunar, meditação e quietude.

Sangue-de-dragão: aumento do poder de qualquer magia.

Toranja: cura e inspiração.

Trevo: magia dos espíritos da terra e viagem psíquica para a Irlanda.

Urze: magia da Escócia e magia do reino das fadas.

Valeriana: sonhos e rejuvenescimento.

Vetiver: viagem astral, proteção e espíritos da natureza.

Violeta: amor, vidas passadas e superação da timidez.

Wintergreen: sucesso no amor e no dinheiro, apostas e força.

Ylang-ylang: realça todos os tipos de magia e de trabalhos psíquicos, traz paz, amor e felicidade.

Zimbro: pureza, proteção e sucesso.

Os óleos são medidos em volume. Uma medida que você verá muitas vezes em livros de ocultismo e Bruxaria é uma dracma. Uma medição arcaica tanto de peso como de volume na Grécia antiga, utilizada como uma medida do boticário, porém um tanto imprecisa. Hoje, em volume, uma dracma equivale a 60 gramas, o que costumava ser considerada uma colher de chá cheia, mas as colheres de chá ficaram maiores ao longo das décadas. No trabalho mágico, uma dracma foi muitas vezes considerada vinte gotas de líquido, mas sabemos que diferentes conta-gotas medem gotas diferentes em volume. Para estas fórmulas, você pode usar a regra de uma dracma ser equivalente a vinte gotas.

Se você estiver usando essências em incenso, deve sempre testá-los primeiro no carvão. Muitas essências não são feitas para serem queimadas, e quando queimam, cheiram a plástico fumegante. Óleos que podem ser aquecidos no réchaud são normalmente aprovados para misturas de incenso, mas sempre que possível tente usar óleos naturais para essa mistura.

Óleos essenciais e outras fragrâncias não devem ser confundidos com essências florais, que são soluções muito diluídas de flores preservadas na água ou no álcool. Essências florais são usadas como remédio para desequilíbrios mentais e emocionais de uma maneira semelhante à homeopatia e estão disponíveis em lojas de alimentos naturais. Uma linha popular é a das essências florais do Dr. Bach, considerado o inventor moderno da tradição de nossas essências florais curadoras. Aromaterapia e terapia de essência floral são muitas vezes confundidas uma com a outra, mas são técnicas de cura muito diferentes.

PEDRAS, MINERAIS E METAIS

Cristais mágicos são na verdade qualquer mineral infundido com uma intenção. Antes de todos os cristais e pedras do mundo estarem totalmente disponíveis para nós, usávamos as pedras que encontrávamos em nossos quintais, na praia ou na floresta. Todas as pedras têm poder. Mas a tradição do uso de pedras exóticas é encontrada na magia antiga. Pedras preciosas e minerais eram negociadas e vindas de terras longínquas no mundo antigo para fazer amuletos e talismãs mágicos.

Acho que somos atraídos por certas pedras por conta de sua cor e de sua beleza, se as estamos usando para magia, e se funciona, parece que sempre topamos com a mesma pedra de novo. Nós não a experimentamos o suficiente. Experimentação faz parte do aprendizado. Enquanto você pode ter preferência por certas pedras, por favor, não deixe de experimentar. Em primeiro lugar, faça uma pesquisa para descobrir os atributos da pedra e saiba como incorporá-la em um feitiço. Existem pedras específicas para cada tipo de magia. Carregue a pedra em seu corpo por um curto período de tempo e veja como suas próprias vibrações, sua própria energia, muda. Use essa informação em sua própria magia.

Veja uma lista de pedras que uso, misturando "novas" ou recém--descobertas pedras com minerais de tradição rica e antiga.

Ágata de Botswana
Ar, Terra • Mercúrio

Carregue uma ágata de Botswana para conforto emocional e alívio do estresse emocional. Este tipo de ágata ajuda a promover a amizade. Mantenha-a em sua porta ou carregue-a em seu bolso para atrair amizade e saber quem realmente é seu amigo. Ninguém precisa tocar a pedra; deixe-a no quarto e ela ainda vai funcionar. É também uma pedra de proteção e usada ao viajar.

Ágata-dendrítica
Terra • Mercúrio

A ágata-dendrítica é uma pedra excelente para aterramento suave, proteção e cura. Como a ágata-musgosa, essa também ajuda a conectá-lo à natureza e pode incentivar amizades.

Ágata de fogo
Fogo • Mercúrio, Marte

A Ágata de fogo parece que está brilhando com um fogo interior. Abre a sua criatividade; aumenta a resistência e incentiva o gosto pela vida e seu prazer. Ela inflama as suas intenções e define a direção da faísca. Adicione-a em um feitiço para acelerar as coisas, para fazê-las funcionar rapidamente, ou para inflamar seus próprios sentimentos e motivá-los. Essa é uma pedra "pegue e use". Se alguém estiver letárgico, deprimido, ou simplesmente triste e desmotivado, essa é uma boa pedra para carregar.

Ágata-musgosa
Terra • Terra, Mercúrio

Usada para curar; aumentar a energia; ajudar em qualquer doença de pele em que suas emoções estejam se expressando através de sua pele; é boa para atrair dinheiro e fazer amigos. Essa pedra ajuda a ser compatível ou atrair pessoas mais compatíveis para você. Aumenta seu próprio senso de beleza, deixando sua confiança crescer para que possa conhecer outras pessoas.

Água-marinha
Água • Netuno

A água-marinha é uma pedra de cura espiritual e emocional. Pode trazer consciência e clareza a qualquer situação. É a pedra da sereia, do canto da sereia. Pode ajudar a tornar sua voz agradável. Use-a perto de sua garganta, assim você terá uma bela voz. Sua energia é de movimento, fluidez e criatividade. Use uma água-marinha a fim de criar uma atmosfera mágica apropriada. Ela levará sua mente para aquelas fases criativas no planejamento de seus feitiços e rituais.

Âmbar
Fogo • Sol

O âmbar é uma resina fossilizada, associada com Bruxaria e cura em muitas culturas antigas. Use o âmbar para evitar envenenamento do corpo, da mente e do espírito. O âmbar traz energia e cura, eliminando qualquer coisa prejudicial e substituindo-a com energia benéfica. Ele previne envenenamento literal ou metaforicamente. É uma resina da Deusa e do Deus para designar sacerdotisas e sacerdotes na Bruxaria. Tem um elevado nível de vibração e pode equilibrar a energia masculina e feminina.

Ametista
Água • Júpiter, Netuno

Usar ametista traz coragem e força. Essa é uma pedra de cura poderosa que dá paz e clareza mental. Ametista, literalmente, significa "não bêbado" e pode ser usada em magia para sobriedade e vícios. É uma pedra de equilíbrio psicológico; uma pedra de Júpiter, usada para o sucesso.

Ametrina
Fogo/Água • Sol, Júpiter

Carregue ametrina para equilíbrio e estimulação intelectual. Pedra que limpa sua aura de energias não desejadas. O citrino é governado pelo Sol e traz sucesso e cura, a ametista é para o equilíbrio psicológico e é também uma pedra de Júpiter para o sucesso, já a ametrina contém os poderes de ambos, com tudo o que eles têm para oferecer. É uma pedra de parceria, já que as duas pedras (citrino e ametista) estão em parceria dentro dela. A ametrina pode ser usada para o avanço do sucesso e da carreira em todas as suas formas. É uma pedra muito poderosa.

Andaluzita
Ar • Terra

Use andaluzita como amuleto para melhorar a memória e o equilíbrio e para ajudá-lo a alcançar uma mente limpa para meditação. Também conhecida como cruz das fadas, a andaluzita pode nos ajudar a comungar com o povo do reino das fadas. Essa é uma boa pedra para usar antes de lançar um feitiço, para certificar-se de que você está pensando com clareza ou se sua intenção está correta antes de começar o trabalho. Use-a para fins de esclarecimento e para ser consciente da sua intenção de magia.

Aragonita
Terra • Terra

Carregar aragonita proporciona autoconfiança a qualquer um. Pedra que alivia a tensão e a fadiga, também pode ser usada para dispersar o estresse na família, no escritório ou onde a terra foi perturbada. Muitos que estão carentes de amor há anos carregam um alto nível de estresse. A aragonita pode ajudar a aliviar essa tensão interna, permitindo que uma nova vibração de amor apareça e mude sua vida.

Aventurina
Ar • Vênus

Excelente pedra para magia de dinheiro, incluindo jogos de azar. A aventurina é uma pedra de prosperidade. Às vezes você não precisa ter dinheiro em seu bolso ou o ouro em seu pulso para ser próspero. A aventurina pode ajudá-lo a valorizar o que você já tem, inclusive apreciando seu trabalho, sua casa e seus recursos. Ela ajuda a ter uma boa vibração para que as pessoas respondam melhor a você. É uma pedra de compatibilidade.

Azeviche (âmbar das Bruxas)
Terra, Espírito • Terra, Saturno, Plutão

O azeviche é uma madeira fossilizada semelhante ao carvão, muitas vezes conhecida como âmbar das Bruxas e frequentemente usada com o âmbar laranja. É uma "pedra" de proteção, poder, sorte e comunhão com os antepassados. O âmbar de Bruxa é muitas vezes entrelaçado com o verdadeiro âmbar no colar de uma Sacerdotisa ou de um Sacerdote. O azeviche é o poder da própria vida e traz energias universais e conhecimento profundo. É protetor porque também concede maior conhecimento; quanto mais você souber, mais protegido você estará.

Azurita
Água • Júpiter, Netuno

A azurita aumenta a consciência psíquica e abre o terceiro olho. Use-a e siga sua intuição. Ela ajuda a prever o que é correto para você e a desenvolver a perspicácia e a visão de suas intenções com manifestação de sua magia.

Calcita
Variável • Variável

A calcita é uma vasta gama de pedras coloridas, cada uma com suas propriedades baseadas nas cores e nas suas correspondências com os elementos e planetas. Em geral, a calcita de qualquer tipo é usada na cura para remover bloqueios associados ao chakra da cor correspondente à pedra, além de riqueza e espiritualidade em geral. A energia da calcita atinge o exterior, enviando sua intenção para fora a fim de manifestar o que você quer. É uma ajuda muito poderosa em feitiços e para cura. A calcita-ótica, que se parece com uma lupa natural, pode dobrar seus feitiços. Colocada sobre qualquer escrita ou imagem, ela cria duas imagens. Coloque-a sobre seus feitiços escritos e símbolos para dobrar o seu poder mágico.

Cianita
Ar • Mercúrio

A cianita promove tranquilidade e paz quando carregada. Ela também pode ajudar na comunicação, limpando o chakra laríngeo e estimulando a consciência psíquica. Pedra que ajuda a adormecer e facilmente coloca a pessoa em um estado de sonho confortável, ideal para quem sofre de insônia ou de inquietação.

Citrino
Fogo • Sol

O citrino é uma forma poderosa de quartzo-amarelo, criada devido a uma impureza de ferro. Promove saúde, riqueza, dinheiro e boa noite de sono repousante. É considerado um "banho de prosperidade".

Cornalina
Fogo • Mercúrio

Joia poderosa para a cura e a energia, a cornalina promove coragem e fluxo saudável de energia sexual. É dito que a cornalina é o sangue da Deusa Ísis, e que era usada pelos egípcios para cura, invocando seu poder e bênçãos.

Crisocola
Água • Vênus

A crisocola traz paz, sabedoria e amor em todas as coisas. Ela limpa o chakra da garganta, então nos permite falar com mais clareza e harmonia, muito útil em situações difíceis. A crisocola é boa para as crianças, porque as ajuda a se sentirem calmas e confortáveis. É particularmente boa para adolescentes preocupados com os problemas do mundo e da vida, podendo ajudá-los a sentir que tudo vai correr bem. Em muitos aspectos, é uma pedra muito maternal, ajudando-nos a sentir calma e falar quando precisamos falar.

Cristal de Quartzo
Terra, Ar, Fogo, Água • Sol, Lua

Cristal de quartzo pode ser usado para todos os efeitos mágicos, amplificando qualquer intenção. É uma das minhas pedras favoritas porque faz tudo e pode melhorar qualquer coisa. O quartzo contém uma ressonância elétrica – quanto maior o cristal, mais forte é a ressonância nele. Como um rádio, que tem um cristal de quartzo, ele levará longe no Universo suas palavras e intenções.

Esmeralda
Terra • Vênus

Uma pedra com uma história rica em magia, que pode nos ajudar a encontrar, psiquicamente, respostas para nossos problemas. A esmeralda é associada com os olhos, por isso pode ser usada para curá-los e para curar-se em geral, devido a sua cor verde, que estimula o sistema imunológico. A sabedoria da terra profunda pode ser encontrada dentro da esmeralda. Bruxas da Tradição Cabot meditam sobre uma tábua de esmeralda, olhando para uma dessas pedras na palma da mão para encontrar respostas. Portanto, não é apenas uma pedra da sabedoria hermética, mas de profecia.

Fucsita
Ar • Vênus

A fucsita pode ser usada para enviar o nosso amor a longa distância. Promove boa sorte e bênçãos e pode ser usada para melhorar qualquer fórmula de cura com ervas. Pode ser usada para se comunicar com as fadas e os espíritos da natureza.

Granada
Fogo • Marte

Pedra energética usada para paixão, criatividade e energia sexual. É uma pedra da Deusa. Vermelho é a cor da magia na maioria das culturas, além de ser a cor da força vital. A granada pode ser considerada o sangue da Deusa e, com esse poder, pode trazer a manifestação e a criação sobre a terra. É uma pedra de soberania, uma pedra da rainha ou do rei, muito mais do que rubi. Geralmente não usamos rubis ou diamantes porque sua energia está manchada pela forma como são extraídas e negociadas. Eu só uso quando sou presenteada por alguém que conheço. Granada pode trazer aterramento e proteção quando você deseja manter sua energia.

Hematita
Terra, Fogo • Marte

A hematita é uma pedra de cura e de vitalidade. Como é composta de óxido de ferro, ela é usada por muitos como uma pedra de aterramento, devido à sua natureza pesada; ela ajuda a equilibrar quando você está disperso. Metafisicamente, "pega as coisas na unha" em sua vida.

Howlita
Terra, Água • Terra, Vênus, Netuno, Sol

A howlita é uma pedra adaptável, usada para muitas finalidades, incluindo cura espiritual, consciência, clareza e visão. Muitas vezes é confundida com a turquesa. Sinto que ela concede clareza além da visão e permite que você veja na escuridão de sua vida, além do que veria normalmente.

Jaspe
Terra, Ar, Fogo, Água • Terra, Júpiter

O jaspe é uma pedra de beleza e de autoestima. Pode ser usado para proteção, alívio da dor e mesmo em magia climática para ajudá-lo a chamar chuva. Além de ser uma pedra de sucesso, o jaspe traz dinheiro, prosperidade e aumento de estima aos olhos dos outros.

Jaspe-mookaite
Terra • Terra

Também conhecida como mookalit, essa pedra ajuda a Mãe Natureza e faz crescer plantas mais exuberantes e abundantes. Mookaite também ajuda na cura lenta, gradual, quando carregada como um encantamento, e protege de sentimentos esmagadores, permitindo estar no momento presente.

Jaspe-sanguíneo
Fogo • Marte

Use o jaspe em assuntos legais para obter sucesso e invencibilidade em seu trabalho. Ele pode também ajudá-lo a detectar o que está sendo escondido ou obscurecido. Carregue o jaspe-sanguíneo para proteção e para impedi-lo de ser enganado. Qualquer doença do sangue pode ser auxiliada com magia de cura usando essa pedra.

Jaspe-zebra
Terra • Mercúrio

Pedra usada para resistência e equilíbrio. O equilíbrio é provocado pelas cores alternadas, as listras da zebra. Caso contrário, ela teria qualidades semelhantes aos outros jaspes.

Labradorita
Ar • Urano, Plutão

A labradorita incentiva a paciência, a clareza e a coragem em situações difíceis. É também uma excelente ajuda para desenvolvimento mediúnico, sonhos e meditação. Apesar de seus atributos sobrenaturais, a labradorita nos deixa dispostos para as ligações naturais que temos com todas as coisas. Ela pode nos conectar com pedras, árvores e animais selvagens, bem como planetas, estrelas e o turbilhão das galáxias.

Lápis-lazúli
Água • Vênus, Júpiter

Lápis-lazúli é uma pedra de meditação, seu uso regular pode auxiliar o desenvolvimento psíquico e as habilidades de adivinhação. Ela pode ser usada para conexão com os Deuses do antigo Egito e para incentivar a lealdade. Use como uma pedra de poder.

Madeira petrificada
Ar • Saturno

A madeira petrificada, como tinha "vida" anteriormente, é uma excelente ajuda no trabalho de regressão de vidas passadas. É uma pedra de cura e longevidade, que ajuda a estar presente, a aterrar, a se centrar e se estabilizar, além de ajudar na conexão com a natureza.

Magnetita
Terra • Vênus

Magnetita é um ímã natural utilizado para magnetizar, comandar e mostrar para você tudo o que seu feitiço exige. Pedra que vai melhorar todos os seus feitiços e pode ser parte de um encantamento maior, projetado para atrair seus desejos. A magnetita pode ser usada como chave para desbloquear as coisas em sua vida, para abrir caminho para sua manifestação e também para aterrar, caso você estiver fora de foco e disperso.

Malaquita
Água, Terra • Vênus

Pedra para o amor e para os negócios, ajuda a atrair e a manifestar as coisas que você deseja. É uma pedra venusiana do amor puro, conhecido como ágape ou amor divino; usá-la pode colocá-lo em contato com esse amor divino, mas também é útil em feitiços para romance e relacionamento. Também é considerada protetora contra danos físicos. Em forma de pó, a malaquita é tóxica, por isso, cuidado ao usá-la. Não a mergulhe em água.

Obsidiana
Fogo • Marte, Plutão

A obsidiana é associada com a Deusa Negra e é usada para rituais de vidência e contato com espíritos. Também pode ser usada para conceder desejos e para proteção. Certifique-se de limpar e equilibrar a obsidiana mais do que qualquer outra pedra, pois sua energia pode ser caótica e perturbadora se não estiver devidamente limpa e energizada. Eu uso uma bola de obsidiana energizada e fixa para trazer ordem e organização para minha vida.

Obsidiana floco de neve
Fogo, Água • Marte, Saturno, Plutão

A obsidiana floco de neve é usada para trazer paz e equilíbrio para o corpo e a mente. É uma pedra de proteção e de aterramento que também pode equilibrar as polaridades. Enquanto a obsidiana comum pode trazer caos ou ordem para uma situação, as manchas brancas dos "flocos de neve" ajudam a equilibrar suas energias.

Olho de gato

Terra • Lua, Vênus

Pedra que concede ao usuário beleza, riqueza e proteção. O olho de gato oferece especial proteção contra infidelidade ou perda de riqueza. É uma pedra de projeção, ajudando você a entrar em sintonia com seus desejos e projetos. As cores diferentes do olho de gato influenciam sua energia e uso. Na astrologia védica, é um talismã para Ketu, ou o nodo sul da Lua, o corpo celeste de nosso passado cármico, portanto nos ajuda a evitar os erros do passado. Olho de gato reúne a energia de todas as fases da Lua, por isso tem muita energia lunar; ele puxa as marés dessa energia. O olho de gato real, o do animal, quase se parece com as fases da Lua, quando se move de um lado para o outro.

Olho de tigre

Fogo • Marte

Pedra de poder e de energia, que aumenta a força vital e a saúde. Use-a para reforçar a sua vontade de ter sucesso e para superar obstáculos difíceis.

Olho de tigre vermelho

Fogo • Marte

O olho de tigre vermelho é usado para aumentar a energia, o senso comum e o aterramento. É semelhante ao olho de tigre, mas com muito mais ligação com a terra.

Ônix

Fogo, Terra • Marte, Saturno

Magicamente usada para exorcismo, coragem extrema e força física, a ônix pode ser usada para dispersar energia e neutralizar magia usada contra você. Mais bem usada por aqueles que são do signo de Capricórnio ou têm Capricórnio e/ou Saturno bem posicionado dentro de seu mapa.

Opala
Água • Lua, Vênus

Todos os tipos de opala podem ajudar a energia de dispersão. Essa pedra pode ser usada na proteção mágica para dispersar as forças nocivas e também ajuda a remover os bloqueios do sistema de energia e dos chacras, mas não aumenta sua energia total. Use-a para limpeza antes de fazer o trabalho de cura. A opala também pode limpar bloqueios para perceber seus guias espirituais. Leve uma opala em um saco mágico para ajudá-lo a se comunicar com seus guias espirituais.

Pedra-estrela-azul
Terra, Fogo, Ar • Júpiter, Urano

Embora seja uma criação humana, a pedra-estrela-azul pode trazer sabedoria, energia e inspiração para seu usuário. Mesmo que seja artificial, ela reflete e refrata a luz. Essa pedra tem um monte de lendas mágicas que a envolve. Ela traz energia de cura, sucesso e abundância, bem como sabedoria e inspiração.

Pedra da lua
Água • Lua

Pedra que representa a Lua sobre a Terra. Ela pode ajudar na nossa sintonia com a Lua; trazê-la para perto de nós. Sua energia melhora todas as atividades lunares, incluindo sono tranquilo, sonhos, trabalho, adivinhação, além de reforçar o poder psíquico. Se você é filho da Lua, influenciado por ela ou nascido sob o signo de Câncer, essa pedra vai aumentar consideravelmente sua força e sua energia. Todos os Bruxos e videntes devem usá-la para melhorar a conexão com as fases lunares. É também uma grande pedra para aqueles que têm pouca compaixão, empatia ou emoção, pois ajuda a sentir profundamente.

Pedra da lua arco-íris
Água • Lua

Pedra que fortalece os poderes psíquicos e a intuição; ajuda a se conectar com a Deusa da Lua e traz equilíbrio e harmonia para todas as coisas. Tecendo uma conexão entre a Terra e a Lua, você pode abrir a sua intuição. Essa pedra traz toda a luz do arco-íris, todas as cores de poderes psíquicos e pode ser usada em muitas formas diferentes de magia.

Pedra-estrela-verde
Terra, Fogo • Vênus

Outra versão desta "pedra" criada pelos homens, a pedra-estrela-verde é usada para magias envolvendo dinheiro, cura e aterramento.

Peridotita
Terra • Vênus, Sol

A peridotita é uma pedra de cura, proporciona sono repousante, traz dinheiro, alivia a tensão e a pressão nas emoções e pode ajudar a fama e a fortuna a se manifestarem.

Prehnita
Água • Vênus

Pedra de cura e amor incondicional. Ajuda a abrir seu coração e a conectá-lo ao Planeta e pode ajudar a ligar as causas e as questões de problemas e de doenças para que você possa resolvê-los mais claramente.

Quartzo-fumê
Fogo, Terra • Sol, Lua, Saturno

Pedra de meditação e clareza; ajuda a abrir e a amplificar suas intenções, mantendo-se ainda o aterramento e a calma dentro de seu corpo. O quartzo-fumê pode ser usado como uma pedra protetora.

Quartzo-rosa
Terra, Água • Vênus

O quartzo-rosa é uma das pedras mais potentes e suaves para o amor, a compaixão e a espiritualidade. Ajuda a abrir o coração para o espírito essencial e a autoestima.

Quartzo-turmalina
Terra, Ar, Fogo, Água • Sol, Plutão

Trata-se de um quartzo claro com uma turmalina-negra dentro dele. É uma pedra poderosa para todos os fins, porém é mais bem usada para magia de dinheiro, negócios, sucesso, coragem e proteção.

Quartzo-fumê-rutilado
Fogo, Terra • Terra, Saturno

Pedra que reforça a telepatia, a habilidade psíquica e o trabalho de cura, também usada em algumas formas de magia do clima. Devo admitir que quartzo-fumê não é minha pedra favorita para trabalhar, embora o rutilo realce qualidades especiais.

Rodocrosita
Terra • Marte, Vênus

A rodocrosita é usada para amor, autoestima e felicidade. Ela ajuda a se sentir conectado a si próprio e aos outros e pode gerar sentimentos de lealdade naqueles que a usam e ao redor da pessoa que o carrega. O amor da rodocrosita quase é considerado uma forma de amor patriótico. Ela inspira amor de grupos, bem como de indivíduos. É o amor de família, tribo, comunidade e país. Essa pedra também pode ser usada para sonhos lúcidos.

Rodonita
Terra • Vênus

A rodonita, semelhante à rodocrosita, é uma pedra de paz, equilíbrio e felicidade. Suas pequenas manchas pretas ajudam a trazer mais luz, fazendo o feitiço ficar mais poderoso.

Safira
Terra • Júpiter

A safira ajuda a abrir a consciência, a aterrar e pode ser usada para melhorar o estudo e para trazer boa sorte. As pessoas irão reconhecer seus talentos e habilidades quando você usar a safira. Com sua energia, você será mais capaz de influenciar situações a seu favor.

Sal marinho
Terra, Água • Lua, Saturno

Embora geralmente visto como parte do estoque de ervas, tecnicamente o sal marinho é um mineral. Ele é usado para proteção e compensação e para ajudar a estabilizar poções à base de água. Se não houver sal marinho, o sal kosher é um substituto excelente.

Selenita
Água • Lua

A selenita é um cristal solúvel em água, portanto não a limpe com água ou ela derreterá. Ela promove paz, meditação, clareza e cordialidade e também pode abrir e equilibrar o chacra coronário. Alguns a usam para limpar outros cristais e ferramentas, colocando-os sobre ela por alguns minutos. A selenita tem uma energia pura e límpida. Como o quartzo, ela é uma pedra versátil e poderosa, podendo ser programada para qualquer intenção, pois a direciona e a amplia.

Serafinita
Terra, Ar • Vênus

A serafinita tem esse nome em homenagem à hierarquia angélica serafim. Ela é usada para cura, limpeza e reforço da cooperação entre as pessoas e também para nos conectar com seres dimensionais superiores, bem como espíritos da natureza e elementais. Devido à sua cor verde, a serafinita pode ser usada para a regeneração de células dentro de seu corpo e para a cura emocional e consciência interna de padrões que podem prejudicá-lo e então serem neutralizados e transformados.

Serpentina
Fogo • Terra, Marte

A serpentina é usada para duplicar qualquer bênção da Deusa e do Deus. Em particular, ela é boa para bênçãos com dinheiro e boa sorte. É também um amuleto contra envenenamento e mordidas de insetos e cobras e pode ser usada para aterramento e sintonia com a natureza. Devido às suas características, a serpentina é associada à kundalini, o poder da serpente na base da coluna vertebral.

Serpentina-zebra
Fogo • Plutão

A serpentina-zebra tem todas as associações da serpentina, mas com uma determinada especialidade na criação de equilíbrio, bravura e coragem. Ela é particularmente boa para equilibrar o humor e os desequilíbrios hormonais.

Sodalita
Fogo, Ar • Júpiter

Pedra que ajuda a transformar a ansiedade em sucesso, particularmente nos negócios, e pode ajudar a facilitar a comunicação entre pessoas que estão tendo desentendimentos. A sodalita tem muitas qualidades semelhantes ao lápis-lazúli e pode ser usada como um substituto deste quando necessário.

Sugilita
Ar, Água • Júpiter, Netuno

A sugilita realça qualquer trabalho com o terceiro olho. Coloque-a sobre sua fronte para ativar sua terceira visão. Se usá-la com a intenção de ativar os poderes psíquicos, sentirá que um buraco se abriu até o topo da cabeça. Ela pode também ser usada para acalmar as habilidades psíquicas hiperativas, ou quando a preocupação e o desespero travam sua visão interna e sua imaginação. A sugilita ajuda a remover padrões emocionais limitantes, bem como equilibra qualquer desordem associada com a cabeça ou com o cérebro. Use-a para ajudar com dores de cabeça, dislexia, cognição e disfunção motora.

Tectita
Fogo, Terra, Ar • Urano, Plutão

A tectita, criada a partir da queda de um meteorito e da mistura com minerais naturais sobre a terra, pode ser usada para coragem proteção e para facilitar a viagem astral.

Turmalina
Vários • Vários

A turmalina é um mineral que tem uma ampla gama de cores, incluindo preto, azul, verde, rosa, vermelho e "melancia", que é de exterior verde e interior rosa. As diferentes cores determinam o melhor tipo de magia em que pode ser usada, pois cada cor é associada com uma força planetária. A turmalina pode ser usada para a cura da mente, do corpo e do espírito; sua cor influencia o tipo específico de magia. Essa pedra realmente remove bloqueios na magia de cura e de manifestação.

Turquesa
Terra • Júpiter

Pedra sagrada no mundo todo e particularmente para muitas tribos nativas norte-americanas. É uma pedra de proteção, amizade e coragem. Suas bênçãos são muitas e suas vibrações suaves podem ser usadas para a cura e o empoderamento. Em minhas experiências, turquesa é uma pedra para viajar no tempo, sobretudo para o passado. Embora eu não saiba qualquer lenda tradicional sobre tais usos, consigo voltar no tempo, geralmente como uma regressão a vidas passadas. Não sei se é bem assim que funciona para os outros, mas é assim que funciona para mim.

Unaquita
Água • Netuno

Unaquita é uma pedra de equilíbrio emocional e clareza espiritual e pode ser usada para promover uma gravidez saudável. Está associada com melhor comunhão com seus familiares e animais em geral.

Zoisite
Terra, Fogo • Vênus, Marte

A zoisite é usada para atrair amor e felicidade. Às vezes é encontrada com quantidades pequenas de rubi e é particularmente boa em curar o coração depois de uma separação dolorosa. Pedra que pode aumentar a energia vital, particularmente se estiver misturada ao rubi, que aparece como pequenas manchas avermelhadas sobre o verde e o preto e é um curador global do corpo.

METAIS

Assim como os minerais, os metais também podem ser usados com intenções mágicas. Embora às vezes disponível em forma bruta, metais são mais prováveis de serem trabalhados em joias ou em outras ferramentas. Podemos empoderar qualquer metal como parte de um feitiço e usá-lo sem ninguém saber que é um feitiço mágico.

Alumínio
Ar, Água • Mercúrio, Urano, Netuno

O alumínio é por vezes utilizado como um substituto para o mercúrio, que também é reflexivo e, portanto, associado com espelhos mágicos, previsão do futuro e reflexão. Algumas pessoas o usam no lugar de um espelho mágico, para leitura psíquica, comunicação e proteção. Por conta de sua leveza, pode ajudá-lo a se sentir inspirado e livre quando você estiver ancorado aos seus problemas. Vários magos associaram alumínio com Netuno ou Urano. O alumínio é considerado tóxico e não deve ser usado no preparo dos alimentos.

Bronze
Fogo, Ar • Vênus, Júpiter

O bronze é uma liga de cobre e de estanho, embora algumas ligas, como a de cobre com algum outro metal, o alumínio, por exemplo, também possam ser chamadas de bronze. Latão e bronze são muitas vezes confundidos um com outro. Apesar de terem aparências semelhantes, eles são diferentes energeticamente. A mistura de bronze e estanho traz as energias dos dois planetas mais benéficos, Vênus e Júpiter, garantindo beleza, sucesso e autoconfiança.

Chumbo
Terra • Saturno

O chumbo é um metal macio, pesado, maleável, que foi usado em todo o mundo antigo em magia e em construção. Infelizmente o chumbo é tóxico e é considerado uma neurotoxina que se acumula nos tecidos e nos ossos, levando a distúrbios do cérebro e do sistema nervoso. Hoje, ele é usado em edifícios e ligas, mas a maioria de nós o conhece como um escudo de radiação, particularmente quanto aos raios X. A natureza do chumbo é protetora e serve como uma barreira, pois todos os tóxicos têm um limite entre o que é seguro e o que é prejudicial. O chumbo é também um metal de silêncio, para ajudá-lo a ouvir a sua voz interior.

Cobre
Terra, Ar • Vênus

O cobre é o metal do amor, pois tem manchas verdes, a cor de Vênus. Usado na forma de joia desgastada perto das articulações para tratar dores, também é um metal que atrai amor e luxo. Hoje, o cobre é mais facilmente encontrado em lojas de mineral, mas pode também ser visto em moedas de um centavo dos Estados Unidos, antes de 1982. Porém, antes de usá-las para magia, tais moedas devem ser limpas e neutralizadas de todas as energias anteriores.

Estanho
Água, Fogo, Ar • Júpiter

Estanho é um metal prateado, brilhante, maleável e dúctil e é considerado mais "frágil" que alguns dos outros metais. Ele tem uma estrutura cristalina, quando dobrado, emite um som quando a estrutura é interrompida. Esse som é conhecido como um "grito de lata". Governado por Júpiter, o estanho evoca o poder da boa sorte, abundância e prosperidade e é útil em qualquer tipo de questões jurídicas. No passado ele era facilmente disponível em latas; hoje a maiorias das latas são feitas de aço, pois as folhas de estanho não estão disponíveis e foram substituídas por folhas de alumínio. O estanho pode ainda ser obtido em lojas de produtos químicos.

Ferro
Terra, Fogo • Marte

O ferro pode vir em pó, muitas vezes chamado de comida da magnetita, pois aparas de ferro são usadas para "alimentar" a magnetita em magia usada para atrair riqueza e outros desejos para o ímã natural. O ferro também pode vir na forma de pregos antigos. Ele às vezes é chamado de sangue da terra, já que quando oxida assume a tonalidade de vermelho-ferrugem. Tradicionalmente, o ferro é usado em magia para proteção e defesa, ele é um componente da garrafa da Bruxa para proteção. Dizem que as fadas geralmente evitam o ferro, mas ele é usado para interromper as energias e espíritos indesejados. Aço e uma liga de ferro têm propriedades mágicas similares, mas muitos acham que o ferro puro é melhor para magia. Aço de carbono, particularmente, também é ferro transformado ou melhorado, e poderia também ser colocado sob a regência de Plutão, uma "oitava superior" da energia de Marte.

Latão
Ar, Fogo • Sol, Vênus, Urano

O latão é uma liga de cobre e de zinco. É um excelente condutor de todas as formas de energia mágica. Os castiçais de latão são os melhores, devido a essa natureza condutiva. Por ter a cor dourada, ele é associado com o Sol e, pode ser um substituto para o ouro verdadeiro, apesar de seu cobre lhe dar uma afinidade natural para Vênus e seu zinco para Urano.

Mercúrio
Ar • Mercúrio

Mercúrio, ou líquido mercúrio, desperta nosso fascínio porque é o único metal líquido em temperatura ambiente. Eu sou da geração em que crianças brincavam com o mercúrio de termômetros antes que nossa sociedade percebesse seu perigo: ele é altamente tóxico e facilmente absorvido pela pele, cria todos os tipos de problemas sensoriais, neurológicos e problemas nervosos, cujo o Planeta Mercúrio governa. Eu não recomendo usar mercúrio em sua magia a menos que ele esteja em um frasco hermeticamente fechado, sem ser aberto.

Ouro
Fogo • Sol

O ouro é o rei dos metais, aquilo que os alquimistas buscavam em suas transformações espirituais. É o símbolo do Iluminismo e da Soberania, do rei ou da rainha. Usado para sucesso, saúde, felicidade, riqueza, poder e evolução espiritual. O ouro é o metal do Deus.

Ouro branco
Fogo, Água • Sol, Lua

O ouro branco é uma liga feita principalmente de ouro e prata. Pode ocorrer naturalmente com outros metais, principalmente cobre, embora também seja criado artificialmente e usado em ferramentas e talismãs mágicos. Nessa qualidade ele equilibra as propriedades do Sol e da Lua, masculina e feminina, ativa e receptiva.

Peltre
Ar, Terra • Júpiter, Saturno

Peltre é uma liga de estanho, tradicionalmente feita pela mistura de estanho e chumbo, embora hoje a maioria do peltre seja "chumbo" e uma liga feita principalmente de estanho misturado com cobre, antimônio, bismuto ou prata. Como tradicionalmente é uma mistura das energias de estanho de Júpiter e as energias de chumbo de Saturno, o peltre tem poder de regeneração e de proteção e pode nos ajudar a aceitar as nossas responsabilidades mundanas e ter sucesso com elas.

Platina
Água, Terra • Lua, Saturno

A platina não é usada frequentemente em magia, mas tem qualidades semelhantes ao chumbo e a prata, sem a toxicidade do chumbo. É considerada um metal "sábio", que pode ajudá-lo a ver o passado e o futuro.

Prata
Água • Lua

A prata é o metal da Lua. Usá-la melhora habilidades psíquicas, pois a prata conduz energia psíquica e ajuda a armazenar as bênçãos da Lua e também pode ser usada em magia para fertilidade, criatividade e cura emocional. É o metal da Deusa, aquele que nos ajuda a seguir o caminho da nossa alma nesta vida.

Zinco
Ar • Mercúrio, Urano

O zinco é um metal que reforça o sistema imunológico e ajuda a regular os sinais dentro do corpo, particularmente os impulsos elétricos e mágicos. Usado como joia ou tomado como um suplemento, o zinco pode ajudar a reduzir o excesso de energia nervosa.

Outros metais são associados com planetas periféricos na astrologia, porém, devido a sua grande radioatividade, são difíceis de obter e perigosos de serem usados. Urano é associado com Urânio. Netuno corresponde a Neptúnio, e Plutão a Plutônio. De forma simples, incluímos essas informações ocultas para ajudar as Bruxas a melhor entender o poder de volatilidade e radioatividade que esses planetas podem ter.

ANIMAIS

Em livros mágicos mais antigos, dizia-se que tais ingredientes estão no "bestiário". Enquanto pode parecer estranho para nós, partes de animais têm sido muito utilizadas em magia e cura, e muitas formas de medicina tradicional chinesa e indiana ainda misturam partes de animais com ervas e minerais para fazer remédios poderosos.

Bruxas modernas, no entanto, são muito sensíveis à energia de animais e aos direitos deles como nossos aliados em magia e parentes no Planeta. Geralmente só tomamos aquilo que foi deixado por um animal vivo e saudável. Pele ou pelo obtidos dessa forma terão uma energia de vida saudável para ser usada em nossa magia. Nós nunca prejudicamos qualquer animal para obter ingredientes para nossos feitiços, e nunca iríamos criar um mercado comercial para partes de animais, colocando-os em perigo.

Quando recuperei meu caminho como Bruxa, na minha vida adulta, fiz amizade com um curador local do Franklin Park Zoo. Expliquei-lhe que estava usando essas coisas como parte da minha religião, não fazendo um comércio disso nem colocando os animais em perigo. Ele me deu muitos ingredientes exóticos que não estão disponíveis para a maioria dos Bruxos hoje, como pelos de urso e de leopardo e garras de leão. Aqui estão alguns ingredientes de origem animal mais prontamente disponíveis para feitiços.

Casca de ovo
Todos • Terra

O branco da casca de ovo em pó, conhecido como *cascarilla* nas tradições africanas, é um componente poderoso em magia. Ovos sustentam a energia da vida e do nascimento, ajudando a trazer coisas novas para a manifestação. Dizem que eles são catalisadores para nossa magia por esse motivo. Tradicionalmente, uma concha é também uma proteção, como o ovo, e a casca de ovo em pó, ela pode ser usada em marcações protetoras. (*Cascarilla* é também o nome de uma planta do Caribe e não deve ser confundida com casca de ovo em pó.)

Chifres de Veado
Terra • Terra, Sol

Considerado o totem do Senhor da Floresta, o veado representa o Deus Cornífero Cernunnos. Na alquimia, o veado é um símbolo do Sol. O cervo confere os poderes da força, agilidade, independência, nobreza, manifestação e regeneração. Os chifres do veado caem na primavera e eles tornam a crescer. Chifres em pó foram usados na medicina medieval e ainda são usados na medicina tradicional chinesa e em algumas especialidades da medicina alternativa moderna. Um chifre de veado pode ser usado para adicionar energia e saúde a qualquer feitiço, e é particularmente potente para feitiços que envolvem soberania pessoal.

Concha abalone
Água • Netuno

Use conchas de abalone para cura espiritual em todos os níveis. Elas podem liberar lágrimas de alegria e abrir emoções bloqueadas. Deusas e Deuses do mar trabalham com a vibração de abalone.

Pele de cobra
Terra • Saturno

A cobra é um totem da Deusa, simbolizando transformações, mudanças e habilidades psíquicas. Pele de cobra é usada em magia quando precisamos de regeneração, para nos desprendermos de nossa pele e nos transformarmos em algo novo. A pele de cobra pode ser usada em feitiços de cura e de proteção. Misture a pele com cera de abelha derretida e azeite quente. Quando esfriar, vai virar uma pomada para curar a pele e aumentar o poder mágico.

Pelo da crina do cavalo
Fogo, Terra • Marte, Terra

Cavalos trazem poder mágico, liberdade e capacidade de viajar. São sinais de civilização, pois foram um dos primeiros animais domesticados. Estão associados com as Deusas Epona, Rhiannon e Macha e são os corcéis xamânicos para visitar o Outromundo. Pelos de cavalo adicionam poder a qualquer feitiço.

Pelo de cachorro
Terra • Terra

Cães nos ajudam a ficar aterrado no mundo, eles estão sempre presentes para alegrias simples, são professores de lealdade e grandes protetores. Pelo de cachorro pode ser usado como um substituto para o pelo de lobo, quando necessário, especialmente quando é de um cão mais parecido com lobo. Espécies diferentes de cães trazem diferentes qualidades.

Pelo de coelho
Ar • Mercúrio, Lua

O pelo de coelho vai acelerar qualquer feitiço, tornando-o "rápido como um coelho". Quando quiser fazer algo acontecer imediatamente, adicione um pequeno chumaço de pelo de coelho.

Pelo de gato
Água • Lua, Vênus

Gatos nos ajudam a nos conectar com o poder do mundo psíquico, pois podem ver o Outromundo muito claramente. Eles sabem seguir sua intuição e responder a alguns relatos do incognoscível. Se o gato for seu próprio familiar mágico, usar seu pelo vai ajudar a empoderar todos os seus feitiços e a aprofundar o seu relacionamento.

Pelo de Lobo
Terra, Fogo • Marte

O pelo de lobo é muito poderoso para proteção. As Bruxas o misturam com ervas e pedras de proteção em poções ou o coloca em um saco mágico preto. Como outros pelos de animais, esse também deve ser adquirido de um animal vivo e caído naturalmente. Seria bom um carteiro transportar pelo de lobo, para a proteção de cães estranhos e outros perigos desconhecidos.

Penas

Ar • Mercúrio

As penas são usadas em uma ampla gama de magia, dependendo da sua cor e do seu tipo. Geralmente elas estão associadas com o elemento Ar, para uma comunicação clara, e ao Planeta Mercúrio, para rapidez de pensamento, palavra e ação. Penas tingidas ou brilhantes, naturalmente coloridas podem ser associadas com suas cores correspondentes aos elementos ou aos planetas em feitiços. As penas são usadas em magias para mensagens e viagens. Penas específicas podem ser associadas a divindades. As dos corvos, por exemplo, estão associadas com Morgana. Como, tecnicamente, possuir penas de corvo ou de aves de rapina é ilegal nos Estados Unidos, muitas vezes usamos penas pretas coloridas artificialmente no lugar de penas de corvo. Feitiços de penas podem ser "iniciados" soprando as penas contra o vento, assim como acender uma vela envia o feitiço pelo fogo. A direção em que você soprar as penas pode influenciar o feitiço. Penas podem ser sopradas em direção à cidade de Nova Iorque ou Hollywood, em relação à sua posição, para fama e fortuna. Trabalhar no topo de uma colina em um dia ventoso é uma excelente maneira de trabalhar com penas na magia. Usar penas para demonstrar seu controle sobre o vento, somando os ventos à sua vontade, é um aspecto da Bruxaria tradicional como ensinado a mim por minha professora Felicity. Use a seguinte lista de penas específicas na elaboração de suas intenções mágicas ou como forma de adivinhação, uma maneira de receber uma mensagem do mundo animal.

Abutre: morte, renascimento, purificação, antepassados e Submundo.

Águia: inspiração, coragem, cura, criatividade, mensagens do espírito, verdadeiro caminho e visão clara.

Andorinha: velocidade, agilidade e percepção.

Beija-flor: alegria, fertilidade e cura.

Cardeal: vitalidade, amor-próprio, autoestima e orgulho.

Carriça: ousadia, desenvoltura, regência e engenhosidade.

124 | Livro dos feitiços e encantamentos de Laurie Cabot

Chapim: veracidade.

Cisne: beleza, verdade, autoconhecimento, ancestrais e fadas.

Coruja: sabedoria, profecia, saúde, fertilidade, mistério e escuridão.

Corvo: inteligência, magia, espírito guerreiro, profecia, lei sagrada e viagens do espírito.

Gralha-preta: magia, criação, resolução e esperteza.

Estorninho: unidade familiar, esperança, proteção, mensagens, comunicação e clareza.

Falcão: visão psíquica, proteção, força, guerreiros e caça.

Gaio-azul: desenvoltura, adaptabilidade, comunicação e falar em público.

Ganso: viagens, missões, despertar e ancestralidade.

Grou: longevidade, criatividade e inteligência.

Martim-pescador: prosperidade e amor.

Melro: magia, inteligência, e força psíquica.

Pardal: vitória, dignidade, autoestima e sucesso.

Pássaro azul: felicidade, sorte e bênçãos.

Pato: conforto, proteção e adaptabilidade.

Pica-pau: percepção, ritmo, cura e amor.

Pomba: paz, maternidade, profecia e exploração.

Tentilhão: energia, vitalidade e ação potencial.

Tordo: fertilidade e rejuvenescimento.

Pólen e cera de abelha
Todos • Sol, Vênus

Todos os produtos das abelhas – incluindo pólen, cera e mel – são considerados ingredientes abençoados e mágicos para nosso trabalho. As abelhas são como alquimistas sagrados. Transformam a natureza de forma bastante surpreendente, fazendo magia e medicina, assim como as Bruxas. Abelha, ou melissa, era também o nome de antigas Sacerdotisas gregas que auxiliavam a Sacerdotisa de Delfos em suas profecias oraculares. O pólen pode ser misturado com pétalas de rosa e um óleo de amor, fazendo um feitiço muito poderoso para o romance. Carregue-o em um saco vermelho. A cera pode ser misturada com tomilho e transportada em um saco preto para proteção.

Velo (Lã)
Terra • Terra

Velo é a lã de uma ovelha ou cabra de pelos longos antes de ser transformado em fios. Também pode ser usado em magia para a criação de paz, conforto, sonho mágicos, orientação e pureza. A energia mágica das ovelhas pode ajudar as pessoas a aceitar a ajuda de outros e traz orientação quando estiverem perdidos.

Outros ingredientes provenientes de animais – tais como conchas de caranguejo, ninhos de vespa, formigas vermelhas, garras de jacaré, pés de coelho e vários ossos e dentes de animais – podem ser encontrados em lojas de magia, mas eles não são usados na Tradição Cabot.

TERRA DE CEMITÉRIO

Bruxas muitas vezes recolhem terra, também conhecida como pó de cemitério, de túmulos de pessoas que admiram ou daquelas que tinham habilidades que elas aspiram ter e usam em magia. Nós a usamos principalmente em poções de proteção, acrescentando uma pitada da terra da sepultura de alguém admirado por bravura. Enquanto outras tradições de magia têm métodos mais invasivos de recolher a terra, eu sugiro que pegue a terra da parte superior da sepultura, sem perturbar o túmulo. Substitua qualquer grama que você remover para recolher a terra e não use uma pá. Se você simplesmente quiser comungar com os ancestrais, colete a terra do maior monumento do cemitério ou no portão. É tradição fazer uma oferenda para os espíritos do túmulo em si, e no portão, geralmente coloca-se um punhado de moedas ou uma libação de água ou álcool.

COR, SÍMBOLOS &
OUTRAS FERRAMENTAS MÁGICAS

Embora muitas vezes pensemos na natureza estritamente como os reinos animal, vegetal e mineral, tudo o que vem da natureza, mesmo quando é feito por mãos humanas, tem uma magia inerente devido à sua forma, símbolo e cor. Há várias ferramentas que não se encaixaram nas listas vistas anteriormente, mas que são, no entanto, importante para a Bruxa.

Qualquer coisa de uma determinada cor carrega a vibração e a magia da cor que tem. Pedras de uma cor em particular, sejam naturais, sejam sintéticas, refletem uma vibração especial para magia. Você pode usar qualquer tipo de cor na sua vida, da cor de sua roupa à cor do seu cabelo e unhas, ou pode fazer magia com a cor do seu carro, por exemplo. Cor influencia tudo em magia. As várias ferramentas a seguir são influenciadas pela cor.

Cor	Elemento	Planeta	Signo	Magia
Vermelho	Fogo	Marte	Áries	Paixão, criação, parceria, casamento.
Preto	Todos	Plutão	Escorpião	Segredos, descoberta, equilíbrio.
Laranja	Ar, Fogo	Mercúrio	Gêmeos	Direcionamento, escrita, estudos.
Dourado	Fogo	Sol	Leão	Dominação, procura, saúde, sucesso, tesouros.
Amarelo	Fogo, Ar	Sol	Leão	Dinheiro, tesouros.
Verde	Terra, Ar	Vênus	Touro, Libra	Equilíbrio, amor, beleza, conforto.
Verde-escuro	Água	Netuno	Peixes	Habilidades psíquicas, arte, beleza, cura.
Azul-royal	Ar, Água	Júpiter	Sagitário	Influencia pessoas em altos cargos, humor, aventura.

O Herbanário Mágico | 127

Cor	Elemento	Planeta	Signo	Magia
Verde-claro	Água	Netuno	Peixes	Amor de família, mudança de forma, arte, criação.
Vinho	Terra	Saturno	Capricórnio	Trabalho duro, dedicação, ensino.
Índigo	Ar, Terra	Júpiter	Sagitário	Pensamentos profundos, céu noturno.
Borgonha	Terra	Saturno	Capricórnio	Manutenção do silêncio, atrair grandeza, juventude.
Roxo	Ar	Júpiter	Sagitário	Festas, esportes, esculpir.
Lilás	Água	Lua	Câncer, Peixes	Emoções, atuação, psicologia.
Pink	Terra, Ar, Água	Vênus	Touro, Libra	Adornar a si mesmo, amor próprio, escolher um companheiro.
Rosa	Terra, Ar, Água	Vênus	Touro, Libra	Magia da Deusa, lei, proteção.
Marrom	Terra	Vênus, Terra	Virgem	Ensino, crítica, tomada de decisão, aterramento.
Preto	Terra, Fogo, Água, Ar	Saturno	Capricórnio	Conhecimento profundo, estudo, cura.
Cinza	Terra, Ar	Mercúrio	Gêmeos, Virgem	Invenções, intuições psicológicas, clareza.
Branco	Terra, Fogo, Água, Ar	Urano	Aquário	Iluminação, rapidez, revolução, ensino.
Iridescente	Água	Netuno	Peixes	Intuição, poder psíquico.
Opala	Água	Lua	Câncer	Proteção, coisas escondidas, contato com as fadas.

128 | Livro dos feitiços e encantamentos de Laurie Cabot

Da mesma forma, certos símbolos têm poder e significado construídos ao longo do tempo. Alguns são de sistemas esotéricos, tais como as runas nórdicas ou a escrita ogham celta, enquanto outros são muito mais simples. Eles podem ser símbolos como sol, lua, estrela, caveira ou cifrões. Todos os símbolos podem ser ferramentas em sua magia.

Símbolos dos planetas	Nome	Cor	Magia
☉	Sol	Dourado, amarelo, laranja, vermelho	Força física, sucesso, saúde, vitória, criatividade, obtenção de metas, riqueza e iluminação.
☽	Lua	Prata, azul-claro, lavanda, lilás, opala	Habilidade psíquica, equilíbrio psicológico, beleza, força feminina, sonhos, viagem astral, proteção, intuição.
☿	Mercúrio	Laranja, cinza, prata	Sabedoria, conhecimento, movimento, comunicação, viagens, transporte, velocidade, cura, motivação e criatividade.
♀	Vênus	Verde, pink, rosa, marrom	Amor, crescimento, saúde, fertilidade, novos projetos, beleza, sensualidade, dinheiro, joias, cosméticos, prazer, amizade e prosperidade.
♂	Marte	Vermelho	Ação, força, proteção, parceria, casamento, paixão, amor sexual, coragem, vestuário, determinação e mobília.
♃	Júpiter	Azul-royal, índigo, roxo, turquesa	Boa sorte, riqueza, sucesso, justiça, influenciar as pessoas de alto escalão, negócios, funcionários, honras, expansão e lógica material.
♄	Saturno	Preto, vinho, índigo	Provas, vínculo, inibição, manifestação, cristalização, ciência, concentração, maturidade, disciplina, invenção, pragmática, neutralização e longevidade.
♅	Urano	Branco brilhante	Ideias excêntricas, invenção, publicidade, reforma, eletricidade, acontecimentos bizarros, mudanças inesperadas, revolução e mente divina.

Símbolos dos planetas	Nome	Cor	Magia
Ψ	Netuno	Cores iridescentes, verde-mar, azul-escuro	Visões, sonhos, ideais, fantasias, habilidades artísticas, consciência psíquica, cura, imagens, água, ilusões, alteração química e amor incondicional.
♀	Plutão	Preto, vermelho	Trazer ordem ao caos, ideias do grupo, manifestação súbita de feitiços e projeções, poder, unificação ou perturbação e desejos.
◊	Terra	Marrom, ferrugem, bege, verde	Ação, força, paixão, parceria, construção, jardinagem, casamento, equilíbrio, decisões, aterramento, nidificação e estabilidade.
▷	Vulcano	Cores primárias do arco-íris	Força total em todas as magias.
⑨	Esparta	Marrom	Aterramento, equilíbrio, harmonia e pragmatismo.

Para aqueles não familiarizados com os planetas Vulcano e Esparta, saibam que eles são dois planetas "esotéricos" da tradição ocultista usada na Tradição Cabot. Vulcano é dito ser um planeta intermercurial, dentro da órbita de Mercúrio, e é conhecido como o "joalheiro dos Deuses" e "o mestre da forja", aquele que coloca energia total em sua magia. Esparta é considerado um "gêmeo" da Terra, no lado oposto de sua órbita, espelhando muitas das qualidades do nosso próprio Planeta. Como as tradições da astrologia se desenvolvem e divergem, alguns têm dado muitas das associações de Vulcano ao planetoide Quíron, e as associações de Esparta ao planeta hipotético, que se acredita estar além de Plutão, por vezes referido como Perséfone ou Proserpina.

130 | Livro dos feitiços e encantamentos de Laurie Cabot

Símbolos do Zodíaco	Nome	Cor	Planeta	Magia
♈	Áries	Vermelho	Marte	Guerreiro, proteção, atletismo e competição.
♉	Touro	Verde, rosa, vermelho-alaranjado	Vênus	Aterramento, sensualidade, prosperidade e saúde.
♊	Gêmeos	Laranja	Mercúrio	Comunicação, escrita, fala, humor e atividades sociais.
♋	Câncer	Amarelo-alaranjado, prata	Lua	Maternidade, nutrição, cuidados, criação e vida.
♌	Leão	Amarelo, dourado	Sol	Criatividade, arte, música, teatro, fama e carisma.
♍	Virgem	Amarelo-esverdeado, marrom, cinza	Mercúrio	Trabalho diário, cura, ansiedade, processamento e discernimento.
♎	Libra	Verde, pastéis	Vênus	Equilíbrio, meditação, justiça, romance, arte e decisões.
♏	Escorpião	Azul-esverdeado, vermelho, preto	Plutão, Marte	Poder, segredos, habilidade psíquica, mistério, ocultismo e sexualidade.
♐	Sagitário	Azul, roxo	Júpiter	Educação, viagens, filosofia, atletismo, aventura e liberdade.
♑	Capricórnio	Índigo, preto	Saturno	Responsabilidade, carreira, liderança, disciplina e tradição.
♒	Aquário	Branco, roxo	Urano, Saturno	Consciência social, individualidade, tecnologia, ideais utópicos e igualdade.
♓	Peixes	Violeta	Netuno	Criatividade, autoexpressão, dança e arte, transe e resolução da autossabotagem.

As cores e os símbolos de uma variedade de ferramentas e ingredientes podem nos ajudar em nossa magia. As velas são funcionais para a luz e para a criação de uma atmosfera de encantamento, mas a cor das velas acrescenta magia, já que cada cor está associada com determinados elementos, planetas e signos do zodíaco. Se quiser atrair a influência de um determinado planeta, use os símbolos descritos para determinar a cor da vela para o seu altar. Além das tradicionais velas no altar – preto para a Deusa, colocada à esquerda do altar para absorver luz para nossa magia, e branco para o Deus, colocado à direita do altar –, talvez uma terceira vela, no meio, possa ter uma cor que corresponda à sua intenção para o funcionamento global, mesmo se você estiver executando um feitiço que não seja principalmente uma magia com velas.

As roupas que você usa durante a magia, e mesmo durante o dia, influenciam na sua energia. Sugiro que combine as cores de suas roupas para as principais influências planetárias e os aspectos do dia, uma excelente maneira de aproveitar o seu poder. Roupas ritualísticas são muitas vezes chamadas de paramentos, muitas Bruxas optam por usar roupas especiais no ritual, como mantos e capas, que são principalmente pretos, porque absorvem luz e mais energia para si. O preto absorve todas as cores, toda luz, vestir essa cor é importante quando se faz feitiços para absorver toda a energia de luz que você puder. Sua aura vai encher com esse poder e seu o feitiço terá mais sucesso.

As joias que uma Bruxa usa também fazem parte de sua magia. Os metais têm propriedades, e as pedras e formas colocadas nas joias trazem uma influência particular. Muitos Bruxos usam o pentagrama, a estrela de cinco pontas em um círculo como um símbolo de magia, Bruxaria e proteção, mas também é um símbolo de alfa e de informação. Muito de sua proteção e magia vêm por dar maior acesso à informação psíquica e, através de sua intuição, estar no lugar certo na hora certa.

Nos velhos tempos, a escrita só era feita com uma caneta de pena. Hoje temos marcadores, hidrocores e muitas outras opções de escrita, embora algumas Bruxas, inclusive eu, ainda prefiram a tinta e a caneta de pena. A caneta torna-se a varinha mágica. Feitiços de escrita podem usar tinta especial. Enquanto uma caneta simples, de boa qualidade e de cor preta é útil para a maioria das petições de feitiço, tinta colorida especial pode ser usada para se alinhar com os planetas. Ervas, óleos e pedras carregadas magicamente no ritual, podem ser adicionadas à tinta, tornando-se uma poção. Tintas planetárias podem ser feitas no dia da semana associado com o planeta (ver tabela a seguir).

Eu sempre uso poções e pedras em todas as minhas tintas para aumentar o poder. Tinta de caneta ou de pincel podem ser usadas para escrever feitiços. Muitos Bruxos modernos, em vez de fazer a tinta, limpam e carregam de poder um conjunto de canetas coloridas, ou marcadores, para sua magia. Quando escrevo um feitiço para trazer algo para mim, uso uma caneta de pena preta. Como vimos, a cor preta contém todas as cores; portanto, absorve toda a luz, a energia e a magia. Na verdade, tenho duas canetas de pena preta que são usadas apenas para feitiços de proteção. Quando escrevo um feitiço de proteção, coloco uma gota de poção de penas pretas na tinta e adorno o frasco de tinta com um pentagrama pequeno. A outra caneta preta é para minhas necessidades pessoais. Eu uso tinta apropriada para cada tipo de feitiço que estou escrevendo.

Dia da semana	Planeta
Domingo	Sol
Segunda-feira	Lua
Terça-feira	Marte
Quarta-feira	Mercúrio
Quinta-feira	Júpiter
Sexta-feira	Vênus
Sábado	Saturno

Da mesma forma, o pergaminho, um papel especial, é mais frequentemente usado em magia escrita. O pergaminho tradicional era feito de pele de animal, mas hoje o pergaminho refere-se a um papel de impressão fantasia, não o papel pergaminho, usado para cozinhar. Papel de impressão de pergaminho vem em uma variedade de estilos e cores e pode ter correspondência pela cor de sua intenção.

Vários recipientes são utilizados para guardar ingredientes mágicos, para criar amuletos ou talismãs. Pequenos sacos coloridos podem ser comprados ou costurados para transportar pedras, raízes e ervas. Tais pacotes podem ser chamados de amuletos (*mojo*, em inglês). O *mojo* é um termo usado na tradição americana de magia conhecida como *Hoodoo*, mas muitas Bruxas na América o adotaram. Aqueles que não têm uma aptidão para a costura podem fazer pequenos quadrados de pano com os ingredientes no centro, dobrar as extremidades e amarrar para formar um pequeno saco.

Garrafas são outro importante dispositivo para magia. Frascos e garrafas seláveis pequenos são usados para guardar vários ingredientes e encantamentos, fazendo um vaso para uma intenção particular de feitiço. Algumas garrafas são penduradas no quarto ou no escritório. Outras são enterradas ou colocadas em seu freezer. Se deixar a garrafa à mostra fizer parte de sua magia, será essencial usar uma bela garrafa decorativa.

Para criar uma garrafa mágica, você deve decidir sua intenção. Encontre uma garrafa, de preferência nova. Eu prefiro aquelas com tampa de cortiça. Pegue um pequeno pedaço de papel-pergaminho e escreva seu feitiço. Enrole-o e o amarre com uma fita de cor adequada. Encontre um cristal ou uma pedra que você possa empoderar para colocar na garrafa. Se quiser, pode colocar um amuleto ou uma erva que ajude a catalisar o poder e fazer a garrafa mágica funcionar. Depois de colocar todos os ingredientes na garrafa, sele a rolha com cola. Se desejar, pode embelezar a cortiça e a parte superior da garrafa com um grânulo de cristal e outros encantamentos. Lance um círculo e envie o feitiço. Você pode guardar a garrafa ou dá-la a um amigo.

Nossas poções mágicas na Tradição Cabot tendem a ser de dois tipos básicos. A primeira é feita a partir de uma infusão de água e ervas frescas ou secas, e a segunda é feita em um óleo-base. Poções à base de água são como chás de ervas, mas normalmente são conservadas com sal do mar. Elas nem sempre têm um odor forte ou agradável. Poções à base de óleo são os mais tradicionais dos perfumes da Bruxaria, com óleos essenciais ou óleos perfumados infundidos – acrescidos de várias plantas, pedras ou pelos – no óleo-base. Lembrando que uma das medidas mais mágicas das fórmulas de poção clássica é a dracma, equivalente a vinte gotas. "Poções" secas são conhecidas como filtros; são pós mágicos que podem ser espalhados, mantidos em uma tigela, colocados em um saquinho ou queimados como incenso.

Todas as poções líquidas podem tomar um pouco de calor e serem feitas em um fogão. Fogões a gás ou a lenha são os melhores, os fogões elétricos podem interferir na energia. Eu prefiro panelas esmaltadas e potes para fazer poções, mas as esmaltadas podem ser difíceis de encontrar hoje em dia. Cerâmicas e vidros resistentes ao calor também são bons. Panelas de ferro e aço podem ser usadas apenas para poções de proteção, pois vão difundir outros tipos de magia na poção. Panelas de alumínio não devem ser usadas em poção de nenhum tipo. Meu antigo aluno e coautor, o Christopher, gosta de usar uma panela grande de pot-pourri de cerâmica, aquecida com uma vela de réchaud, que pode ser mantida no centro do altar, em vez da cozinha. Devidamente preparadas, poções podem durar tradicionalmente quatro dias, conforme a energia delas infunde sua própria energia com intenção, durando bem por volta do tempo que o cheiro delas seja perceptível. Os recipientes usados para armazenar poções devem ser magicamente decorados em harmonia com a intenção da poção.

Capítulo Quatro

Proteção Mágica

Viver a vida como um Bruxo significa viver com magia dia e noite. Praticar seus feitiços e projeções acontece naturalmente. Eu costumo ficar surpresa com os resultados? Ah, sim, é um grande prazer quando um feitiço para afastar uma crise financeira ou aumentar as finanças para atender uma necessidade flui no dia seguinte.

Uma vez, enquanto caminhava rapidamente próximo do porto de Salem, notei o vento começando a soprar, tornando-se tão forte que embrulhava minhas vestes em torno de minhas pernas, atrasando-me tanto que eu mal conseguia andar. Na verdade, o que ocorreu é que fui atrasada para que eu não ficasse ferida com o carro que perdeu o controle e invadiu a calçada por onde eu caminhava. Não faço meus feitiços de proteção porque sou paranoica. Eles servem para me proteger de perigos inesperados.

Outro dia decidi dar esse mesmo passeio perto do porto de Salem. O céu estava azul, e a água do oceano espelhava a mesma cor. Era outono, minha época favorita do ano. O ar estava úmido, então coloquei uma capa sobre minhas vestes. Cada passo agitava as folhas laranja-amarronzadas no meu caminho.

Enquanto observava toda a beleza ao meu redor, meus pensamentos iam à deriva em uma visão de todas as pessoas que leram o meu livro e se beneficiaram da magia e feitiços que ele contém. Você pode viver a mesma vida mágica que eu vivo aqui em Salem, simplesmente praticando os feitiços que criei, os feitiços que Penny criou, e os feitiços que nos foram transmitidos por Bruxas do passado. Penny e eu estamos aqui compartilhando a magia do nosso Livro das Sombras.

Sentir-se protegido é uma necessidade muito real. Precisamos sentir segurança e proteção para sermos capazes de lutar por nossos relacionamentos, criatividade e sonhos. Proteção mágica assegura que ninguém possa realmente prejudicá-lo, exceto, talvez, você mesmo. Quando executa proteção mágica, você se dá ao luxo de se sentir livre para ser quem você é, inclusive ser evidente sobre suas próprias práticas de magia tanto quanto possível. A proteção mágica nos coloca no lugar certo e no momento certo, fazendo a coisa certa para evitar danos. A Magia de proteção nos mantém a salvo contra as intenções maléficas dos outros. A blindagem psíquica nos ajuda energicamente a se preparar para o inesperado, mesmo quando é impossível nos prepararmos conscientemente. Quando temos nossa blindagem, uma experiência potencialmente prejudicial não vai ser tão danosa como poderia ter sido.

As pessoas procuram ajuda de uma Bruxa quando se sentem inseguras. Às vezes elas procuram feitiços para protegê-las de pessoas que fariam mal a elas. Outras vezes, procuram proteção contra males espirituais desconhecidos e entidades. Quando você compreende os fundamentos da proteção mágica, pode se proteger de todas essas coisas e, esperançosamente, tomará consciência de si mesmo, para se proteger do perigo maior, que são suas ações inconscientes.

MÁS INTENÇÕES

Bruxas não acreditam em uma fonte do mal. Não acreditamos que exista qualquer diabo orquestrando o mal em nossas vidas como parte de um grande plano manipulador. Definimos que o que procuramos é proteção contra o "dano". Mal é algo que causa estragos ou prejuízos, então procuramos evitar esse dano.

Não sabemos o que é prejudicial. Achamos que sabemos, mas não conhecemos o dano realmente, que pode ser relativo; o que é prejudicial para uma pessoa pode não ser prejudicial para outra.

Algo pode ser prejudicial durante um longo período de tempo, mas relativamente inofensivo em uma dose pequena. Meios de comunicação, como a televisão, por exemplo, pode nos fazer ter medo de todos os tipos de dano – invasão de domicílio, crime, guerra e ruína econômica. Certos alimentos são prejudiciais. Mesmo bons alimentos que crescem em ambientes impróprios podem ser prejudiciais, e nós nunca vamos saber só de olhar para ele. Temos medo dessas coisas e pensamos nelas como lesivas.

Às vezes o mal é menos tangível. Ir para o lugar errado na hora errada é prejudicial em termos energéticos. Nem sempre significa que algo verdadeiramente ruim nos acontecerá, mas, às vezes, há lugares onde não deveríamos estar, pois a energia é debilitante para nós. Outras vezes não é o lugar, mas o ambiente criado pelos próprios humanos. Padrões de pensamento, os nossos próprios e dos outros, podem nos afetar. Emoções como ciúme, raiva, medo e vergonha podem nos prejudicar. Mesmo a energia de um empréstimo, ou de qualquer negócio bancário, ou quando alguém decide que não quer trabalhar conosco, pode criar um dano energético também. Muitos fatores podem estar nos prejudicando, todos sem nosso conhecimento consciente.

Descrevemos o mal como o que é incorreto para nós, para o nosso bem maior. O que chamamos de energia positiva nem sempre é boa para você, assim como o que chamamos de energia negativa nem sempre é ruim. São simplesmente opostos do mesmo espectro. A verdadeira sabedoria está em encontrar o equilíbrio e a harmonia. Às vezes coisas que são desconfortáveis para nós, que achamos que são prejudiciais, são, na verdade, um impulso para fazermos boas mudanças em nossa vida. E coisas que nos fazem sentir bem podem ser energias estagnadas, portanto prejudiciais, e a mudança é necessária, por isso descrevemos o "bem" e "correto", visando ao bem maior. Às vezes o que precisamos pode ser o que não queremos.

Proteção mágica ajuda a afastar o mal, mesmo sem a gente saber do que precisamos nos proteger. Se a intenção de proteção é clara, a magia fará seu próprio trabalho, operando fisicamente, mentalmente e espiritualmente em nosso nome.

SEM PREJUDICAR NINGUÉM

Um dos principais ensinamentos éticos de Bruxaria é "sem a nada prejudicar". Trata-se de uma adição bastante moderna no folclore da Bruxa em sua forma corrente, mas é de uma sabedoria muito profunda. Eu não aprendi a regra do "sem a nada prejudicar" com os meus professores de Bruxaria de Kent, mas aprendi que se você estiver devidamente protegido de si mesmo, não precisa fazer mal ao outro. Eu só ouvi a frase "sem a nada prejudicar" quando comecei a praticar abertamente como uma Bruxa, e quando conheci outras Bruxas e li sobre outras tradições, particularmente, os ensinamentos de Gerald Gardner. Mesmo que isso não fizesse parte dos ensinamentos originais que recebi, gosto da frase porque ela se encaixa muito bem com o que meus professores de Kent me ensinaram. Você pode perder muito tempo se preocupando com os outros, mas ao se proteger adequadamente, não precisa se preocupar com isso.

As Bruxas acreditam na lei tríplice. Tudo que você faz volta em triplo, é o que dizem. Às vezes acho que ela volta vinte vezes ou mesmo centenas de vezes. Mas ela retornará energeticamente. Não é uma lei moral, como um mandamento dogmático, é mais parecido com um princípio científico, como a gravidade. Outras culturas chamam esse retorno por muitos outros nomes. Às vezes ele é chamado de carma, outras vezes de destino, mas tudo isso são as consequências de suas ações. As Bruxas Cabot acreditam que são governadas pelo princípio hermético de causa e efeito: "Todo efeito tem sua causa. Cada causa tem seu efeito". Nós podemos julgar algo como "bom" ou "ruim" com base no quão agradável ou desagradável seus efeitos são, mas aquilo simplesmente está retornando à sua origem.

NEUTRALIZAÇÃO

Uma chave ensinada para a proteção mágica real é compreender a necessidade de neutralizar o mal. Não é preciso prejudicar outra pessoa para se proteger. Se você faz isso, simplesmente está fazendo a mesma coisa, perpetuando o mal. Há um velho ditado que diz:

"Se quiser matar alguém, você deve cavar sua própria sepultura, porque também vai morrer pelo desejo." Prejudicando o outro, você, finalmente, prejudicará a si mesmo. Todos e tudo estão conectados. Enquanto em outras religiões esse ensinamento é enfatizado por um sentido espiritual de ameaça e de recompensa, na Bruxaria a ameaça e a recompensa vêm de nós mesmos. Não há nenhum Deus ou Deusa nos ameaçando. Nenhuma ameaça de inferno paira sobre nós. Você vai criar sua própria versão do inferno na Terra quando causar dano, mas isso não será realização de nenhuma deidade.

Bruxos escolhem não prejudicar com base em nossa compreensão do Universo e de nosso próprio poder psíquico. O poder é neutro e pode ser usado para curar ou para prejudicar. O desvio de poder pode prejudicar a nós mesmos, então procuramos evitar o dano para o bem de todos os envolvidos. Se todas as pessoas pudessem aprender esse princípio básico, o mundo iria mudar verdadeiramente.

Quando alguns praticantes de magia trabalham feitiços de proteção, eles enviam o mal dirigido a eles de volta para sua fonte. Se você conhecer as técnicas de neutralização, não precisa fazer isso. Neutralizar, em vez de refletir, permite que você pare o mal na borda de seu escudo de proteção. Ele vai dissolver ou se dissipar sem causar danos, em vez de redirecionar o mal. Pense no mal como um tiro que está vindo em sua direção. Refletir é simplesmente enviar a bala mortal de volta, que não só vai prejudicar o remetente, mas também pode prejudicar algum infeliz que der um passo na frente dela enquanto estiver no caminho de volta. Neutralizar é como arrebatar a bala no ar e colocá-la no chão. Deixe todo o ímpeto mágico fora disso. A neutralização baseia-se na ciência do ofício e na compreensão da energia da luz. Muitos que não têm uma abordagem da magia como ciência e arte, às vezes negligenciam esses princípios.

Um primeiro passo fundamental na neutralização é aprender a assumir a responsabilidade por seus próprios pensamentos, palavras e ações. Quando você souber como efetivamente neutralizar as energias indesejadas que gerar, mais eficazmente poderá neutralizar outras forças, por meio do estabelecimento de escudos apropriados.

Quando você disser algo e perceber que não quer carregar esse pensamento em sua magia, pois seria prejudicial para você ou para outros, mantenha seu gatilho alfa instantâneo e pense consigo mesmo: "Eu neutralizo isso". Quando você falar algo nocivo, novamente segure o gatilho e diga: "Eu neutralizo isso". Quando imaginar algo prejudicial em sua mente, veja um "X" em luz branca enquanto segura o gatilho, ou literalmente levante os dedos e desenhe um "X" em luz branca, neutralizando a visão. Tais pensamentos, palavras e visões fazem parte da programação insalubre de nossa cultura, e isso é normal. As pessoas pensam, falam e imaginam todos os tipos de coisas prejudiciais e comportamentos autodestrutivos, mas a constante neutralização transformará como pensa, fala e imagina. Apesar de em um primeiro momento você talvez sentir que tudo o que faz é neutralização, paulatinamente isso vai trasnformando seu próprio processo, substituindo a programação prejudicial com padrões novos e úteis.

Quando se deparar com palavras de outras pessoas ou ações que são prejudiciais, silenciosamente segure seu gatilho e as neutralize. Programe, também, seus próprios feitiços de proteção e escudos com o poder de neutralizar o dano automaticamente. Neutralizadas, as energias então são livres para ter um uso construtivo. Elas já não estão presas em um padrão de prejuízo e poderão manifestar bênçãos.

ESCUDO DE PROTEÇÃO

Um escudo de proteção é a forma mais básica de proteção mágica. Para conjurá-lo, terá de usar sua própria energia psíquica, a aura de seu corpo. Use a sua própria estrutura molecular, a luz que oscila para dentro e fora de seu corpo, como se estivesse nadando em uma piscina à noite e os reflexos do luar chegassem através da água, com fragmentos de luz universais vindos por meio da piscina de seu corpo. Seus pensamentos controlam sua energia, sua luz e tudo o que você coloca para fora, para o mundo; o que escolhe ou não pegar. Suas intenções programam o fluxo de luz do corpo, como um computador dirigindo um veículo. Quando você projeta o escudo ao seu redor, está enviando luz oscilante além do seu corpo, neutralizando as energias indesejadas e banindo tudo o que é prejudicial. O escudo atua como um filtro, impedindo que o mal o atinja, e libera apenas as energias que são boas para você, o que quer deixar entrar para o seu bem maior. O escudo de proteção aumenta sua intuição, sua percepção e sabedoria, permitindo que você saiba onde deveria estar em dado momento e sinta menos medo do desconhecido.

Para conjurar um escudo de proteção, entre em estado alfa ou mantenha seu gatilho alfa instantâneo. Vislumbre a energia ao redor de seu corpo, de sua aura, tornando-o como um ovo enorme ou uma esfera de cristal. Imagine o escudo de cristal se formando ao seu redor. A luz se expande acima de sua cabeça e fora do alcance dos seus dedos, envolvendo-o completamente. Visualize-se dentro do ovo de cristal, cintilante, brilhante. Estenda as mãos na sua frente para testar a distância do escudo. Explore o escudo ao seu redor. Programe-o para a paz e a segurança com estas palavras três vezes em sua mente:

Este escudo me protegerá de todas as energias negativas e positivas e das forças que podem vir a me fazer mal. Que assim seja.

Quando tiver acabado, retorne do nível alfa. Mesmo que esse escudo seja teoricamente permanente, pode ser útil reafirmá-lo e energizá-lo periodicamente, reforçando o seu poder.

PROTEÇÃO CONTRA FANTASMAS E ESPÍRITOS

Muitas pessoas procuram Bruxos porque têm medo de fantasmas, de espíritos e de todos os tipos de coisas sobrenaturais. Não tenha medo, eles ajudam com mais frequência do que prejudicam. Eu não acredito que alguém precise de proteção contra fantasmas, nunca vi um que pudesse realmente prejudicar alguém neste plano. Eles podem assustar quando se manifestam, pois não esperamos vê-los; as pessoas foram enganadas a pensar que os fantasmas são prejudiciais.

A maioria das religiões nos ensina a temer os fantasmas, sendo que a maior parte deles está disposta a avançar para o próximo plano de existência. Alguns ficam porque sentem que têm um propósito.

Quando fazemos a passagem temos controle total, podemos ficar aqui ou passar para um nível mais alto. A maioria das pessoas quer ficar perto de seus entes queridos.

Espíritos podem nos visitar sem nos assombrar. Espíritos dos entes queridos frequentemente aparecem nas leituras que faço para as pessoas. Uma vez que um espírito atravessa para o Outromundo, as coisas mudam. Muda sua perspectiva. Eles entendem as consequências de suas ações ao longo das vidas; entendem seu carma. Muitas vezes o espírito vai perceber que não era uma boa pessoa, ou que viveu uma vida terrível.

Eu estava sentada no meu escritório esperando ansiosamente por duas pessoas que tinham agendado uma vidência de meia hora comigo. Como sempre, eu me indagava: "Quem são essas pessoas? O que elas desejam saber?" A luz das velas na minha mesa refletiu o brilho do candelabro sobre mim. Em breve, uma mulher mais velha e o seu filho de 48 anos chegaram e então se apresentaram. A mãe parecia que tinha parado de fazer compras durante os anos 50 e ainda usava a moda da época. O filho era alto e magro e pareceu nunca sair do lado da mãe. Eu comecei a olhar psiquicamente as suas vidas, uma figura de um homem apareceu para mim, em pé, atrás da mãe. Ele falou em minha mente psíquica e disse: "Eu sou o marido dela e o 'menino' é o meu filho; faleci há duas semanas apenas. Eu não era um bom marido e fui um pai horrível. Por favor, diga ao meu filho que peço desculpa por levá-lo a apenas um jogo de beisebol, quando poderia tê-lo levado a todos eles. Eu amo minha esposa e meu filho."

Quando retransmiti a mensagem para eles, os dois choraram, e o filho disse, "meu pai era fã de beisebol, ele nunca perdia um jogo". Sua mãe, surpresa, agradeceu-me pela mensagem. Ela disse que nunca teve certeza se ele a amava, mas agora ela entendeu. Ela veio apenas para uma leitura geral e nunca esperou ouvir isso da boca dele.

O espírito do pai, em seguida, explicou um pouco sobre seu carma e o carma de seu filho por vivenciar esse tipo de relacionamento. Depois de experimentar certas coisas e entender sua lição, não precisa experimentá-la novamente. O filho então compreendeu a lição, e aliviou sua dor. Isso elevou o espírito de ambos. Como podemos crescer constantemente em direção à mente universal, a inteligência total, temos a experiência de todas as coisas, a fim de atingir esse nível elevado de inteligência e espírito. Esse foi um passo em direção a um objetivo. A visita dos espíritos pode nos ajudar a entender essas lições.

Muitos espectros não são verdadeiramente fantasmas. Quando um deles é visto repetidamente, na mesma cena, sem variação ou interação, a assombração trata-se de um holograma, não do espírito de uma pessoa falecida. Normalmente temos a imagem da pessoa falecida descendo as escadas repetidamente, ou um homem com uma faca na cozinha. Não há nenhuma variação. É simplesmente uma "imagem" holográfica gravada na energia etérica, que às vezes continua "tocando" como um disco riscado repetidamente.

Pessoas vivas perturbadas muitas vezes são a raiz de uma "assombração". Quando alguém está fora de equilíbrio e tem habilidades psíquicas, essa pessoa pode enviar energias que vão manifestar seus próprios medos e problemas. Se tal pessoa for doutrinada a temer demônios e diabos, o fenômeno se manifestará como demônios e diabos. As pessoas projetam o que estão sentindo. A maioria das experiências de *poltergeist* é causada por alguém que está vivo. É possível manifestar poderosas "provas" de assombração, incluindo bater, arranhar ou mover objetos, embora não haja nenhum fantasma presente. A fonte da angústia está sempre perto das manifestações, mas não precisam estar vivendo onde o *poltergeist* é relatado. Aqueles com bons escudos para si e para sua casa geralmente não relatam tais coisas.

PROTEÇÃO DA CASA

A proteção mágica pode ser usada para proteger sua casa, seu veículo, suas posses e sua terra, assim como sua família e seus animais. Você pode estender um escudo mágico ao seu redor ou criar um só para a casa. Eu nunca uso o meu próprio escudo para ajudar a defender os outros, mas levo as energias naturais da pessoa, animal, lugar ou objeto e cataliso, com qualquer um dos componentes do meu feitiço, para protegê-los do mal.

ORDENS DE PROTEÇÃO

As ordens de proteção, ou ordens contra inimigos, é uma velha tradição popular usada pelas Bruxas para dar "um recado" às pessoas que entram na sua casa ou em sua empresa com intenções erradas. É uma mensagem psíquica para que elas saibam em algum nível que você está protegido por magia e que elas são totalmente responsáveis por suas ações; mas você não é responsável pelas ações delas. Nossa intenção é manifestar nossos escudos de proteção para neutralizar e selar o dano, ou mantê-lo afastado inteiramente. Nunca se sabe como nossa proteção pode se manifestar em conjunto ao carma de alguém. Muitas pessoas podem se aproximar de nós com intenções erradas, mesmo que não percebam isso. Criar um aviso mágico, uma ordem, é considerado algo ético pelos Bruxos para dar a todos a chance de atuar com as melhores das intenções.

Algumas tradições usam um nó de corda, ou uma série de nós amarrados, chamado de Corda da Bruxa, com a intenção de dizer "cuidado". Muitos colocavam encantamentos ou pedras furadas nela. Isso seria o suficiente para dar a entender a qualquer pessoa que se aproximasse, que a casa era protegida por Bruxaria. A corda diz "cuidado" e tal aviso pode parecer ameaçador. Talvez devesse. Hoje, as pessoas não reconhecem a corda como um aviso, e em nossa sociedade moderna, nossos avisos são mais frequentemente no nível psíquico, sutil, do que um sinal óbvio.

Meu recurso de proteção é escrito em tebano, o alfabeto das Bruxas. Ele diz:

Aviso para aqueles que vêm fazer mal
eu não sou responsável pelo o que vier atrás de você.

Isso está esculpido em uma tabuleta de argila vermelha, e é visível quando se entra em minha casa. A proteção é reforçada com a coloração causada por pó de ferro, o metal de Marte, que oxida em uma cor vermelha e foi adicionado ao barro antes de ir ao forno.

Sua própria ordem pode ser em tebano, ou outro alfabeto mágico, como ogham ou runas. Não precisa ser explícito, pois ele será transmitido psiquicamente. Você pode usar qualquer formulação que achar mais adequada, incluindo versos simples, tais como:

Cuidado: ᛘᛁᚢᛘᛈᛘᛁ

Dê meia volta: ᛘᛁ ᚥᛅᚢᛈ ᚱᛁᛪᛈᛈ

Sem prejudicar ninguém: ᛈᛅᚥ ᚥᛘᛅᚢᛈᛘᚢᛘᛈᛁ ᛈᛈᚢᛈᛈᚢᚱᛅᚥ

Esta é a saída: ᛅᚱᛈᛈ ᛅ ᛈ ᛈᛈᚢᛘᛈ

Uma vez que você postou um aviso, já cumpriu seu dever moral de avisar a todos os que entram carregando certas energias. Acredito que Bruxos são obrigados a postar alguma coisa em algum nível.

Poção de Proteção

Uma das minhas versões favoritas da poção de proteção – já compartilhada em meu livro *O Poder da Bruxa* – é usada por muitos praticantes da Tradição Cabot de Bruxaria (e se espalhou para além dessa tradição).

- 2/4 xícaras de água de nascente
- 2 colheres (sopa) de sal marinho
- 2 colheres (sopa) de mirra
- 2 colheres (sopa) de olíbano
- 1 colher (sopa) de pó de ferro (aparas de ferro)
- 1 colher (chá) de verbena
- 1 pitada de pelo de lobo, de um lobo vivo ou de uma cachorro, de preferência que se assemelhe a um lobo, e caído naturalmente
- 1 pitada de terra de cemitério, de alguém que venere por coragem ou bravura.

Energize todos os ingredientes e coloque-os em uma panela ou em um pote usado para a poção de proteção. Cozinhe-os lentamente. Usando seu gatilho de alfa instantâneo, faça um movimento no sentido horário sobre a mistura, dizendo:

146 | Livro dos feitiços e encantamentos de Laurie Cabot

Eu energizo esta poção para proteger a mim (e qualquer pessoa que eu designar) de todas as forças positivas ou negativas que podem vir a me fazer algum mal. Que assim seja!

Deixe a poção esfriar, engarrafe, rotule e use em seus pulsos, testa e atrás do pescoço para invocar os poderes de proteção. Pode ser usada também em objetos, nos veículos e nas janelas e portas de sua casa ou escritório.

Óleo de proteção

- 30 gramas de óleo de patchouli
- 30 gramas de óleo de olíbano
- 30 gramas de óleo de mirra
- 1 colher (chá) de raiz de mandrágora
- 3 colheres (chá) de sal marinho
- 1 pitada de pelo de lobo (de um lobo vivo, caído naturalmente, ou do seu familiar).

Variação da poção de proteção à base de água, esse rico aroma da terra tem o poder da mágica mandrágora. A maioria das mandrágoras vendida nos Estados Unidos é maçã de maio (mandrágora americana), uma planta maravilhosa, porém é melhor obter a mandrágora tradicional ou raiz de mandrágora. Mandrágora inglesa, ou *Bryonia alba*, é esculpida para se assemelhar à raiz de mandrágora e vendida para os desavisados, não é uma boa substituta, pois sua magia gera mais decepção do que proteção ou poder.

Incenso de proteção

- 2 xícaras de folha de urtiga
- 2 colheres (sopa) de olíbano
- 2 colheres (sopa) de mirra
- ½ colher (chá) de pó de benjoim
- 1 ¼ colher (chá) de estoraque (resina).

Triture todos os ingredientes com um almofariz e um pilão. Mantenha em um pote hermeticamente selado. Polvilhe sobre carvão e percorra sua casa com o incenso queimando, passando-o por armários e outros espaços pequenos para limpar qualquer mal.

Quadrado de Sator

Um pouco de magia antiga emprestada é o uso do quadrado de Sator, um palíndromo misterioso em latim que remonta pelo menos à Pompeia. Estudiosos o associam com gregos, hebreus e até mesmo celtas. O quadrado de Sator tem sido usado por várias tradições de cura e de proteção. Eu uso para proteção e ele funciona muito bem. Simplesmente coloque o quadrado em um pedaço de papel, emoldure-o e o coloque sobre uma porta ou janela. O quadrado deve ser visível na moldura ou atrás de uma foto ou impressão. Essa magia parece funcionar constantemente. Quem a criou devia ser extremamente bom, e temos o benefício de sua criação.

S	A	T	O	R
A	R	E	P	O
T	E	N	E	T
O	P	E	R	A
R	O	T	A	S

Pregos de ferro e ferraduras

Ferro é uma ferramenta extremamente eficaz em todas as magias de proteção. Funciona como uma vara de iluminação que atrai o mal e o aterra, impedindo-o de chegar até você. Pregos de ferro, prego de trilho e ferraduras são ótimas maneiras de trazer sua energia para a casa.

148 | Livro dos feitiços e encantamentos de Laurie Cabot

Coloque os dois pregos na base e um prego no topo de todas as suas janelas, formando um triângulo de proteção. Prego de trilho também fica bom no parapeito da janela. Você pode colocar apenas um no topo do parapeito da janela. Enquanto algumas lojas de artigos mágicos não fornecem prego de trilho, você pode encontrá-los ao lado de uma ferrovia local, pois eles são descartados quando substituídos pela companhia da estrada de ferro.

Coloque uma ferradura apontando para cima, como um caldeirão, sobre sua porta para proteção. Ela vai redirecionar a energia prejudicial antes que entre em sua casa. As tradições de ferreiro da aldeia estavam intimamente ligadas à Bruxaria, muitas das ferramentas do ferreiro e do cavaleiro foram usadas em magia.

Pentagramas de luz branca

É possível adicionar proteção extra para qualquer escudo de proteção, colocando-se em estado alfa e conjurando pentagramas de luz branca nas quatro direções, acima e abaixo. Eles podem ser traçados ao redor de sua casa, escritório, carro e também para animais. Sempre que eu entro no carro de outra pessoa, traço pentagramas de luz branca ao redor para nos proteger durante a condução. Alguns dos meus amigos não são bons condutores. Minha amiga Margie, por exemplo, tem a mania de parar no meio de uma estrada muito cheia só para falar comigo. É muito assustador. Sinto-me melhor quando tenho pentagramas de luz branca em volta do carro.

Escudo de luz branca

Assim como um escudo de proteção pode ser criado por você usando a energia de sua aura, um escudo de proteção semelhante pode ser criado ao redor das pessoas, de seu veículo e de outros lugares. Você pode começar desenhando pentagramas de luz branca em todas as janelas e portas, e pode repeti-los muitas vezes, até sentir que estão fixados fortemente naquele lugar. Da mesma forma, você pode energizar a aura de sua casa, escritório ou veículo. Entre em alfa e visualize seu escudo. Você pode imaginá-lo como uma geometria cristalina, que vai caber ao redor da casa inteira. As pessoas usam esferas, pirâmides ou outras formas. Diga ao escudo:

Proteja-me de todas as forças negativas e positivas que possam causar danos. Que assim seja!

Dragões de proteção

Os dragões de proteção são aliados para ajudá-lo a proteger a sua casa, apelando para o poder primal dos dragões. Chame os dragões de proteção e eles envolverão a sua casa. Esses animais parecem estar adormecidos e só vão despertar e ativar se alguém vier fazer um mal mortal a você ou a alguém da sua família. Então os dragões usarão seu poder para parar seu inimigo e mandá-los embora.

Em sua casa, entre em estado alfa, geralmente feito após o escudo de pentagrama de luz branca, e veja dois dragões, cauda a cauda, próximo de sua casa e diga-lhes.

Protejam-me de qualquer um ou qualquer coisa que fará mal mortal para mim, a meus entes queridos ou a minha família.

Visualize os dragões na luz branca. Aos meus olhos, são como se fossem feitos de cristais móveis, vivos. Esses dragões cintilam e brilham mesmo dormindo. Você pode voltar e fortalecer sua conexão com os dragões periodicamente, repetindo este trabalho.

Uma das experiências mais poderosas com os dragões de proteção veio quando eu estava sendo perseguida por alguém. O perseguidor encontrou minha casa e foi até ela quando não estávamos; mas algo aconteceu. Curiosamente, o perseguidor, na verdade, foi até a polícia para reclamar sobre a minha casa, avisando que algo perigoso estava por lá. Ele relatou que viu "coisas" do lado de fora, e ficou tão assustado que nunca mais voltou e então me deixou em paz.

Feitiço de proteção da Rainha Dragão

- 1 colher (sopa) de resina de sangue de dragão
- 1 colher (sopa) de urtiga
- 1 pedra de azeviche
- 1 pedaço quadrado de tecido vermelho ou um saco mágico vermelho
- Muitos pedaços de mandrágora
- Folhas de carvalho
- Cones de pinheiro

Poção de proteção

Para manter a si mesmo e sua casa livre do dano e do mal, use este feitiço. Na Lua minguante, no ar da noite, coloque a pedra e as ervas no quadrado de tecido vermelho ou no saco vermelho. Coloque uma gota de poção de proteção em seus pulsos, testa e parte de trás do seu pescoço. Diga estas palavras em voz alta enquanto visualiza um belo dragão vermelho voando acima de você com chamas ao seu redor:

Pela Lua minguante e o poder das ervas
A proteção deve envolver a mim e a minha casa.
O fogo da Rainha Dragão me protegerá.

Coloque uma gota de poção na mistura e coloque-o no saco. Carregue este saco sempre com você para ter a proteção da Rainha Dragão. Se quiser, pode triplicar o feitiço e fazer três sacos, colocando um em seu carro, um em sua casa e outro em seu local de trabalho.

Penas da justiça

Um ato poderoso de magia é chamar a atenção dos Deuses para uma injustiça cometida. Bruxas na Tradição Cabot não acreditam em vingança ou retaliação. Procuramos nos proteger sem prejudicar ninguém. Vingança não é nossa decisão. Não devemos procurar decidir o que vai acontecer com pessoas que fazem o mal. A vingança pode se tornar amarga, em última análise, prejudicando você como isso prejudicou o outro. Não acreditamos em prejudicar alguém, pois nosso credo é "fazer mal nenhum". Mas nossas divindades são, muitas vezes, Deuses da justiça.

Nas tradições celtas, a Deusa Morrighan e um dos seus aspectos específicos, Macha, são conhecidas pela justiça. Morrighan e Macha têm sua própria ideia sobre o que deve acontecer com alguém que tenha feito o mal. Se você deseja chamar a atenção para uma situação, para pedir-lhes ajuda e justiça, use uma pena preta. Isto deve ser usado somente contra alguém que realmente tenha perpetuado a violência ou o dano material em algum nível. Não deve ser usado para disputas mesquinhas e lutas pessoais.

O ideal é você chamá-las em um Círculo Mágico. Acenda uma vela preta e convide-as para o círculo. Segure uma pena preta. Pode ser uma pena tingida de uma loja de artesanato ou uma pena de corvo encontrada, mas certifique-se de ser preta. Imite o som de um corvo crocitando para invocá-las. Utilize apenas o canto do corvo para assuntos importantes, como a justiça. Isso permite que elas saibam que não é apenas uma visita, mas que há algo de muito grave acontecendo. O canto do corvo indica que você sente que está "em guerra" e precisa de ajuda, e que precisa que o assunto seja retirado de suas mãos e colocado nas mãos dos Deuses. Fale com elas sobre sua situação. Você deve ter uma relação com as Deusas e os Deuses antes disso. Então eles saberão que é sincero e o reconhecerão nos tempos bons, bem como nos ruins. Eu uso uma pequena prateleira como um altar para Macha e coloco uma pena de corvo e um bastão mágico nele. Depois fico em frente ao altar e falo com ela só para honrá-la. Lembre-se de que os Deuses e Deusas são seus aliados e antepassados, mas não estão ao seu dispor. Eles têm o seu próprio trabalho no Outromundo.

Energize sua pena preta no Círculo e, quando feito, mande uma mensagem através dessa pena sobre a pessoa que precisa ser indicada para as Deusas. Se outras pessoas estiverem envolvidas, tenha uma pena preta para cada uma. Mesmo se você não estiver confortável falando com as Deusas em um Círculo, simplesmente solte a pena. Esse ato concentra a energia de Macha e de Morrighan sobre o autor e permite a elas decidir qual é o melhor curso de ação. Esqueça o assunto então. Não visualize qualquer dano ou resultado. Deixe ir. Está fora de suas mãos agora. Simplesmente aponte o caminho.

Um certo estuprador teve penas pretas enviadas por pessoas do mundo inteiro para ele. Mudou-se várias vezes, mas as penas ainda encontraram o caminho até ele. Logo, foi pego e nunca mais foi capaz de prejudicar alguém de novo.

Sal de pena preta

- 6 xícaras de sal marinho
- 1 ou mais penas de corvo cortadas em pedaços pequenos.

Juntos, estes dois ingredientes formam um símbolo mágico comumente usados como um apelo para a justiça. Coloque o sal em uma tigela onde desejar manter o mal afastado, carregue-o com óleo de penas pretas em um saco mágico preto ou queime-o como incenso de pena preta.

Óleo de pena preta

- 60 gramas de óleo de girassol
- 120 gramas de óleo de heliotrópio
- 1 pena de corvo cortada em pedaços pequenos.

Infundido com lascas de penas de corvo, essa poção traz justiça para aqueles que enganaram você ou outras pessoas. Use com cautela.

Feitiço de proteção

- 1 pedra de hematita
- Óleo de pena preta
- Saco mágico preto
- Mix de ervas de proteção – patchouli, urtiga, sal marinho, pelo de lobo (adições opcionais: meimendro, datura, mandrágora, cicuta).
- Velas pretas e brancas

Acenda as velas preta e branca. Misture as ervas e os óleos e coloque-os no saco mágico. Com mãos sobre o saco mágico diga em voz alta:

Pelo poder de Morrighan
Eu neutralizo e selo as ações injustas
daqueles que fazem o dano e o mal.
Que assim seja!

Vela de proteção das fadas

- 1 vela preta
- Folhas verdes e pétalas de flores.

Acenda a vela preta para atrair proteção para você. Salpique as folhas e as pétalas ao redor da base da vela e recite o seguinte feitiço:

Possam os prestativos elfos
E fadas brilhantes
Abençoar essa vela
com luz mágica.
Tragam-me proteção!

Quando a vela acabar, guarde as folhas e as pétalas para outras magias. Você também pode colocá-las em um saco preto e pendurá-lo em sua casa ou espalhá-las em seu quintal.

Feitiço de proteção de Excalibur

- Vela branca
- Pena de corvo
- Espada ou adaga

Acenda a vela branca para afastar o mal do seu caminho. Coloque uma pena de corvo na base da vela. Segure uma espada (ou outra lâmina) sobre sua cabeça enquanto você fala este feitiço:

Excalibur,
Traga-me poder
neste exato momento,
Pena preta,
Queima tão brilhante
Ajude-me a estar segura
Esta noite!

Bruxos da Tradição Cabot usam uma réplica da espada Excalibur, mas você pode usar qualquer outra espada. Apesar de usarmos esse formato, ninguém sabe realmente como se parecia Excalibur.

Proteção do unicórnio

O unicórnio é o protetor das mulheres, seu poder pode ser chamado para esse efeito. Pegue quatro chaves antigas, imante-as pedindo as bênçãos do unicórnio e coloque-as sobre suas portas externas para manter o mal longe de sua casa. Coloque uma imagem de um unicórnio em seu quarto para trazer a energia desse animal.

Tatuagem de pentagrama

Você pode tatuar um pentagrama em seu corpo para proteção. Eu tenho um tatuado no meu braço, onde ninguém pode vê-lo, e sempre uso mangas compridas. Tenho também uma frase tatuada: "Eu sou uma Bruxa. Estou marcada como uma."

Proteção da vassoura

Bruxas colocam cerdas de vassoura ou a própria vassoura atrás da porta para afastar visitantes indesejados. Pode ser qualquer vassoura; no entanto, é melhor energizar uma em um Círculo de proteção e ungir com óleo de proteção ou poção.

Feitiço de proteção das aldravas

As aldravas são fadas e espíritos que avisam quando algo nocivo está se aproximando. Aprendi essa mágica com minha professora Felicity. As aldravas costumam ajudar os mineiros no País de Gales a evitar perigos. Minha irmã de uma vida passada, Faith Cox, vive na Cornualha, ela me disse que os mineiros de lá sempre ouviam as aldravas. Eles sabiam que esses espíritos iriam protegê-los caso houvesse perigo em suas minas. Esse feitiço da aldrava ainda é realizado na Cornualha nos dias de hoje.

Mesmo que às vezes possamos ver o futuro, muitas vezes não conseguimos ver o nosso próprio claramente. Outras entidades – como as fadas, estando entre os dois mundos – podem ver as coisas no futuro mais claramente e nos ajudar. Quando pedimos para sermos avisados sobre perigos, elas batem na parede, na porta ou na cabeceira da cama, para nos alertar. Quando verificamos, no entanto, ninguém vai estar lá. Se estivermos dormindo e em perigo, elas baterão para nos acordar. As aldravas uma vez me acordaram para eu saber que a porta estava destrancada. Normalmente, quando ouvimos o aviso, o perigo pode passar por nós se formos cuidadosos.

Para chamar as aldravas, encontre três pedras pequenas. Sente-se em frente à porta de sua casa, do lado de dentro e diga em voz alta:

Aldravas, venham me ajudar.
Livrem-me de qualquer perigo.
Avisem-me.

Jogue cada seixo na porta de sua casa, fazendo o som de uma batida. Certifique-se de fazer isso nas portas da frente e nas do fundo, além de quaisquer outras entradas que você tenha.

Incenso destruidor do mal

- 1 xícara de acteia
- 1 xícara de folhas de urtiga
- 2 colheres (sopa) de copal
- 1 colher (sopa) de mirra

Queime para remover completamente qualquer influência maléfica da sua vida e da sua casa.

Incenso "não volte mais"

- 1 pena de corvo cortada em pedaços pequenos
- 1 xícara de folhas de urtiga
- 1 colher (chá) de sangue-de-dragão

Queime para remover completamente alguém da sua vida. Pode ser usado como parte de um feitiço mais complexo de banimento.

Mix de ervas mágicas de proteção das fadas

- 1 colher (chá) de bolotas de sabugueiro
- 1 colher (chá) de bagas de sorveira
- 1 colher (chá) de folhas de carvalho
- 1 colher (chá) de folhas secas de samambaia
- 1 saco mágico verde.

Triture todos os ingredientes em pó usando um almofariz e um pilão. Coloque no saco mágico verde.

Feitiço da bolota de carvalho mágica

Durante os tempos das fogueiras, Bruxas levavam bolotas de carvalho para tornarem-se invisíveis. Elas também davam bolotas de carvalho para outras Bruxas como um sinal secreto. Essa era uma maneira de compartilhar magia. Quando você desejar permanecer "invisível", coloque três bolotas de carvalho em um saco mágico e carregue com você.

Incenso de invisibilidade

- 3 bolotas de carvalho
- 11 folhas de carvalho em pó
- 1 pedra magnética
- 1 saco mágico preto.
- Casca em pó de uma árvore atingida por um raio

Misture as bolotas e as folhas e queime-as – ou carregue-as em um saco mágico preto com uma magnetita – quando não quiser ser visto.

Incenso para afastar o azar

- 1 xícara de pétalas de rosa, secas e trituradas
- 1 xícara de flores amarelas
- 1 colher (sopa) de pó de benjoim
- 1 colher (sopa) de cinco-em-rama

Queime em carvão para remover qualquer azar ou má sorte.

Os feitiços a seguir para proteção do lar e autoproteção vêm do trabalho mágico da minha filha Penny.

Para proteção da casa

- 1 bússola
- 4 ferraduras de ferro ou 4 pregos de trilho

Use uma bússola para determinar o norte magnético. Faça esse feitiço em um lugar onde ele não será tocado. Após encontrar o norte magnético, coloque as ferraduras ou os pregos de trilho próximo aos cantos da casa, do lado de dentro ou enterrado fora de casa, nas direções cardeais, começando no Norte e movendo no sentido horário. Comece novamente no Norte, agora movendo no sentido horário, polvilhe sal sobre o ferro. Quando você chegar ao Norte novamente, diga:

> Eu protejo esta casa e as pessoas de qualquer força negativa ou positiva que possam vir a causar mal. Que assim seja.

Autoproteção

- Pelo de lobo
- Sal marinho
- Algo relacionado a uma anciã, como um fio de cabelo ou a foto da mãe
- Pano preto, possivelmente de um manto ou capa velha
- Símbolos pretos

Carregue o pelo de lobo, o sal marinho e algo dado a você por uma anciã, uma mulher de mais de 65 anos de idade. Em nossa cultura, os anciões não são apenas os sábios, mas também os protetores. Se você não tem acesso ao pelo de lobo, substitua por pelo de cão ou de gato ou de um animal vivo e caído naturalmente. Os animais são os grandes protetores neste Planeta; eles fazem isso de vontade própria, com pureza em seus corações, que é a forma mais poderosa de proteção. Embrulhe esses itens no pano preto e amarre um fio preto no sentido horário em torno dele, formando um talismã mágico para seu feitiço de proteção. Carregue o feitiço no bolso esquerdo.

Feitiço do triângulo para conhecer seus inimigos

Em um pedaço de cartolina amarela, corte um triângulo isósceles com as medidas 33 cm por 13 cm. Com uma caneta preta, desenhe um triângulo equilátero dentro dele. Quando estiver pronto, coloque-o no chão virado para o Norte, com pétalas de flores amarelas sobre ele. Deixe-o lá e então você descobrirá quem são seus inimigos e também quem fala contra você. Coloque as pétalas amarelas em uma tigela ou adicione-as a uma mistura de ervas para parar as fofocas ou conceder proteção. Pegue o triângulo e guarde-o até precisar dele novamente.

Livre-se dos inimigos

- 1 limão
- 9 alfinetes
- 1 vela branca
- Prego de ferro
- Prato
- Poção ou óleo de proteção

Sente num Círculo Mágico. Coloque o limão em um prato. Acenda uma vela branca ungida com óleo ou poção de proteção. Coloque o prego no limão e em seguida coloque todos os nove alfinetes no limão e diga:

> Todos os meus inimigos se atentarão para outras coisas e farão o que é bom para sempre. Que assim seja!

Destrace o Círculo. Limpe e apague a vela. Enterre o limão e está feito.

Feitiço de proteção com chave antiga

Encontre quatro diferentes chaves antigas. Acenda uma vela branca e pegue cada chave, uma de cada vez, e as segure em suas mãos. Concentre seu poder mágico em cada chave. Diga em voz alta:

> Esta chave deve manter longe todo e qualquer dano a mim e a minha casa. Todo mal está trancado. Que assim seja!

Depois, pendure as chaves do lado de fora sobre sua porta da frente. Se desejar, pode fazer o mesmo na porta dos fundos. Você pode até mesmo adicionar uma chave a mais e então usá-la em um cordão no pescoço.

Capítulo Cinco

Amor & Romance

Muitas pessoas querem amor, mas elas realmente sabem o que querem? No uso do idioma inglês americano, nossas palavras mudam de significado quase diariamente. A palavra "amor" é usada de muitas maneiras e quase todos a usam de forma incerta. Amor é aplicado para objetos inanimados, para a Terra, para os animais e para as pessoas em uma ampla gama de relacionamentos. Pode ser aplicado, também, para aquilo que desejamos, algo que simplesmente gostamos ou mesmo qualquer coisa que seja confortável para nós. O que realmente é o amor?

No mundo antigo, amor é *ágape*, uma palavra grega frequentemente traduzida como amor. Os gregos, entre outras culturas Pagãs, usaram muitas palavras distintas para diferentes tipos de relacionamentos e amor. Ágape é o amor profundo, atencioso, um amor espiritual que mais tarde foi absorvido por teologias cristãs como amor incondicional. Nós, Bruxos talvez pensemos neste amor profundo e espiritual como amor perfeito.

Magia de amor não é só sobre a ligação mística entre dois parceiros românticos, sejam eles heterossexuais, gays, lésbicas, ou qualquer outra identificação e combinação. O amor tem uma vasta gama de associações, incluindo nosso amor às Deusas e aos Deuses e seu amor por nós, e ainda nossa ligação amorosa com o Planeta e as pessoas em nossas vidas.

Quando a maioria das pessoas procura uma Bruxa para magia de amor, eles estão procurando uma conexão romântica, química, a atração sexual. Quando as pessoas me visitavam em minhas lojas ao longo dos anos, buscando um feitiço de amor, era isso que elas queriam obter. Então essa é a forma como os feitiços deste capítulo serão focados. Há muitas maneiras em que nossa magia pode ajudar a acender o amor, e estes itens e rituais são o que incorporamos em nossos feitiços de amor. Mas quando buscamos o amor nessas fórmulas, é importante para um Bruxo saber que o amor vai nos procurar de volta. Devemos usar nossa busca por romance para nos curar também através do amor, começando com a autoestima e melhorando nossa ligação com os outros, os Deuses e o Planeta.

AUTOESTIMA

A autoestima é a chave não só para magia de amor, mas para todas as magias. Bruxos da Tradição Cabot aprendem a usar o espelho mágico. Enquanto os espelhos podem ser usados em todos os tipos de magia, de leitura psíquica a proteção, o primeiro uso que aprendemos sobre ele é para a autoestima. Trata-se de um feitiço simples, qualquer um pode fazer, mas as pessoas se sentem bobas demais para torná-lo parte de sua prática. As Bruxas valentes e sábias que o fazem são transformadas.

Olhe para um espelho, mirando diretamente seu rosto, em seus próprios olhos, e diga: "Eu te amo." Você tem que dizer e ouvir. Parece egoísta. Não é. É altruísta. Uma parte da magia é "conhece-te a ti mesmo" como o antigo templo grego de Delfos tinha esculpido sobre a sua entrada. Para isso, tem realmente que ver a si mesmo, saber quem você é e se aceitar. Então, para começar a entender quem você é e o que veio fazer, dizer que se ama ajuda muito nesse processo. Você tem que aprender a gostar de quem é e o que realizou. Tem que se apaixonar pelo seu próprio caráter e pela sua personalidade. As coisas que pode não gostar em si mesmo terá de aceitar, e os traços que lhe são prejudiciais podem ser alterados, pois também deve estar disposto a mudar. Transforme-se através de sua magia, mas também assuma a responsabilidade por suas escolhas pessoais, suas ações e as consequências que elas trazem. Isso realmente é o verdadeiro significado de carma, e pode acontecer nesta vida ou na próxima, mas assuma a responsabilidade.

Quando você for capaz de amar a si mesmo, aí sim vai encontrar o amor, que é o mais importante. Só então você vai querer o amor em forma de romance com um parceiro, apesar de não precisar.

Eu recomendo que faça esse exercício todos os dias, talvez até duas ou três vezes por dia, até que ele comece a se aprofundar em sua consciência. Isso catalisa o processo de amor-próprio e de autoaceitação. Demora algum tempo. Fazê-lo por um dia, uma semana ou mesmo por alguns meses vai contra tudo o que você já experimentou em sua vida. Faça do amor-próprio a pedra de fundação para a magia. A maioria de nós faz o exercício no banheiro, se ficar com vergonha de que alguém possa lhe ouvir, ligue o chuveiro ou o rádio, mas faça.

Essencialmente, essa é uma parte de fazer sua "parentalidade própria". Muitos de nós vêm de famílias onde dizer "Eu te amo" não é uma opção. Algumas famílias são muito sociáveis, mas muitas não são. Existem pessoas que nunca ouviram um "eu te amo" na vida, e não aprenderam como dizê-lo a si mesmo e aos outros. Mas precisamos ouvir, em voz alta, muitas e muitas vezes. Quando fizermos isso, vamos começar a processar o efeito que a falta anterior teve em nossa psique e no nosso próprio equilíbrio pessoal e autoimagem. Você pode sentir amor por amar a si mesmo, literalmente. Então é mais fácil aceitar o amor dos outros. Quando conseguir reconhecer o amor em si mesmo, também poderá vê-lo e senti-lo mais facilmente naqueles que nos amam verdadeiramente. Às vezes nem sequer percebemos quem nos ama.

Com uma grande compreensão de amor em um nível básico, podemos começar a analisar os diferentes tipos de amor e como estes significados variantes do amor se aplicam às nossas vidas. Você pode amar alguém, mas odiar seu comportamento. O amor pode estar separado do comportamento, mas muitas pessoas não percebem isso. Os diferentes tipos de amor, de família e de amizade e até de romance, tudo pode se aplicar a nós. Com isso, entendemos o significado maior do amor: o amor espiritual, uma força de ligação entre todos nós.

Infelizmente, quando as pessoas têm grande necessidade de amor, não querem ouvir isso. Ninguém quer falar sobre autoestima quando estiver no auge da luxúria. Eu sei que muitas pessoas lendo isso (se é que chegaram tão longe antes de pular para os feitiços) estão em grande necessidade, sem sequer perceber o que precisam e, portanto, vão achar chato. É por isso que é importante fazer este trabalho de autoestima antes de fazer magia de amor. Há aqueles que acham que estão bem e não precisam de uma preparação adequada, pois acreditam que sabem o que querem e o que é melhor para eles, então ficarão desapontados quando o feitiço de amor parecer não estar funcionando. No entanto, se tomarem um momento para refletir, para ver um padrão maior que têm vivido, então verão que o amor do outro sem o amor de si mesmo não é o caminho para a felicidade. Aproveite este momento e use esta magia, como o exercício do espelho, para iniciar o caminho da transformação e da autoestima.

ROMANCE

O romance é uma parte necessária e muito útil do amor, mas não mais importante que o amor-próprio. Ter um romance não é simplesmente ter um relacionamento; é o sentimento de magia e de mistério que está associamos aos relacionamentos. É uma chave para conhecer alguém mais profundamente, mas também para manter a paixão viva com pompa e nova aventura. Temos de ser capazes de romancear a nós mesmos, toda nossa vida mágica, para saber como incorporar o verdadeiro romance em nossos relacionamentos. Lembre-se sempre de que seu primeiro relacionamento é com você mesmo. O romance nos ajuda a compreender o encantamento do amor e o amor mágico.

Viver um romance é como decorar o seu quarto com tudo o que você ama, para as mulheres, podem ser laço e lustres e lindas artes nas paredes; para os homens, pode ser um lugar confortável, quente, com doze almofadas na cama e uma televisão grande. Qualquer coisa que nos faça feliz cria uma atmosfera de romance de verdade.

Ao colocar pensamento e emoção, energia e intenção em seu próprio ambiente em sua vida, você começa a ter uma vida verdadeiramente romântica. Romance são gatilhos de beleza. Não exatamente a beleza facial, mas aquela encontrada em seus arredores também. Pense em como a beleza da natureza desencadeia uma resposta profunda em muitos de nós. Isso é tão romance e encantamento quanto um jantar à luz de velas.

Quando preenchemos a vida diária com beleza, também ficamos mais bonitos. Estar em um ambiente que oferece suporte a nossos sentimentos de amor nos torna capazes de amar a nós mesmos e aos outros mais facilmente. Isso não quer dizer que não somos capazes de amar sem estas coisas, ou que não vamos amar os outros em um ambiente mais espartano, mas tomar o tempo para deixarmos tanto nós, como nosso entorno agradável, é um ato de amor-próprio e pode nos ajudar a construir essa base para nossa autoestima.

Se você mora em um lugar estéril, não vai conseguir os mesmos sentimentos que tem com determinadas cores, flores, aromas, texturas, imagens e música, que são ferramentas mágicas. Parte da magia está em imaginar como você quer que sua vida seja. Cercar-se com coisas que nos fazem sentir, como a imagem do que estamos almejando, ajuda a ancorar essa magia em nossa vida. Não precisa ser rico para fazer isso. Tire fotos de coisas que gosta, faça recorte de revistas ou imprima imagens da internet, organize-as e emoldure, colocando-as em sua casa. Coloque imagens na parede, elas vão inspirá-lo.

Tenha mais espelhos em seu espaço, assim você pode se ver como parte do local, em vez de se sentir desconectado dele. Não é preciso olhar em todos os espelhos o tempo todo, mas a consciência de estar rodeado por beleza realmente vai se aprofundar em sua mente. É a consciência periférica que lhe permite saber que você está lá, constantemente lembrando-o a viver uma vida romântica e a encarnar sua própria beleza. Isso vai ajudar a trazer mais rápido o amor em todos os níveis.

Dividir seu espaço com outra pessoa é uma parte do romance de um relacionamento. Quando um potencial parceiro vê onde você vive, ele começa a lhe entender melhor, isso quando seu espaço realmente expressa suas esperanças, seus sonhos e sentimentos. Quando esse parceiro passa o tempo nesse espaço, você está compartilhando não só seu tempo e sua atenção, mas a sua energia, a vibração romântica da sua vida.

Comer sozinho ou com outros também é uma parte do romance. A comida é governada por Vênus e por Marte, dois planetas de atração e de energia que estimulam uma aura de amor mágico em torno de você. A energia, a aura, é o que nos liga à vibração de amor e às pessoas que amamos. Você pode fazer uma refeição de amor para si mesmo ou para compartilhar. Regularmente também pode comer algo que considera amar e, quando consumi-lo, lembre-se de que este é um ato de amor-próprio. A maçã é ideal para esse propósito, além de ela ter a forma de um coração, o que proporciona a cura e faz com que se sinta bem, é também um alimento mágico para os Bruxos, pois suas sementes formam um pentagrama, a estrela de cinco pontas, associada com a Bruxaria, e suas cores, vermelha e branca, estão associadas com o Reino das Fadas e a Ilha de Avalon.

Uma das flores mais importantes para o romance é a rosa, que são sempre muito importantes em magia. A rosa é uma flor intimamente associada com a Deusa como Grande Mãe e fonte de todas as coisas, e podem ser usadas frescas ou secas, embora devam ser naturais, sem produtos químicos ou artificiais nelas. Rosas trazem a vibração do amor, elas podem ser usadas em *pot-pourri* ou em misturas de ervas para infundir amor mágico ao seu redor. Só de tê-las ao nosso redor, automaticamente nossa aura e nossa energia é afetada positivamente.

Use todas as coisas ao seu redor para curar seu coração e aceitar o amor-próprio, e então você estará pronto para um relacionamento verdadeiro e duradouro.

ÉTICA E PROBLEMAS EM MAGIA DE AMOR

Magia não assegura um resultado perfeito. Não ache que só porque sua intenção envolve amor que vai sempre dar certo. Lançar um feitiço de amor, especialmente se lançá-lo para alguém em particular, pode trazer problemas. Sua magia pode interferir no carma de outra pessoa. Se ela não mostrou qualquer interesse por você, eu aconselharia não usar seu nome em magia. As tentativas de interferir com o seu próprio carma e no livre-arbítrio de alguém sempre dão errado no final e, apesar de inicialmente poder obter o que acha que quer, raramente funciona assim.

O melhor feitiço de amor é ter amor em nossas vidas, quando procurar por um relacionamento, peça por um relacionamento "correto" ou, em outras palavras, "compatível". Peça por alguém bom, carinhoso, que seja a pessoa certa para você. Caso contrário, poderá ficar preso nos interesses amorosos que são "incorretos" naquele momento, mesmo que ache que a pessoa vai lhe fazer feliz. Muitas das mulheres pedem por homens do tipo *bad boy*, porque eles são mais interessantes. Muitos homens pedem mulheres do tipo *femme fatale*, por elas serem as mais disputadas. Você pode obter um olhar de alguém e acabar sonhando com aquilo, provavelmente de maneira exagerada ou mal interpretada em sua mente. Pode ter sido simplesmente uma piscadela de olho da pessoa, e o sonho pode se transformar em uma fantasia de meses de duração. No entanto, a pessoa de seu interesse nunca fez um só movimento, nunca entrou em contato com você para algo mais. Lançar um feitiço para cumprir uma destas fantasias não é uma boa ideia. Não houve realmente qualquer tipo de relacionamento entre vocês, muito menos um romance. Você não sabe a natureza desse interesse potencial. A fixação, associado à falta de conhecimento, pode trazer um monte de problemas. Então, em seus feitiços de amor, peça por uma pessoa "que seja correta e boa" para você.

Caso queira insistir em uma pessoa, até que tenha algum tipo de relação com ela, baseado não na ilusão ou na fantasia, mas em algo verdadeiro, é melhor usar sua magia em um projeto para um relacionamento real, para conhecer a pessoa melhor, em vez de usar magia para um relacionamento permanente ou até mesmo para um casamento. Essa magia vai lhe dar tempo para conhecer melhor essa pessoa e vai fornecer sabedoria para saber se esse relacionamento seria justo e bom para ambos.

Quando se projeta uma intenção para que se realize um casamento, uma conexão completa é legalmente reconhecida, você vai trazer tudo que vem com essa pessoa, e olha que pode haver muitas coisas escondidas. Muitos assumem que tudo já foi dito, e acreditam que se nada foi perguntado sobre algo então nada estava escondido. Com o casamento, a pessoa pode não receber apenas amor e companheirismo, mas também dívidas, preocupações com parentes, grupos sociais problemáticos, problemas de saúde, carma – tudo. Quando se deseja alguém, mas não de forma desesperada, porque á sua autoestima está em ordem, você será capaz de avaliar isso melhor e fazer as perguntas adequadas antes de dar esse salto.

Acredito que você sempre deve lançar um feitiço para o que quiser, mas deve estar aberto o suficiente para a sabedoria do Universo, deixando que ele decida o que é melhor para ambos. Definitivamente, você vai receber seu próprio carma, suas próprias lições sobre o amor, o que pode resultar em uma lição muito boa. Carma não significa que tem que ser ruim. Não é um castigo; é uma lição que resulta de suas ações. Temos muitas lições na escola que podemos aproveitar. A vida é assim. Seu carma pode resultar em uma maravilhosa relação que dure a vida inteira.

Sua magia pode influenciar em seu carma. Suas intenções e ações mudam seu "destino". Tire um tempo para listar as qualidades que você quer em uma pessoa, comunique isso claramente ao Universo e suas lições cármicas podem se manifestar com mais clareza. Sempre há o dar e o receber na vida mágica. Faça uma lista das qualidades que deseja em um parceiro. Porém, se fizer um feitiço de amor que não envolva ninguém, então espere por qualquer um. Pelo menos peça que o seu feitiço de amor seja "correto e para o bem de todos", para certificar-se de que é a melhor coisa possível para você no momento.

Minha filha Penny diz que ela fez um monte de feitiços de amor quando era mais nova, e todos eles funcionaram, mas nunca da forma que ela imaginou. Ela conheceu pessoas interessantes e famosas – e teve bons relacionamentos, alguns longos e outros nem tanto –, mas aprendeu com sua magia de amor. Quando ela projetava alguém com uma descrição física específica, como no filme *As Bruxas de Eastwick* – alto, moreno, bonito e buscando por um relacionamento de longo prazo –, ela manifestou seu interesse amoroso, mas o homem era casado. Ela teve o que pediu, mas não olhou para suas palavras e para suas intenções aos olhos de todos, da mente divina, de uma perspectiva maior. Um monte de feitiços pode vir com interjeições pessoais que são principalmente subconscientes. Recebemos o que pedimos, e mais um monte de outras coisas que vêm com ele. Com essas experiências, vivemos e aprendemos.

Às vezes as pessoas vão procurar uma Bruxa na esperança de terminar com um casamento estabelecido, porque desejam alguém comprometido. Como Bruxos modernos, acreditamos verdadeiramente que é proibido desfazer um casamento só porque você simplesmente está atraído ou fascinado por alguém. Isso é manipulador e altera o caminho natural das coisas, além de causar mais problemas do que ajuda. A maioria das Bruxas, incluindo eu, nunca faríamos uma coisa dessas para nós mesmas ou para outrem. Muitos dos que procuram ter um caso com pessoas casadas, não estão realmente dando uma boa olhada em suas necessidades. Se alguém é casado e está disposto a ter um caso, você saberá disso. Usar magia para tentar impor sua vontade é completamente antiético. Lembre-se de que o que eles fazem com o parceiro atual também poderão fazer com você.

O maior inimigo de uma magia de amor bem-sucedida é a fantasia doentia. Fantasias como entretenimento ou fuga é uma coisa, mas algumas pessoas ficam presas a elas. O que sua mente descreve como "deve" ser, geralmente vem de expectativas irreais de livros, novelas ou filmes. Eles constroem uma imagem de como alguém deve conversar, de como o sexo deve ser perfeito e de como a vida de um casal deve ser de um modo geral. É quase impossível encontrar alguém assim, com padrões estabelecidos, e pode acontecer de, quando finalmente encontrar um parceiro, ele não corresponder a essas expectativas sobre-humanas. Nada disso é realidade, mas nós nos tornamos muito bons em esperar que se torne a nossa realidade. Como conselheira espiritual, acho que as mulheres são mais propensas a isso do que homens, mas eles também cometem esse erro. Em vez de passar nossa vida fantasiando com um relacionamento perfeito, que não existe, para fazer uma magia de amor eficaz devemos tentar focar nas relações reais, autênticas, no qual podemos compartilhar amor, aprender e crescer.

Muitas vezes nossa fantasia pode nos levar a dar amor para aqueles que não percebem isso, e que não necessariamente o querem. Em vez de uma parceria na qual o amor é compartilhado, podemos causar grandes danos. Uma mulher que veio para uma leitura explicou que ela não tinha notícias de um homem fazia seis meses, mas ainda estava esperando que ele entrasse em contato. Eu tive que ser sincera com ela e dizer que eles já não estavam mais juntos. Ninguém faz uma pausa de seis meses sem dizer nada e sem qualquer outra comunicação. Ela ainda estava enviando sua energia de amor para ele dia após dia, tive que explicar pra ela como tal comportamento é prejudicial e voltar para a base do amor-próprio. Perguntei-lhe: "por que você precisa se colocar numa posição de dor desse jeito?". Quando precisamos de amor, o primeiro amor que nós precisamos é aquele de dentro. Com isso, podemos julgar melhor quais são as ações e os relacionamentos adequados e os inadequados. Com esse amor, podemos sair da ilusão e da fantasia prejudiciais. Quando temos amor-próprio podemos compartilhar esse amor sem jogá-lo fora compartilhando-o com aqueles que são alheios aos nossos sentimentos.

ALIMENTANDO O AMOR

Muitas pessoas têm a síndrome do "felizes para sempre" quando se trata de magia de amor. Eles acham que é só encontrar alguém que seja bom e compatível e pronto, seu trabalho acabou, a eterna felicidade está garantida. Mas na vida real sempre há mais trabalho a ser feito. Magia pode juntar, mas o que fazer depois disso cabe a você. Sua escolha deve ser sábia, suas ações podem melhorar seu relacionamento ou acabar com ele, mesmo quando o feitiço foi um sucesso. Assuma a responsabilidade por suas ações e continue o romance.

Para alimentar o amor é necessário ter alguma separação. Só porque você tem um parceiro não significa que suas vidas tenham que ser completamente unidas. O segredo é manter seus próprios passatempos, sua própria rotina e preservar a identidade de cada um, criando, ao mesmo tempo, uma tradição de hábitos, ações e hobbies que vocês podem fazer juntos. Um bom relacionamento exige isso. Alguns acham que passar um tempo separados não é uma medida de sucesso, mas ter uma pequena separação é bom. Senão podemos sufocar um ao outro.

Desenvolva hábitos para respeitar e honrar um ao outro. Andem de mãos dadas. O contato físico fora do sexo é importante, o sexo é muito importante também. Tenha um encontro à noite, em vez de apenas a rotina de trabalhar, jantar, dormir e depois trabalhar novamente. Faça planos para depois do trabalho. Façam um curso, ou vão a um restaurante especial ou a um café. Finais de semana podem ser difíceis. Depois de uma semana de trabalho vocês podem estar cansados para fazer qualquer coisa. Mas se vocês tirarem algum tempo para se divertir também durante a semana, vão achar mais energia no final dela para estarem juntos. Fazer coisas juntos e sozinhos podem inspirá-los. Permaneçam ativos e inspirados.

Quebrar rotinas e hábitos, ir para um hotel durante à noite, em algum lugar, pode ser apenas o que é necessário para infundir mais romance e mistério no relacionamento. Não precisa ser caro. Não exija voos para Nova Iorque, Los Angeles, Londres ou Bombaim. Só ir à cidade mais próxima e experimentar a vida noturna e um pouco de cultura já basta. Experimente um serviço de quarto. Permaneçam lá e mimem um ao outro. Vão para a piscina. Sair do cotidiano pode mudar a relação. A falta do estresse diário ajuda a edificar a amizade e a conexão com o romance. É relaxante e divertido.

Sustentar o amor inclui não só o parceiro, mas também você. Continue a amar a si mesmo e a se cuidar. Uma vez que tenha encontrado a autoestima não significa que o trabalho acabou. É um caso de amor que deve ter com você mesmo ao longo da vida. Manter o seu amor-próprio lhe deixa capaz de manifestar o que deseja mais facilmente.

Diferentes ambientes criam perspectivas diferentes. Quando você está preso à procura de um amor, se estiver sempre na mesma rotina, isso não vai acontecer. Na tradição Rosacruz existe uma lição que tem como base a lagoa. Uma lagoa não tem nenhum movimento em suas águas, ela é tranquila, não há alteração, pode crescer estagnada. Jogue apenas uma pedra na água e surgirão ondas que irão em direção a borda, mas que retornarão ao centro. Qualquer movimento muda a vibração, mas a vibração vai voltar para o centro. Nada acontecerá a menos que seja feito. É você que deve iniciar. Jogue a pedra e mude as coisas. Você não vai encontrar o seu príncipe encantado, montado em um cavalo branco, enquanto assiste televisão em sua sala de estar. Caso precise de ajuda em seu relacionamento, com você ou com seu parceiro, alguma coisa tem que ser feita para criar a mudança. Mude sua forma de agir para criar a vibração que deseja e atrair o amor que anseia.

Perfume de amor

Enquanto perfumes comerciais podem simplesmente ser marcantes para chamar atenção, pode ser útil alinhar seu perfume com sua intenção. Sugiro que adicione algumas gotas de sua própria poção mágica ao seu perfume favorito para atrair a pessoa correta. A seguinte fórmula é uma bem-sucedida adição aos perfumes comerciais.

- 40 gotas de óleo de patchouli
- 40 gotas de óleo de benjoim
- 40 gotas de óleo de flor de lótus
- 40 gotas de óleo de heliotrópio
- 120 gramas de azeite
- 10 ampolas de óleo de vitamina E
- Carregue cada ingrediente para o amor.

O óleo de vitamina E pode ser encontrado na maioria das lojas de alimentos naturais. Ele evita que o azeite fique rançoso.

Outra variação, usando uma base de água em vez de uma base de óleo, é misturar:

- 2 xícaras de água de nascente
- 1 colher (sopa) de sal marinho
- 1 maçã cortada
- 1 colher (chá) de cravo-da-Índia
- 1 colher (chá) de raiz de ligústica
- Algumas pétalas de rosas secas
- Uma pitada de manjericão

Coloque um pouco da poção do amor na maçaneta da porta da casa ou do carro de alguém por quem você esteja atraído, ou em uma carta. E coloque também um pouco no seu umbigo e nos pulsos, pois aumenta sua potência e eficácia.

Filtro de amor

Para atrair o amor e autoestima em sua vida, particularmente o amor de forma geral, faça o seguinte filtro.

- 1 colher (sopa) de pétalas de rosa
- 1 colher (sopa) de folhas de patchouli
- 1 colher (sopa) de flores de hibisco
- 1 colher (sopa) de milefólio
- 1 colher (sopa) de folhas de maracujá
- 1 colher (sopa) de folhas de morangueiro
- 1 colher (sopa) de damiana
- 1 colher (sopa) de agripalma
- 1 colher (sopa) de flores de papoula-vermelhas
- 4 raízes-de-adão e Eva (apelectrum)
- 1 colher (sopa) de pó de raiz de ligústica

Carregue cada ingrediente com amor e misture tudo. Adicionar os seguintes óleos para a mistura de ervas secas:

- 20 gotas de óleo de rosa
- 10 gotas de óleo de morango
- 8 gotas de óleo de almíscar
- 5 gotas de óleo de patchouli

Misture os óleos e as ervas e em seguida corrija tanto o cheiro quanto a magia com duas colheres (sopa) de pó de raiz-de-íris. Não ingira essa raiz, pois ela é tóxica. Quando terminar, energize a mistura estando em estado alfa. Fazendo círculos no sentido horário com a mão ou com o bastão diga estas palavras:

> Peço que um amante ou um companheiro seja atraído para mim, e que haja amor entre nós. Peço que isso seja correto e para o bem de todas as pessoas. Que assim seja.

Coloque esse filtro em um saco vermelho ou rosa e leve com você. Não ingira este ou qualquer dos filtros deste livro. Enquanto o aroma estiver forte, a energia da mistura vai alterar sua aura para atrair a pessoa correta. Não é o perfume em si, mas a energia que atrairá um amor para você, começando com amor-próprio.

Incenso de amor

- 1 colher (sopa) de sangue-de-dragão
- 3 colheres (sopa) de pétalas de rosa esmagadas
- 1 colher de sopa de milefólio
- 2 colheres de sopa de manjericão
- 1 colher de sopa de patchouli

Coloque em um saco vermelho. Queime essa mistura toda sexta-feira e visualize o resultado final com o tipo de amor que você deseja conjurar.

Feitiço da vela do amor

- 1 vela rosa
- 1 vela preta

Esculpa a palavra "Amor" ao lado das velas. Unte as duas velas com o óleo do amor e diga:

Vela mágica
Acenda o fogo
Traga até mim
O desejo do meu coração.
Feitiço de amor
Conceda-me o que peço
Que aquele a quem amo
Me ame também.
Que assim seja!

Feitiço de amor da Lua

Três noites antes da Lua cheia, coloque uma jarra de água de nascente onde o luar possa iluminar a água. Duas horas antes da Lua cheia vá ao local e lave as mãos e o rosto com a água de lua. Toque suas joias nesta água. Repita este feitiço três vezes enquanto diz:

Pela luz da Lua
e seu poder místico
o amor virá
hora a hora.

A água enluarada deve ser derramada sobre os degraus da sua casa ou perto de sua porta da frente.

Feitiço de amor da Rainha das Fadas

Para chamar o povo das fadas, coloque um pedaço de miniatura de móveis no local onde você vai recitar este feitiço. Escolhe um lugar agradável para recitá-lo e ao mesmo tempo chamar o povo das fadas para ajudar na sua magia.

Pela luz da Lua
E seu poder místico
O amor virá
hora a hora.
Rainhas das Fadas, esteja comigo.
Traga um amor que seja meu destino.

Repita o feitiço três vezes.

Feitiço de amor com penas

- 13 penas tingidas de rosa, vermelho e verde
- Penas extras das mesmas cores

Coloque na sua mão esquerda as penas coloridas e jogue-as com força para o céu e diga:

Pluma de luz, pluma da alegria
Traga um amor pra mim neste dia.
Que assim seja!

Por mais três dias, jogue mais penas para o céu para completar o seu feitiço.

Feitiço de amor dos dois corações

- Quartzo-rosa
- Papel vermelho cortado em forma de corações
- Vela rosa

Este feitiço é do Livro das Sombras da família Cabot. Realize-o em uma noite de sexta-feira, durante a Lua crescente. Coloque o quartzo-rosa em cima dos corações de papel e acenda a vela. Diga o seguinte em voz alta:

> Este símbolo mágico trará amor duradouro e casamento para a minha vida.
> Peço que isto seja feito para o bem de todos. Que assim seja!

Queime o talismã de coração na chama da vela e coloque as cinzas em um lugar mágico. Deixe a vela queimar até o fim. Não apague a vela com o sopro, pois isso arruinaria o feitiço. O amor correto para você virá no momento adequado.

Feitiço de Avalon

- Símbolo de Avalon
- Maçã

Como já vimos, a maçã é um símbolo sagrado para as Bruxas. Este símbolo é dois em um, use-o para atrair um parceiro amoroso e para um potencial pretendente de casamento. Cole o símbolo na sua maçã e pendure no quarto.

Símbolo de Avalon

Óleo "venha para mim"

- 12 gotas de óleo de coco
- 6 gotas de óleo de patchouli
- 3 gotas de óleo de jasmim
- 2 gotas de óleo de canela

Óleo multiuso, muitas vezes usado para atrair um novo amor, mas pode atrair qualquer coisa que desejar, incluindo um novo emprego, prosperidade, amigos ou um objeto específico. Você pode usá-lo em feitiços e em encantos para uma ampla gama de intenções.

Mix de ervas para o amor

- 1 xícara de manjericão
- 1 xícara de pétalas e botões de rosa
- ½ xícara de folhas de patchouli
- ½ xícara de flores de lavanda
- 2 colheres (sopa) de sangue-de-dragão

Coloque essa mistura de ervas em uma tigela, em sua casa, para trazer o amor.

Mix mágico de ervas para amor, sexo e paixão

- 1 xícara de pétalas e botões de rosas
- ½ xícara de erva-do-bode-excitado (*Epimedium grandiflorum*)
- ½ xícara de pimenta vermelha
- 12 gotas de óleo de âmbar

Coloque essa mistura de ervas em um saco vermelho para trazer mais paixão à sua vida. Leve-o com você ou coloque-o debaixo da sua cama.

Mix de ervas mágicas das fadas para paixão

- ½ xícara de samambaia (seca)
- ½ xícara de avenca (seca)
- ¼ xícara de nozes (esmagadas)
- ¼ xícara de agulhas de pinheiro
- 12 gotas de óleo de lavanda
- 1 pedra granada

Coloque a mistura de ervas em um saco mágico com uma granada e peça às fadas que tragam paixão para a sua vida e com seu amante.

Óleo sexual da meia-noite

- 40 gotas de óleo de coco
- 20 gotas de óleo de canela
- 20 gotas de óleo de artemísia
- 1 colher (chá) de erva-do-bode-excitado (*Epimedium grandiflorum*)
- 1 colher (chá) de damiana
- 1 colher (chá) de hibisco

Deixe a mistura de ervas imersa nos óleos por um mês e em seguida coe. Use essa poção para ajudar a trazer luxúria, paixão e atração sexual. Unja uma vela vermelha e depois a acenda para atrair um parceiro sexual ou ter sexo com o parceiro que você já tem. Esse é um feitiço poderoso e eficaz. Você pode usar essa poção como óleo de massagem ou basta adicionar algumas gotas em seu perfume preferido.

Incenso sexual da meia-noite

- 1 xícara de açúcar
- 3 gotas de corante alimentício roxo
- ½ xícara de damiana
- ¼ xícara de pétalas de rosa
- ¼ xícara de flor de hibisco

Queime em rituais para a atração sexual. Fica excelente em combinação com o óleo sexual da meia-noite.

Mix sexual de ervas da meia-noite

- ½ xícara de açúcar
- ½ xícara de erva-do-bode-excitado (*Epimedium grandiflorum*)
- ½ xícara de damiana
- ½ xícara de pimenta vermelha
- 1 xícara de pétalas de rosa
- 1 pedra granada

Misture todas as ervas e adicione a granada. Para carregá-lo, fure o dedo e coloque três gotas de seu sangue na mistura. Deixe essa mistura de ervas em uma tigela no seu quarto para atrair sexo.

Feitiço sexual da meia-noite

- Vela vermelha
- Poção sexual da meia-noite
- Mix sexual de ervas da meia-noite
- Saco mágico vermelho
- Roupa sexy

Em uma noite de Lua crescente, fique na frente de um espelho de corpo inteiro. Unte a vela, seu pescoço, pulsos e testa com a poção sexual da meia-noite. Acenda a vela. Pegue o saco com o mix sexual de ervas da meia-noite e segure-o em suas mãos. Tire as ervas do saco e coloque-as em torno da vela. Olhe para a chama e visualize uma noite de amor apaixonada. Respire fundo três vezes e diga em voz alta:

Ervas e fogo, tragam-me a paixão
Eu desejo, pelo poder do três vezes três,
Que encham minhas noites de êxtase.
Para o bem de todos. Que assim seja!

Encerre o feitiço deixando a vela queimar até o fim ou apague-a (nunca use o sopro para apagar uma vela). Recoloque as ervas dentro do saco e ponha debaixo do colchão. Para realçar esse feitiço, execute quando a Lua estiver crescente, no signo de Escorpião. Use sua roupa mais sexy e mais atraente.

Pó "volte para mim"

- 1 pena preta, picada
- ¼ xícara de alecrim
- ¼ xícara de urtiga
- 1 magnetita
- Pregos ou aparas de ferro

Esse feitiço é um caso de "cuidado com o que você deseja". A maioria vai usá-lo para trazer de volta um amor perdido. No entanto, ele pode ser usado para trazer de volta também objetos que tenha perdido. Energize essa mistura em uma Lua crescente. Você não precisa queimá-lo, igual faz com o incenso ou com outros pós sugeridos neste livro, pois os pregos ou aparas de ferro não vão queimar, mas pode colocá-lo em um saco preto.

Feitiço "felizes para sempre"

- Vela preta
- Um sapato que você não precise mais

Antes da Lua cheia, acenda a vela preta. Coloque o sapato perto da vela e escreva o feitiço a seguir em um papel branco. Segure o sapato em suas mãos e diga o feitiço em voz alta. Apague a vela. Leve o sapato para um lugar movimentado, como em um parque ou um shopping, por exemplo. Largue o sapato e em seguida vire e corra.

Lanço este feitiço para que o amor venha a mim, para que meu príncipe encantado me encontre e me ame para sempre, e que com ele eu possa ser feliz para sempre.
Peço isso para o bem de todos. Que assim seja!

Feitiço de amor

- Papel com o feitiço
- Poção de amor
- 1 vela vermelha
- 2 corações de papel vermelho
- 1 quartzo-rosa
- 2 colheres (sopa) de pétalas de rosa
- 2 colheres (sopa) de manjericão
- 1 saco mágico vermelho
- 2 fitas vermelhas

Escreva o feitiço antes de começar. Numa sexta-feira à tarde ou à noite, pegue a vela vermelha no seu quarto e unte-a com a poção do amor. Coloque os corações e a pedra na sua frente e coloque uma gota de poção do amor em cada item. Polvilhe as pétalas de rosa e de manjericão sobre eles. Coloque uma gota de poção do amor em seus pulsos, testa e parte de trás do seu pescoço e diga o feitiço em voz alta:

Misture e agite e unidos então
O amor do meu coração cresce e cresce
Com amor por mim e grande desejo
Seus pensamentos em mim
Vão queimar como fogo!
Que assim seja!

Enrole o papel do feitiço e amarre com a fita vermelha. Coloque-o em frente à vela com os outros itens e deixe ela queimar. Coloque tudo dentro do saco vermelho e amarre-o com a fita vermelha. Use em seu pescoço por nove dias e nove noites. Após os nove dias, amarre-o em sua cama.

Feitiço de amor da Lua

- Papel com o feitiço
- Tinta verde/caneta verde
- Fita verde

Execute esta magia quando a Lua estiver cheia, ou quando a Lua crescente estiver no signo de Touro ou de Libra. Escreva este feitiço em tinta verde.

Mágico luar, ouça este feitiço.
Minhas palavras viajarão na brisa do luar
Envio meu chamado de amor com facilidade.
Capture meu amor em sua luz cintilante
Traga-o para mim numa noite de luar.
Pelo poder do três
Ele vai me amar
Para o bem de todos
Que assim seja!

Leve esse feitiço para uma área arborizada. Fale as palavras em voz alta. Em seguida enrole o feitiço com fita verde e deixe-o na floresta.

Os próximos feitiços de amor – o da vela humana, o do chá de chocolate do amor e o feitiço rápido com pétalas de rosa da Penny – vêm do Livro das Sombras de minha filha Penny:

Feitiço de amor da vela humana

- 1 vela branca
- 1 vela preta
- 2 fitas vermelhas
- 2 velas vermelhas em formato humano
- Almofariz e pilão
- Raiz-de-adão-e-eva (*Apelectrum*)
- Folhas de morango
- Raiz de mandrágora
- Pétalas de rosa
- Pedra sangue de dragão
- Óleo de rosa
- Marcador de ponta fina
- Bandeja de bolo – uma polegada de profundidade

Quando a Lua estiver no quarto crescente, pegue suas velas preta e branca e coloque o preto no lado esquerdo do seu altar e o branco à direita. Triture uma pequena quantidade de cada uma das ervas juntas, exceto a raiz-de-adão-e-eva, em seu pilão, e adicione uma gota de óleo de rosas. A raiz-de-adão-e-eva normalmente é vendida como um par, uma raiz "feminina" e outra "masculina".

Leve suas velas vermelhas em forma humana (podendo ser masculina e feminina, masculina e masculina, ou feminina e feminina, dependendo do seu gênero e o sexo da pessoa que você quer atrair). Faça um buraco em cada vela, onde seria o coração. Certifique-se de que o buraco é profundo, porque você precisa colocar no coração tanto a mistura de ervas como a raiz-de-adão-e-eva. Comece com a mistura de ervas e deixe espaço para a raiz. Antes de colocar a raiz na vela, escreva seu nome com um marcador de ponta fina em uma raiz e o nome da pessoa que você está interessado na outra. Coloque uma raiz em uma vela para lhe representar, e a outra na vela da pessoa que você está interessado em atrair. Cubra os furos com um pouco de cera derretida para que as ervas não caiam.

Coloque um pedaço de fita vermelha na parte inferior da forma para que haja uma um pedaço pendurado na borda, o suficiente para agarrar e puxar a cera quando você terminar. Agora escreva seu nome na vela que representa a outra pessoa e o outro nome na vela que representa você. Pegue uma fita e amarre as duas velas juntas, envolvendo a fita no sentido horário. Espalhe as pétalas de rosa e quaisquer ervas restantes no fundo da panela. Coloque as velas de forma humana na panela e acenda. Deixe queimar até que haja apenas uma piscina de cera. Deixe esfriar e puxe a fita e a cera para fora. Enterre tudo na Lua cheia. Você terá mais atenção do que esperava. Certifique-se que isso é o que você quer, porque esse é um feitiço muito poderoso e é uma variação de outro feitiço ainda mais poderoso e permanente. Como minha mãe diz, "cuidado com o que deseja, porque você vai conseguir isso e todo o resto que vem com ele".

Chá de chocolate do amor

- 1 colher (sopa) de folhas de morango
- 1 pedaço de chocolate
- 1 alfinete
- Água

Para fazer chá de folhas de morango, coloque as folhas em uma xícara de água fervendo. Pegue um pequeno pedaço de chocolate e, com um alfinete, escreva seu nome e o nome de seu interesse amoroso no chocolate. Coloque o chocolate no chá quente, deixe dissolver. Sirva à pessoa que deseja e você vai ter a atenção dela.

Feitiço rápido com pétalas de rosa da Penny

- 1 centavo de cobre
- Pétalas de rosa

O cobre é o metal de Vênus, o planeta do amor. Pegue uma moeda de cobre e algumas pétalas de rosa. Segure-as em sua mão esquerda. Coloque sua mão direita sobre a mão esquerda e feche os olhos. Diga o nome da pessoa de seu interesse amoroso três vezes e, em seguida, diga o seu próprio nome três vezes. Mantenha o centavo de cobre e as pétalas do seu lado direito do corpo por três dias. Você pode colocá-los em seu bolso ou amarrá-los em um pano vermelho e fixá-lo em suas roupas.

Feitiço de amor da estrela dourada

Este é um feitiço poderoso para proteger seu amante quando vocês estiverem fisicamente separados. Foi criado por mim e por minhas filhas como parte de nossa tradição familiar. Você vai precisar de:

- 1 pentagrama dourado
- 1 pedaço de pano de veludo preto (ou uma bolsa de cordão de veludo preto) para amarrar em torno de um frasco
- 1 frasco de vidro de 250 ml
- 3 metros de cordão preto

Entre em estado alfa, segure o pentagrama e o energize com os seguintes dizeres:

Um círculo dourado ao redor de uma estrela
Um veludo preto amarrado no frasco
Irá mantê-lo a salvo, meu amor,
Quando você para longe for.

Ao mesmo tempo em que visualiza seu amante na tela de sua mente, suspenda o pentagrama com um fio e deixe-o pendurado livremente dentro do frasco de vidro. Suspenda o cordão enrolando-o na tampa. Envolva todo o jarro com veludo preto e pendure no teto pelo tempo que você quiser que o feitiço dure. É melhor ser feito quando vocês ficarem distantes por algum tempo, diferente de sair para o trabalho e voltar. Quando a necessidade acabar, não o deixe mais pendurado. Tire o pano preto e abra o frasco. Os ingredientes podem ser reutilizados se precisar refazer o feitiço.

Feitiço para ter um bebê

Para começar uma família ou para aumentar a que já tem, use esta magia. Antes de lançar o seu feitiço, leve seu parceiro para um lugar longe de casa, de preferência um lugar que seja divertido. Não precisa sair de férias, pode ser apenas uma noite. Vá para um hotel em sua área, algum que tenha serviço de quarto e piscina. Passe a noite. Peça café da manhã no quarto. Dê um mergulho na piscina. Saia e vá para casa, mas certifique-se de se divertir. Junte todos os ingredientes que você precisa para o feitiço.

- 3 folhas
- 3 galhos de árvore
- 1 saco mágico preto
- 2 anéis
- 1 fita preta
- 1 vela preta
- 1 arranjo de flores
- Sementes de girassol

Coloque todo o conteúdo do feitiço sobre uma mesa. Sente-se, feche os olhos e imagine uma criança em sua vida. Abra os olhos e acenda a vela preta. Diga em voz alta enquanto amarra os anéis com a fita preta:

Meu bebê, nós dois vamos nos entrelaçar.
Eu devo cuidar de você, você é meu.

Coloque os galhos de árvore, as três folhas, as sementes de girassol e os anéis que serão amarrados no saco preto. Acomode o arranjo de flores em um lugar onde você possa vê-lo diariamente. Amarre o saco mágico em sua cama ou coloque-o debaixo do colchão.

No nascimento de uma criança, deve haver um ritual de nomeação. Alguém deve sussurrar o nome da criança no ouvido dela para ninguém mais ouvir. Isso impedirá que as fadas troquem seu bebê por um dos delas (o nome pode ser alterado na iniciação).

Feitiço para aliviar um coração partido

Este é um feitiço poderoso para quando você não conseguir tocar sua vida depois de um rompimento. Você vai precisar de:

- Chá de morango (um saquinho ou uma colher de sopa de folhas de morangueiro em um saco cru de musselina)
- Sal marinho
- 1 bastão de madeira de salgueiro (ou um galho)
- 2 velas rosas
- 1 espelho
- 1 saco mágico cor-de-rosa com corda de puxar
- 1 cristal de quartzo
- 1 moeda de cobre
- 1 tigela chinesa ou de cristal que seja especial para você
- 1 colher (chá) de flores secas de jasmim
- 1 colher (chá) de pó de raiz-de-íris
- 1 colher (chá) de flores de milefólio
- 10 gotas de óleo de flor de macieira ou de óleo de pêssego
- 10 gotas de óleo de morango

Comece este feitiço na sexta-feira, o dia de Vênus, no início da manhã ou no começo da noite. Vênus viaja próxima ao Sol, é o planeta mais visível perto do nascer e do pôr do sol. Comece preparando uma xícara de chá de morango. Você pode adoçar com mel se quiser, mas guarde-o depois. Prepare um banho mágico com o sal e acenda uma das velas cor-de-rosa no banheiro. Libere qualquer tristeza ou dor na água. Quando terminar, tome o seu chá e utilize o óleo de morango como perfume depois do banho. Sinta a beleza e o luxo em você, uma vez que se sentir assim, comece seu ritual.

Usando seu bastão de salgueiro, trace um Círculo Mágico em volta de uma mesa preparada com todas as outras ferramentas e ingredientes para o feitiço. Acenda a segunda vela cor-de-rosa para o amor e para cura e, em seguida, misture todas as suas ervas e óleos na bacia especial que você tem. Olhe no espelho e diga:

Ó, Deusa, Grande Mãe
Coloque-me em teus braços
Alimente e revele
A Deusa dentro de mim!

Pegue a essência de ervas e os óleos. Então se encare no espelho e diga:

Eu represento a Grande Deusa
Mãe de todas as coisas.
Eu brilho na luz das asas douradas da Deusa Ísis.
Tudo o que é bom, grande e amoroso pertence a mim.

Coloque metade da mistura no saco cor-de-rosa, adicionando a moeda de cobre energizada e o cristal. Deixe a outra metade na tigela onde possa vê-la e cheirá-la muitas vezes. Você pode repetir esse feitiço quantas vezes achar necessário.

Para curar um coração partido

Se você for mulher, vai precisar de:

- 1 espinho de rosa
- 1 rosa de seda
- 1 pedaço de papel-pergaminho
- 1 vela branca

Se você for homem, vai precisar de:

- 1 espinho de rosa
- 1 lenço de tecido
- 1 pedaço de papel-pergaminho
- 1 vela branca

Mulher

Vá para um lugar ao ar livre e longe de casa. Coloque sua vela em um castiçal. Antes de sair, escreva este feitiço no papel-pergaminho. Use caneta preta.

Meu amor está perdido, mas o amor permanece.
Sempre me lembrarei de como foi romântico,
e sempre sentirei a dor da perda.
Coloco este espinho no meu braço esquerdo.
Representa a dor e a tristeza.
Conforme eu coloco este espinho em meu braço,
abro meu coração para o amor mais uma vez.

Pegue o espinho de rosa e empurre-o em seu braço esquerdo, deixando uma marca lá para sempre. Segure a rosa de seda, acenda a vela branca e diga em voz alta:

A dor do amor perdido deve ir embora
Luz da vela, alivie a minha dor.

Feche os olhos e perceba que a partir deste momento, quando você quiser lembrar o amor perdido, tudo o que precisa fazer é levar os dedos ao seu braço onde colocou o espinho de rosa. Cada vez que empurrar o espinho fantasma, você poderá sentir-se triste ou chorar pelo amor perdido. Cada vez que fizer isso, segure a rosa de seda. As pétalas abertas representam seu coração aberto, lembrando do amor que está por vir.

Homem

Vá para um lugar ao ar livre e longe de casa. Coloque a vela branca em um castiçal. Antes de sair, escreva este feitiço no pedaço de papel. Use caneta preta.

Meu amor está perdido, mas o amor permanece.
Sempre me lembrarei de como foi romântico,
e sempre sentirei a dor da perda.
Coloco este espinho no meu braço esquerdo.
Representa a dor e a tristeza.
Conforme eu coloco este espinho em meu braço,
abro meu coração para o amor mais uma vez.

Acenda a vela e diga em voz alta:

A dor do amor perdido deve ir embora
Luz da vela, alivie a minha dor.

Feche os olhos e perceba que a partir deste momento, quando você quiser lembrar o amor perdido, tudo o que precisa fazer é levar os dedos ao seu braço onde colocou o espinho de rosa. Cada vez que empurrar o espinho fantasma, você pode sentir-se triste ou chorar pelo amor perdido. Cada vez que fizer isso, dê um nó em seu lenço de tecido e depois desfaça-o. O nó desfeito representa seu coração se abrindo para o amor que está por vir.

Feitiço da Lua negra para encorajar a amar de novo

- Óleo da Lua negra:
- 20 gotas de óleo de amêndoa
- 20 gotas de óleo de baunilha
- 20 gotas de óleo de âmbar

Enquanto aquece os óleos no fogão, em uma panela pequena ou em um caldeirão, diga o seguinte:

Desde a manhã até ao meio-dia e do meio-dia ao anoitecer,
O poder do amor me rodeia.
Com o perfume das flores e ervas e almíscar,
O poder do amor se inflama e se instaura em mim.
Deusa do céu da meia-noite, Deusa do amor antigo!

Numa encruzilhada, à meia-noite, deixe um alimento (uma maçã, por exemplo) como oferenda e toque em sua testa, pulsos e na parte de trás do seu pescoço com o óleo da Lua negra. Diga em voz alta:

Eu tenho pesadelos, Deusa da Lua escura;
dá-me tua coragem para amar de novo.
Peço sua ajuda. Deixo este símbolo do amor.

Pingue algumas gotas de óleo de Lua negra sobre a terra na encruzilhada.

Capítulo Seis

Prosperidade

As pessoas procuram magia para dinheiro, sucesso e prosperidade o tempo todo, não percebendo que um Bruxo verdadeiramente sábio conhece os segredos da prosperidade, e que nossos mistérios são diferentes das ideias da cultura popular. As Bruxas sempre ficaram do lado de fora da aldeia, nas margens, como Sacerdotisas e Conselheiras, ajudando as pessoas. Essa capacidade de ver as coisas de uma perspectiva diferente nos dá uma vantagem quando navegamos nos êxitos do sucesso e desafios do dinheiro, e ainda nos ensina a como prosperar verdadeiramente com o uso de magia.

A cultura moderna nos diz que para ser verdadeiramente próspero e bem-sucedido, é preciso ter uma casa grande com todas as comodidades possíveis, um milhão de dólares no banco, ou mais, e um carrão na garagem. Nossa imagem de uma vida bem-sucedida é escandalosamente definitiva e insalubre. Se todo mundo tivesse sucesso, nosso Planeta seria pior do que já é; temos criado um modelo de sucesso que não pode ser alcançado por todos nem sustentado em longo prazo por nossa cultura.

Todos seguem esse modelo porque temos sido hipnotizados pelos meios de comunicação de massa. Nossos modelos são aquelas figuras aparentemente glamorosas e famosas da indústria da música, do cinema e da televisão. Grande parte das pessoas procura se tornar como tais figuras, não percebendo que histórias e canções sobre relacionamentos, famílias e possibilidades de vida aparentemente normais, são realmente as situações em que podemos nos identificar;

como o mundo da fama é ilusório. Mas ninguém quer se identificar com problemas cotidianos e percalços quando há as figuras dos ricos e famosos para imitar. No entanto, quantos desses personagens são felizes? Quantos estão satisfeitos? Os tabloides estão cheios de histórias de suas tragédias pessoais e de seus infortúnios; não parece que tanto dinheiro e fama tragam sucesso e felicidade.

As pessoas geralmente não estão satisfeitas com sua própria condição na vida. Elas acreditam que tendo o sucesso financeiro mostrado na mídia serão felizes. Creem que empregos, casas, carros e contas bancárias são o problema, em vez de olhar para dentro de si mesmas. Um desejo de querer ser bem-sucedido e melhorar a situação financeira é grande, mas qual é a motivação?

Mesmo que os valores da cultura moderna de consumo tenham se tornado globais, eles não existem em todos os lugares. Ainda há locais onde as pessoas saibam como prosperar em harmonia. Tais pessoas não ficam insatisfeitas com a falta de luxo; em vez disso, encaram o luxo como uma regalia. Felicidade e sucesso tornam-se mais um estado de espírito do que um número em uma conta bancária. Você pode ser feliz, saudável e bem-sucedido e viver uma vida de significado e de satisfação sem milhões de dólares. Felicidade é fazer o que você ama e amar a vida. Criar uma vida que você ama e que pode fornecer um meio de suporte é o verdadeiro mistério da prosperidade mágica.

Ser próspero é ter consciência, diariamente, de como você está vivendo e de como está se sentindo. Está se sentindo feliz? Sente-se bem? Está confortável e satisfeito quando vai para a cama à noite? Se não, por quê? Com essa consciência, você caminha para um crescimento lento. Como o caminho das plantas que estão prosperando sob a luz do sol e da chuva que vem do céu. Elas de repente crescem dois metros da noite para o dia? Não, elas se movem lentamente em direção à luz, crescem forte e dão frutos durante uma temporada. Vamos colher os frutos da nossa colheita, literal e metaforicamente. Muitas ações prósperas começam como pequenas sementes que levam tempo para crescer e requer paciência, cuidado e nutrição. Os esquemas fique-rico-rápido que muitos procuram não têm lugar na natureza.

Prosperidade cresce em meio a gratidão, com a percepção do que você já tem. Esse é um dos maiores ensinamentos que temos. Você é grato por todas as coisas que tem? Temos muito pelo o que agradecer. Ainda há muitas pessoas – ao redor do mundo ou bem próximo de nós – que não compartilham de nossa boa sorte. Quando você vai descansar à noite, consegue ser grato pelo telhado sobre sua cabeça e por ter uma cama onde dormir? Você poderia estar dormindo nas ruas, sem cama, sem casa e sem comida. A prosperidade é relativa, ela se baseia no que nós mesmos temos programado para acreditar no que é ser próspero. Uma grande parte de qualquer formação mágica é aprender a retirar a autolavagem cerebral para ver as coisas como elas realmente são e decidir quais crenças e programas queremos manter ou criar, e quais já não servem ao nosso bem maior.

Com esse entendimento, acho que não há nada de errado em ter uma casa luxuosa de quatro mil metros quadrados com bancadas em granito, utensílios de aço inoxidável, três garagens e até mesmo um elevador, se a pessoa tem trabalhado para isso. Se seu propósito de vida o leva a esse nível de ganho e estilo de vida, então você pode desfrutar dessa responsabilidade. Mas quando sua felicidade não é mais baseada no que possui ou em desejar ter mais do que isso, sua apreciação da vida vai mudar. Luxos podem ser bênçãos e benefícios se não basearmos nossa autoestima e estabilidade emocional em cima deles. Objetos – ou pelo menos nossa posse deles, assim como todos os recursos financeiros – são impermanentes. Nossa sorte material sobe e desce, como a roda da fortuna. Há vezes na vida em que a colheita é como no verão, e outras vezes como no frio do inverno. Essa é a realidade da vida sobre a Terra, e isso é refletido em nossas finanças, nesta vida e em outras. Uma pessoa mágica sabe o tempo dessas mudanças. O problema surge quando acreditamos que temos direito a algo. Na verdade, não temos direito a nada, mas pode nos ser concedido um grande negócio.

Nosso carma, os resultados de nossas ações nesta vida e em vidas passadas, muitas vezes influencia nossa prosperidade. Carma não é recompensa e punição, em termos de uma divindade onipotente, distribuindo méritos e deméritos. É mais como a lei da gravidade. Se você joga algo no ar, a consequência é que ele caia. Não é um castigo ou uma recompensa, mas simplesmente uma consequência. Carma é essencialmente o mesmo, mas muito mais complicado, pois os resultados não são sempre imediatos ou perceptíveis, pois abrange várias vidas. Magia pode nos ajudar a moldar o nosso carma, criando magicamente novas ações para mudar nossa vida, mas isso não refuta nosso carma passado. Se sua vida o leva a um nível de luxo e ganhos imensos, então é seu carma. Algumas pessoas aparentemente não funcionam para riqueza; parece que essa possibilidade não é para elas. É um resultado do carma passado. Se essa experiência está no seu carma, acontecerá. Se não for necessário em sua vida, então você provavelmente estará isento. Muitas vezes nosso desejo de fazer magia de prosperidade, ou qualquer outra, é uma parte de nossa herança cármica; trabalhar com magia nos ajuda a driblar o carma.

Em última análise, a verdadeira prosperidade é estar confortável em sua própria pele e em seu próprio ambiente e usar os recursos que tem para prosperar e ter sucesso. O resultado final de seu desejo pode não ser dinheiro. Às vezes o dinheiro é necessário, pois vivemos em uma sociedade baseada em moeda. Mas às vezes não. Bruxos sabem usar magia para projetar o resultado final da intenção, e a maneira que ela se manifesta pode não exigir dinheiro. Estamos abertos para o sucesso de muitas fontes diferentes.

PROFISSÃO

Carreira profissional é imensamente importante para a sua prosperidade, porque é uma parte de sua identidade, de sua autoestima e, finalmente, de sua finalidade no mundo, embora nem todo trabalho com verdadeiro propósito encontra-se em uma área que gera a compensação financeira. Mestre Thompson, da loja Rosacruz do Brooklin, Massachusetts, um homem muito sábio, disse-me que fama e fortuna são apenas um desdobramento das metas da sua vida. Aqueles que utilizam magia para prosperar na carreira profissional estão procurando criar um trabalho onde eles possam amar o que fazem, serem bem-sucedidos e serem bem pagos por isso. Como diz Joseph Campbell, "siga a sua felicidade", que é um grande conselho em muitos níveis diferentes, mas certamente se aplica tanto à jornada espiritual como em desenvolver uma carreira saudável, bem-sucedida.

Para verdadeiramente prosperar, é necessário ter a noção de amor ou ter o verdadeiro propósito. Realizar um trabalho que odeia simplesmente porque é lucrativo não o fará prosperar. Claro, pode até adquirir uma grande conta bancária, mas o que realmente é importante para você? Em última análise, é desastroso. Nunca dá certo, mesmo que não perceba até o final de sua vida, você tem que saber o que está fazendo.

No final, isso importa menos do que seu senso de propósito e de conexão com seu trabalho. Um padeiro é tão valioso como um ator, um ambientalista, um soldado ou um banqueiro. Se você realmente ama o seu trabalho, ele se torna parte da sua identidade; os Bruxos sabem que a identidade neste mundo vai e vem com cada tempo de vida. O que você vai fazer aqui e agora, nesta vida, neste momento? Paixão e amor são as chaves para o sucesso. A planta cresce porque ama o Sol e estende a mão em direção à sua luz a cada dia. Você anseia pelo propósito do seu trabalho? Eu sim. Não consigo me imaginar fazendo outra coisa.

Quando for usar magia para projetar uma carreira, não escolha algo simplesmente porque é estável, ou o que os outros pensam que é bom fazer. O que você se sente inclinado a fazer? Qual é o seu chamado? Lembro-me de minha mãe dizendo que eu tinha de aprender a datilografar porque, na época, as mulheres que queriam trabalhar eram secretárias. Elas precisavam saber como datilografar e anotar de forma abreviada rapidamente. Naqueles dias, era difícil imaginar uma mulher advogada ou médica. Ela pensou que datilografia era uma habilidade que eu poderia sempre recorrer quando precisasse. Foi como me ensinaram, como fui programada, quando eu tinha 15 anos. Mas eu sabia que não amava a datilografia. Se eu tivesse feito as aulas, provavelmente teria seguido essa carreira profissional, e eu não queria isso. Prefiro trabalhar em uma fazenda a me sentar atrás de uma mesa e trabalhar em um escritório. Eu sabia no meu coração que não amaria essa vida. Então decidi, conscientemente, não aprender a datilografar e não fui às aulas, para a decepção da minha mãe. Mas aprendi a não me limitar.

Se você gosta de digitar, se gosta do trabalho concentrado de um escritório e de trabalhar em um ambiente de grupo, não há nada de errado com isso. Ter a segurança e o salário de um trabalho de escritório pode ser maravilhoso se você se sente inclinado para fazê-lo. Nesses casos, tudo pode ser pleno e mágico. Muitas pessoas são bastante felizes nesse tipo de trabalho porque é significativo para elas.

Quando pensei em uma carreira que iria me satisfazer, eu sabia que tinha que ser criativa. Muitas pessoas têm medo de pensar além do que é fornecido pela sociedade. No entanto, a maioria das pessoas mágicas bem-sucedidas faz exatamente isso. Ser um artista ou um CEO de uma empresa, é simplesmente uma vocação. Muitas pessoas têm medo de possuir seu próprio negócio, de se aventurar para criar seu próprio e perfeito trabalho. Posso entender muito bem o medo, mas ser um empreendedor é muito factível. Por que não tentar? Qualquer um pode experimentar.

Uma amiga minha trabalhava em um escritório e odiava. Ela percebeu que adorava pintar móveis descartados encontrados na beira da estrada e em vendas de garagem. Ela limpava, pintava e vendia as peças para decoradores. Essa mulher consegue pegar uma cadeira velha caindo aos pedaços, que achou de graça, e transformá-la com sua criatividade. Ela começou a ganhar algum dinheiro com esse seu hobby, trabalhando à noite e em fins de semana para deixar seu trabalho de escritório mais suportável. Logo ela percebeu que poderia fazer uma carreira com isso, esperou um pouco e depois deixou seu trabalho de escritório e abriu seu próprio negócio, começando em sua garagem e mais tarde abrindo uma pequena loja. Ela me mostrou que existem muitos ângulos diferentes para criar sua própria carreira de bem-aventurança. Você pode fazer o que quiser e curtir, mas deve sonhar, ousar e realmente fazê-lo. Não deixe o medo de falhar o fazer parar.

Use sua magia não só para ter dinheiro e adquirir as coisas que deseja, mas também para planejar sua felicidade e sua satisfação em longo prazo, seguindo seus desejos bem-aventurados. Agradeça pelo o que tem e use essa gratidão como base para prosperar. Anseie por seu propósito. Procure-o e cumpra-o, todos os dias.

Poção perfumada de dinheiro

Uma poção para dinheiro simples pode ser usada como qualquer outro perfume mágico. É particularmente boa para aplicar no seu plexo solar, bem como os pontos tradicionais – pulsos, testa e nuca. Eu também uso pequenas quantidades em guias de depósito de banco, cheques e quaisquer outras correspondências ou trocas de dinheiro, para trazer ainda mais prosperidade. Você pode até mesmo colocar em alguns currículos. Aqueles que trabalham eletronicamente podem usar o perfume antes de digitar e "enviar" colocando em cima de um e-mail. Para fazer este perfume, você vai precisar de:

- 2 xícaras de água de fonte
- 2 colheres (sopa) de sal marinho
- 20 gotas de óleo de heliotrópio
- 4 paus de canela
- 1 colher (chá) de flor de urze (ou algumas gotas de óleo de urze)
- 1 colher (chá) de camomila (ou um saquinho de chá de camomila)
- 1 colher (chá) de trevo vermelho (ou um saquinho de chá de trevo vermelho)
- 1 vela dourada, amarela ou azul
- Joias de ouro ou de prata (não platina)
- 1 cédula de valor alto (como uma nota de R$ 100)

Se estiver usando ervas soltas, primeiro você pode colocá-las em um saco de musselina cru para manter o material à base de plantas, separado do resto do líquido. Saquinhos de chá podem ser excelentes, se você puder encontrar as ervas apropriadas em um único saco; caso contrário, misture as ervas em um saco de musselina e amarre para que as ervas não flutuem. Estando em alfa, pegue todos os ingredientes do feitiço e coloque-os em sua tigela ou em uma panela para serem aquecidos em baixa temperatura. Mantenha o dinheiro perto do fogão, mas cuidado com o fogo. Só permita que sua energia flua para o ritual. Se você não puder obter uma nota de valor alto, então pegue uma grande quantidade de notas de valores pequenos para dar a "sensação" de um monte de dinheiro.

Escreva na vela a palavra riqueza com um alfinete ou outro instrumento pontiagudo e acenda-a, colocando a cédula sob o castiçal ou colocando as cédulas em torno da vela. Deixe a vela queimar e quando você sentir que a poção ferveu o suficiente, deixe esfriar, filtre os ingredientes sólidos e coloque numa garrafa. Você também pode usar a joia de ouro (ou prata) energizada com a intenção de riqueza.

Óleo para dinheiro

- 20 gotas de óleo de girassol
- 3 gotas de óleo de limão
- 3 gotas de óleo de camomila
- 1 gota de óleo de olíbano
- 10 sementes de mostarda amarela
- 2 cumarus

Use o banho-maria e coloque o óleo de girassol na panela a uma temperatura morna. Coloque as sementes de mostarda e os cumarus no óleo para infundir. Deixe esfriar e, em seguida, adicione os óleos essenciais à mistura. Você pode tanto tirar as sementes e os grãos ou mantê-los na garrafa. Adicione algumas gotas de óleo de vitamina E para preservar melhor a mistura, pois o óleo de girassol tende a ficar rançoso mais rapidamente do que outros óleos-base, mas é adequado magicamente como uma base para esta poção.

Papel e moeda são os meios pelos quais podemos obter nossos bens materiais, então coloque este óleo não só no seu corpo, mas também na carteira, no cartão, no cofre de segurança, nas portas de sua casa e em seu dinheiro antes de gastá-lo, para ajudar a garantir que se multiplique e retorne.

Incenso para dinheiro

- 1 colher (sopa) de pétalas de girassol, esmagadas e secas
- 1 colher (sopa) de cravo-da-índia em pó
- ½ colher (chá) de canela em pó
- 10 gotas de óleo de laranja-doce

Você pode queimar esse incenso ou carregá-lo em um saco azul-royal, verde ou dourado para atrair o dinheiro que precisa. Ou pode também polvilhar em torno de uma vela em um feitiço de dinheiro, ou carregar um pouco em sua carteira.

Filtro para dinheiro

Outro filtro popular, originalmente compartilhado no livro *O Poder da Bruxa*, é meu filtro para dinheiro. É um pó aromático que vai atrair todas as coisas necessárias para a sua vida, incluindo dinheiro, comida e roupa. Faça a seguinte mistura:

- 1 colher (sopa) de sementes de mostarda amarela
- 1 colher (sopa) de visco
- 1 colher (sopa) de açafrão
- 1 colher (sopa) de cravo-da-índia

Triture os ingredientes em um almofariz, caso tenha um, adicionando sua intenção girando o pilão no sentido horário para o crescimento. Em seguida, adicione ao pó:

- 10 gotas de óleo de laranja-doce
- 10 gotas de óleo de sândalo
- 10 gotas de óleo de jasmim

Junte à mistura todas as resinas mágicas, para atuar como fixador e perfume, uma colher de pó de incenso e de mirra. Energize a mistura inteira com as palavras:

Eu energizo estas ervas para trazer (diga o que você quer).

Você pode manter esse feitiço num pote em sua casa, ou pendurá-lo num saco azul, amarelo ou dourado em algum lugar em sua casa.

Feitiço da vela para dinheiro

- 1 vela verde
- 1 vela dourada
- Poção perfumada de dinheiro ou óleo para dinheiro.

Você pode fazer este feitiço numa sexta-feira ou num domingo. Unte cada vela com a poção perfumada de dinheiro ou unte com o óleo para dinheiro, para atrair riqueza. Acenda suas velas e recite este feitiço:

Dinheiro dourado
Dinheiro esverdeado
Conceda-me muito mais
Do que um dia eu possa ter imaginado

Feitiço para atrair dinheiro

- Poção perfumada de dinheiro
- Incenso para dinheiro
- Filtro para dinheiro
- Óleo para dinheiro
- Raiz de vidoeiro ou salgueiro
- Papel-pergaminho
- Caneta
- Saco preto

Faça um buraco na raiz e coloque uma corrente nela, assim você poderá usá-la como um talismã. Queime o incenso para dinheiro e passe a raiz pela fumaça. Polvilhe a poção de dinheiro na raiz. Escreva seu feitiço sobre um pedaço de papel e recite:

Adorável senhora do Sol
Neste dia eu ganhei riqueza
Encha meus bolsos de prata e ouro
Tudo o que você puder dar, e que caiba na minha bolsa.
Esta raiz fará o dinheiro crescer
Que assim seja!

Toque a raiz no pote do filtro para dinheiro e coloque o filtro na bolsa preta. Pingue o óleo para dinheiro nele. Queime o incenso e use a poção em seus pulsos, testa e nuca. Leve o saquinho preto com todos os ingredientes mágicos com você.

Óleo da sorte rápida

- 40 gotas de óleo de amêndoas
- 10 gotas de óleo de camomila
- 5 gotas de óleo de jasmim
- Uma pitada de sementes de erva-doce
- Uma pitada de pelo de coelho

Use este óleo para fazer as coisas acontecerem rapidamente. Pegue um palito com o óleo e passe na borda de seu cartão de crédito (tomando cuidado para não deixar cair óleo na tarja magnética, o que poderia danificá-la) ou coloque uma pequena quantidade no seu dinheiro. Use quando você estiver precisando de sorte – quando for pedir um empréstimo, entrar em uma reunião ou até mesmo em jogos de azar.

Incenso da sorte rápida

- 1 colher (sopa) de patchouli
- 1 colher (sopa) de flores de camomila
- 1 colher (sopa) de flor de jasmim
- 6 gotas de óleo de camomila
- 3 gotas de óleo de jasmim
- Uma pitada de pelo de coelho

Queime antes de qualquer situação em que precise de sorte rápida e passe a fumaça no corpo. Use apenas para coisas que forem importantes. Se usar todos os dias, eles não funcionarão de maneira eficaz. Para efetivamente atrair sorte, o incenso deve ser usado com moderação.

Feitiço do amuleto de sorte rápida

- Incenso da sorte rápida
- Óleo da sorte rápida
- Saco mágico laranja
- Moedas
- Cédula de dinheiro (R$ 5 ou mais)
- Pelo de coelho
- Sementes de mostarda amarela
- Papel-pergaminho com símbolos de uma asa, do planeta Mercúrio e do Sol.

Queime o incenso da sorte rápida e toque o óleo em cada item e no saco mágico. Passe o óleo em seus pulsos e testa. Coloque no saco todos os itens, escreva seu feitiço do outro lado do pergaminho e coloque-o dentro do saco.

> Terei sorte rápida; este feitiço vai trazer para mim todas as coisas boas, dinheiro, amor e saúde!

Símbolos de uma asa, Mercúrio e Sol

Feitiço da vela para poder e influências

- Vela azul-royal ou turquesa
- Poção para dinheiro
- Pergaminho com o símbolo de Júpiter em tinta azul.

Faça este feitiço aproximadamente três dias após a Lua nova, de preferência em uma quinta-feira. Coloque o pergaminho com o símbolo de Júpiter sob o castiçal. Esculpa o símbolo de Júpiter na vela com um alfinete e a unte com poção para dinheiro. Recite este feitiço quando acender a vela:

Como a luz desta vela brilhante
Esse feitiço deve trazer para mim sucesso e dinheiro
Noite após noite este feitiço deve projetar
Então, dia a dia, poder e influência
Venham em minha direção
Que assim seja!

Feitiço de riqueza da Lua

Recite o seguinte feitiço sob a luz da Lua cheia:

Adorável senhora da Lua
Traga-me riqueza bem rápido
Encha minhas mãos de prata e de ouro
Tudo o que você puder me dar
E minha bolsa conseguir carregar
Para o bem de todos
Que assim seja.

Use um calendário astrológico e certifique-se de que a Lua não esteja fora de curso ao fazer esta magia. Espere pelo momento em que a Lua não estiver fazendo nenhum movimento astrológico especial, como deixar um signo e entrar em outro. Os astrólogos dizem que a Lua está sem aterramento nesses momentos e qualquer trabalho mágico feito nessa hora não vai funcionar. Um calendário astrológico pode ser uma ferramenta útil para feitiços que trabalham com a Lua.

Feitiço do tesouro do Rei Elfo

- Bolota de carvalho
- Folhas de carvalho
- Saco verde

Fale essas palavras quando estiver na natureza, idealmente em uma exuberante floresta verde:

Rei Elfo, Rei Elfo
Traga-me seu tesouro brilhante
O dinheiro brilha de sua mão para a minha.
Rei Elfo, Rei Elfo.

Traga dinheiro e tesouros para mim se for correto.
Rei Elfo, Rei Elfo.
Coroe-me com sua riqueza tão brilhante!

Coloque a bolota e as folhas no saco e carregue-os com você. Se não tiver acesso a uma bolota ou folha de carvalho, use uma foto que os represente para o seu feitiço.

Mix de ervas mágicas de sucesso das fadas

- 1 colher (sopa) de musgo seco
- 1 colher (sopa) de folhas secas caídas e pétalas de uma flor de jardim, terra
- 1 colher de sopa de milefólio
- 1 quartzo-turmalina
- 1 Bolsa mágica preta ou verde

Misture as ervas em uma tigela e peça as bênçãos do Reino das Fadas. Se você não tiver acesso ao musgo fresco pode usar o seco que frequentemente está disponível em lojas de artesanato. Junte as pétalas de flores e as folhas de um jardim de flor natural (evite flores de floricultura, que muitas vezes são tratadas com produtos químicos). Coloque em uma bolsa mágica uma pedra de quartzo-turmalina para o sucesso, ou espalhe a mistura em torno de sua casa para atrair a bênção das fadas.

Óleo de boa sorte

- 20 gotas de óleo de amêndoas
- 20 gotas de óleo de girassol
- 4 gotas de óleo de canela
- Uma pitada de terra de onde você mora
- Ferradura amuleto
- Moeda de cobre

Todos nós desejamos boa sorte; essa poção é feita com ingredientes que vão colocar quem usá-la no fluxo da natureza, dos acontecimentos bons e das boas vibrações! Aqueça a poção em banho-maria para infundir a canela no óleo. Se você tiver um pequeno amuleto em forma de ferradura, como aqueles em uma pulseira, solte-o no óleo quando já tiver esfriado. Ou use outros símbolos de boa sorte, como um trevo de quatro folhas ou amuleto de trevo. Você terá que ir a uma loja especializada para obter uma moeda de cobre verdadeiro, pois as de hoje são de zinco.

Incenso de loteria

- 3 colheres (sopa) de folhas de urtiga
- 1 colher (sopa) de camomila
- 1 colher (sopa) de jasmim
- Uma pitada de canela em pó
- Salpique glitter dourado

Passe o seu bilhete de loteria através do fumo dessa mistura para aumentar suas chances de sucesso.

Óleo de loteria

- 40 gotas de óleo de girassol
- 10 gotas de óleo de camomila
- 3 gotas de óleo de jasmim
- Pedaço pequeno de casca de laranja
- Uma pitada de canela em pó
- Joia de ouro 14 quilates

Aqueles que fazem o bem, colhem coisas boas! Quanto mais bem você faz para a humanidade e para a Mãe Terra, maior a chance de ganhar no final. Essa poção é feita com a magia da Mãe Natureza para ajudar a trazer o sucesso da loteria! Unte o seu bilhete de loteria com isso. Aqueça o óleo em banho-maria para extrair a magia da laranja e da canela. Mergulhe suas joias de ouro no óleo para trazer bênção da riqueza.

Mix de ervas para dinheiro

- Pétalas de rosa secas
- Casca de limão
- Casca de laranja
- Cravo vermelho
- Samambaia, seca e em pó
- Uma pitada de pelo de lobo
- Uma pitada de terra de sua casa
- Uma pedra citrino
- 10 gotas do óleo para dinheiro

Mantenha esse mix de ervas em sua casa para trazer dinheiro. A terra o atrai para sua casa e o pelo de lobo ajuda a proteger a sua riqueza. Carregue em uma bolsa mágica verde para trazer dinheiro ou polvilhe sobre seus documentos comerciais, pedidos de empréstimo ou pedidos de emprego.

Incenso de prosperidade

- 2 colheres (sopa) de patchouli
- 1 colher (sopa) de agulhas de pinheiro do chão
- 1 colher (sopa) de folhas de urtiga
- 1 colher (chá) pétalas de rosa do chão
- 3 gotas de óleo estoraque

Considerando que a prosperidade não é só dinheiro, você pode queimar esse incenso quando quiser bênçãos de prosperidade em toda sua vida. Polvilhe-o em sua porta ou carregue-o em uma bolsa mágica dourada ou azul. Prepare-o após a Lua nova em uma quinta-feira, sexta-feira ou em um domingo.

Óleo para sucesso

- 40 gotas de óleo de amêndoa
- 8 gotas de óleo de morango
- 6 gotas de óleo de camomila

- 4 gotas de óleo de olíbano
- 1 pedaço de casca de laranja
- 1 pedaço de casca de limão
- Uma pitada de glitter dourado

Para ter sucesso, temos de reconhecer quando tivermos êxito e investimos nisso. Esse é um óleo para ajudar a construir seu sucesso e alcançar seus objetivos. Use quando for para o trabalho, entrevistas, reuniões ou ao lançar um feitiço.

Incenso de sucesso

- 3 colheres (sopa) de olíbano
- 2 colheres (sopa) de casca de laranja
- 2 colheres (sopa) de casca de limão
- 1 colher (sopa) de folhas de morango
- 1 colher (sopa) de flores de camomila
- 10 gotas de óleo de olíbano
- 1 pitada de glitter dourado

Queime o incenso para obter sucesso em todos os níveis. Ele te ajuda a se sentir feliz e otimista e atrai sucesso.

Óleo de Júpiter

- 60 gotas de óleo de jasmim
- 4 cravos inteiros
- 3 cumarus
- 1 pedra lápis-lazúli

Aproveite o poder de Júpiter em seu cotidiano e em seus rituais e feitiços. Júpiter é usado para o sucesso e para influenciar pessoas em ocupações elevadas. Coloque em sua cadeira para se tornar uma pessoa influente. Use todas as quintas-feiras, mas apenas uma gota. Você não precisa espalhar o óleo em si mesmo ou em todos os seus objetos. Um pouco já o fará percorrer um longo caminho.

Feitiço de Júpiter para influenciar pessoas

Recite este feitiço numa quinta-feira, dia de Júpiter, para ajudar a ganhar a influência de uma pessoa proeminente em sua vida. Excelente para chamar a atenção de alguém cuja aprovação você necessite. Use o óleo de Júpiter antes de recitar o feitiço.

Deuses e Deusas, ouçam minha voz
Eu invoco o planeta Júpiter.
Eu puxo a luz azul-royal de Júpiter
Para que eu possa influenciar
Para o bem de todos.
Que assim seja!

Feitiço de dinheiro prateado

- Mix de ervas para dinheiro
- 1 quartzo claro
- 1 poção perfumada de dinheiro ou óleo para atrair dinheiro
- 4 cravos-da-índia
- 3 cumarus
- 1 pau de canela
- 3 moedas prateadas
- 1 Saco mágico verde

Dinheiro é uma necessidade. Nossa sociedade exige que tenhamos não apenas o suficiente para sobreviver, mas para nos agradar e nos divertir também. É verdade que o dinheiro não compra felicidade; no entanto, um teto sobre nossas cabeças, roupas e comida são necessidades.

Na Lua crescente, coloque suas moedas de prata sob a luz das estrelas e da Lua. Polvilhe as ervas ao redor das moedas. Coloque a pedra sobre uma das moedas. Pingue uma gota da poção perfumada de dinheiro em seus pulsos, testa e nuca. Coloque uma gota de poção na pedra e nas moedas. Segure os cumarus, os cravos e os paus de canela em sua mão esquerda e coloque a mão direita por cima deles, dizendo em voz alta:

Pela luz das estrelas, à luz da Lua,
bens e riqueza venham logo para mim.
Que assim seja.

Coloque as ervas, os cumarus, os cravos e as moedas no saco verde e leve-o sempre com você. Vários sacos podem ser feitos e mantidos perto de si – um para seu carro, um para sua casa e outro para seu local de trabalho. Eles vão atrair dinheiro para você pela luz da Lua e das estrelas.

Feitiço de talismã do dinheiro

- 1 citrino
- 1 malaquita
- 1 vela dourada ou verde
- 1 talismã de dinheiro em pergaminho
- 1 caneta preta

Este feitiço de talismã do dinheiro vem do Livro das Sombras da família Cabot. Realize o feitiço em uma noite de domingo, durante a Lua crescente. Faça o símbolo do dinheiro colocando um sinal de cifrão ($) em um círculo e coloque oito raios do sol em torno dele, em tinta preta. Do outro lado, faça uma cruz equilátera e coloque o símbolo do sol, um círculo com um ponto no centro, na extremidade de cada braço da cruz. Coloque as pedras em cima do talismã do dinheiro e acenda a vela. Diga o seguinte encanto em voz alta:

Este símbolo mágico vai trazer riqueza, fortuna e abundância para minha vida.
Peço que isto seja feito para o bem de todos.
Que assim seja!

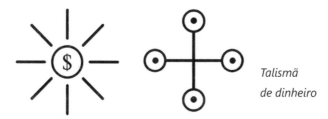

Talismã de dinheiro

208 | Livro dos feitiços e encantamentos de Laurie Cabot

Deixe a vela queimar. Em seguida carregue tanto o talismã quanto as pedras com você durante quatro dias e quatro noites consecutivas. Durante as noites, ao dormir, certifique-se de que o talismã e as pedras estejam do lado esquerdo de sua cabeceira. Depois desses quatro dias e quatro noites, coloque tudo fora de sua vista por mais quatro dias e quatro noites. Então carregue consigo novamente por mais quatro dias e quatro noites. Armazene o talismã e as pedras em um lugar seguro.

Feitiço para uma carreira bem-sucedida

- 3 velas azuis
- Óleo de Júpiter
- Mix de ervas para dinheiro
- 1 saco mágico azul
- 1 foto sua

Por três noites consecutivas, acenda uma das velas depois de ungi-la com o óleo de Júpiter. Polvilhe as ervas ao redor da vela e repita o feitiço em voz alta:

> Pelo poder do três, o sucesso virá para mim.
> Pelo poder de Júpiter, solicito uma carreira que eu goste
> E que seja bem-sucedida, rentável e segura.
> Peço que isto seja correto aos olhos do Deus e da Deusa
> e de todas as coisas boas.
> Que assim seja!

No final das três noites, junte as ervas e coloque-as no saco mágico. Coloque também uma foto de si mesmo, pois o que importa é a carreira bem-sucedida que você deseja. Guarde sempre este saco com você. Use a poção em seus pulsos, testa e pescoço para lhe trazer sucesso e boa sorte.

Feitiço do cristal e das ervas para prosperidade inesperada

A surpresa de sucesso e de dinheiro inesperados às vezes é a melhor bênção. Este feitiço ajuda a conjurá-lo de maneiras que nem imaginamos. Você vai precisar de:

- 4 cumarus
- 1 raiz amarela (hidraste) (ou 1 colher de sopa da raiz amarela em pó)
- 1 colher (sopa) de sementes de mostarda
- 3 xícaras de sal marinho
- 1 cristal de quartzo claro
- 1 saco mágico dourado
- 1 tigela

Coloque o cristal na tigela e cubra-o com o sal marinho por doze dias para limpá-lo de quaisquer forças indesejadas. No décimo segundo dia, retire e passe o cristal na água corrente para recarregar sua força mágica. Jogue a água com sal no ralo. Coloque o cristal no centro da bacia, cercada pelos cumarus e, em seguida, os outros ingredientes. Usando o alfa instantâneo, carregue a pedra e as ervas para prosperidade e para a riqueza de uma maneira que seja para o bem de todos os envolvidos, não prejudicando ninguém. Medite com a mistura por um curto período de tempo, projetando tudo o que quer e precisa. Em seguida, coloque todos os ingredientes dentro do saco dourado e leve-o com você ou coloque-o em um lugar de destaque em sua casa.

Feitiço de ervas de Mabon para prosperidade

Mabon é época de equilíbrio e de harmonia, pois a luz e a escuridão são iguais no Equinócio de Outono. Este feitiço traz equilíbrio para as nossas finanças, particularmente quando estamos com medo de que, como a luz nesta época do ano, nossa fortuna esteja diminuindo. Magia em Mabon ajuda a manter seu dinheiro ao longo dos períodos escuros, como faziam nossos ancestrais nos longos invernos.

- Óleo de Mabon (veja a seguir)
- Incenso de prosperidade de Mabon (veja a seguir)
- 1 vela dourada ou amarela
- 1 vela preta
- 1 caneta preta
- 1 quadrado de 10 cm de papel pergaminho

- 1 saquinho de chá com canela e cravo-da-índia
- 1 quadrado de 10 cm de pano amarelo, ou um saco mágico com cordão amarelo
- 1 cordão dourado ou amarelo
- 2 colheres (sopa) de alecrim
- 2 colheres (sopa) de calêndula
- 2 colheres (sopa) de milefólio
- 1 cristal de quartzo-branco
- 1 citrino
- 1 turíbulo (queimador de incenso)
- 1 carvão (para queimar o incenso)

Antes de lançar o feitiço, prepare o óleo de Mabon e o incenso de prosperidade de Mabon.

Óleo de Mabon

- 20 gotas de óleo de avelã
- 20 gotas de óleo de amêndoa
- 1 pitada de flores de calêndula ou folhas
- 1 pitada de casca de noz esmagada
- 1 pitada de folhas secas de carvalho
- 1 bolota de carvalho
- 1 citrino

Incenso de Mabon para prosperidade

- 1 colher (chá) de flores de calêndula
- 1 colher (chá) folhas secas de carvalho
- 1 colher (chá) de samambaia secas
- 1 colher (chá) de olíbano
- 1 colher (chá) de mirra
- 1 colher (chá) de maçã desidratada
- 1 colher (chá) de flores de milefólio
- 1 colher (chá) de alecrim

Prosperidade | 211

- 1 colher (chá) de agridoce oriental (*Celastrus orbiculatus*)
- 1 colher (chá) de trigo
- 20 gotas de óleo de Mabon
- 1 colher (chá) de glitter dourado

Execute este feitiço em um Círculo Mágico em Mabon, o Equinócio de Outono. Comece carregando de energia a vela dourada dizendo:

Eu energizo esta vela para trazer prosperidade para mim.
Peço que isto não faça mal a ninguém e seja correto para todos.
Que assim seja.

Carregue de energia a vela preta e diga:

Eu energizo esta vela para atrair para mim tudo o que é seguro,
correto e concedido pelos Deuses e Deusas.

Com as duas velas acesas, diga:

Esta chama é a luz do Deus Mabon e da Deusa Mãe Modron.

Acenda o carvão e coloque-o em segurança no queimador de incenso. Coloque uma pitada de incenso em cima dele e cheire a fumaça que preenche seu espaço. Coloque o óleo de Mabon em seus pulsos, testa e nuca. Escreva o seguinte feitiço em cima do papel pergaminho:

Eu peço à Deusa Modron e ao Deus Mabon que me concedam:
prosperidade em tudo o que eu fizer, dinheiro, saúde, felicidade.
Peço equilíbrio físico, psíquico e espiritual e poder.
Peço que seja correto aos olhos do Deus e da Deusa
e para o bem de todos.
Que assim seja.

Leia o feitiço em voz alta durante sua celebração de Mabon. Agradeça a Mabon e Modron por todas as coisas que você recebeu, e quando acabar, passe o papel do feitiço pela fumaça, enrole-o e o amarre com um cordão amarelo. Imante suas ervas e suas pedras individualmente e coloque cada uma em cima do quadrado de pano ou dentro do saco mágico. Feche o saco e passe-o através da fumaça do incenso.

Imante o saquinho de chá com a energia do círculo e as bênçãos de Mabon e Modron. Guarde até o primeiro domingo, após o Equinócio de Outono e beba em seguida. Antes de liberar o círculo, queime um pouco mais de incenso como oferenda e agradeça aos Deuses que você tenha invocado. Destrace o Círculo e deixe as velas queimarem. Leve o feitiço e o encanto com você e use o óleo por no mínimo quatro dias. Você também pode usar o incenso pelos próximos quatro dias, para ampliar seu feitiço e agradecer.

Lista mágica de desejos

Bruxas são conhecidas por realizar desejos, e isso inclui nossos próprios desejos. Comece fazendo uma lista mágica de desejos. Medite sobre as coisas materiais que precisa e deseja. Faça uma lista inicial e avalie os itens. Descarte o que não é necessário ou que não é verdadeiramente um desejo. Em seguida, escreva um feitiço listando todas as coisas que você precisa.

> Eu, (diga seu nome), peço em nome da fonte,
> a Deusa e o Deus, que me concedam (liste seus desejos)
> Peço que isto seja para o bem maior e não prejudicando ninguém.
> Que assim seja.

Leia a lista em voz alta, carregando suas intenções, idealmente na Lua cheia. Queime a lista, ou leve-a com você para lembrá-lo do seu poder mágico. Ou pode guardá-la em um lugar sagrado de sua casa, um lugar de poder, ou deixá-la na natureza, em uma área magicamente significativa para você.

Lista de desejos da Lua de Cristal

Parecida com a lista mágica de desejos, você pode imantar ainda mais seus sonhos por meio da criação de uma lista de desejos da Lua de Cristal, que é a primeira Lua cheia depois do seu aniversário. Este é o tempo mais poderoso para manifestar desejos para si mesmo. Ela funciona melhor para desejos tangíveis – intangíveis são coisas como relacionamentos ou felicidade. Nós usamos outra magia para esse tipo de objetivo. Faça uma lista de itens que você deseja e então, como a lista mágica de desejos, recite-a em voz alta, em um Círculo Mágico na Lua de Cristal.

Minha filha Jody teve resultados surpreendentes com esta magia. Ela projetou para si mesma um relógio Rolex na Lua de Cristal dela, enquanto eu estava fora trabalhando na Inglaterra. Apesar de eu ter projetado também esse relógio como um sinal de sucesso, eu realmente não o queria. O que eu queria, na verdade, era apenas o status do relógio como um símbolo de sucesso em nossa sociedade. Não tinha ideia de que Jody também queria um e nunca disse a ela que eu tinha projetado para isso. Como relatei anteriormente, embora eu tenha sido generosamente paga por uma consultoria, a corporação para qual trabalhei me enviou um bônus, um relógio Rolex! Eu não uso relógios porque minha energia psíquica interfere com a sua função, mas fiquei feliz que meu capricho mágico tenha sido um sucesso e dei o relógio a Jody como um presente, pois eu sabia que ela ia gostar. Mal sabia eu que era o desejo dela todo esse tempo!

- 3 gotas de óleo de benjoim
- 2 gotas de óleo de estoraque
- 3 gotas de óleo de âmbar
- 1 gota de óleo de canela
- 1 pitada de sal marinho
- 1 pitada de pelo de seu animal familiar

BRINQUEDOS MÁGICOS

Capítulo Sete

Curando

Cura mágica é um assunto complicado. A maioria das Bruxas acredita que a cura verdadeira vem de dentro. Esse é um conceito muito diferente para aqueles que sentem que são a fonte de cura para o outro. Nós, Bruxos, sabemos que só podemos facilitar a cura. Mesmo os médicos e os praticantes da medicina tradicional podem apenas facilitar as condições para melhorar as chances de cura. Medicamentos podem alterar a química do corpo para promover a cura e evitar invasores estrangeiros – bactérias, vírus e parasitas insalubres –, mas o próprio corpo tem que expurgá-los. Cirurgias podem remover tecidos doentes ou colocar ossos e órgãos de volta aos seus devidos lugares, mas o corpo deve descansar e se recuperar, integrar com essas mudanças para voltar totalmente à saúde. Quem pensa que tem a capacidade de curar está mal informado. Ninguém tem. Estamos apenas ajudando as pessoas a curarem a si mesmas.

Sempre que fizer qualquer tipo de cura mágica ou aplicar sua intenção em ervas e em alimentos, o correto é projetar que seja para o bem de todos os envolvidos. Da mesma maneira que acontece com alguns feitiços, você não deve interferir no carma de alguém. O que você acha que é para o bem de todos os envolvidos, e o que o Universo pensa ser, pode ser duas coisas bem diferentes. Às vezes precisamos experimentar a doença como parte do nosso carma; usar magia para tornar alguém saudável, sem se preocupar com a cura mais profunda de dentro é tão prejudicial quanto qualquer maldição. É por isso que não acreditamos que a cura verdadeira vem do nosso exterior. Isso não pode ser imposto sobre nós. Em algum momento a pessoa vai reafirmar a doença de outra forma se não conciliar a experiência interior.

Bruxos também sabem que tudo tem um começo, um meio e um fim. Mesmo nos sentindo vitais e energéticos, também sabemos que todas as coisas devem terminar, e às vezes a doença é o caminho para finalizar uma vida. Doenças e ferimentos são partes da natureza. Seria bom pensar que tudo é maravilhoso e seguro o tempo todo, mas a natureza contém o bem e mal nos ciclos naturais da vida. Não é nada pessoal, é somente o equilíbrio da vida.

Quando fazemos magia de cura, estamos adicionando uma energia que será recebida pela pessoa que temos a intenção de curar. Você está criando condições para a pessoa se curar naturalmente, então ela pode curar a si mesma. O princípio é o mesmo, seja sua intenção a cura física ou espiritual. A energia ajuda a remover bloqueios e forças indesejadas e permite que a força vital natural restabeleça a saúde e bênçãos no corpo, na mente e no espírito.

IMPOSIÇÃO DE MÃOS

Métodos de cura envolvendo um leve toque, a chamada *imposição das mãos* usa a energia de sua aura para induzir a cura em uma pessoa. Muito parecido como quando uma Bruxa energiza uma varinha mágica ou outro objeto mágico, você está acoplando sua aura, sua própria energia luminosa, com a energia já existente no objeto ou na pessoa. Através dessa ligação, é possível projetar uma intenção e ter um efeito sobre o receptor da intenção. Energizar varinhas, objetos e pessoas é uma das habilidades mais importantes ensinadas na Tradição Cabot de Bruxaria. Trata-se de colocar a luz sutil encontrada naturalmente na aura em configurações específicas, que possuem uma intenção. Alguns acham que fazer uma conexão física direta é uma das maneiras mais poderosas para obter resultados, mas não é a única maneira de curar.

Imposição de mãos é encontrada em muitas religiões e tradições diferentes. A maioria das pessoas é introduzida no conceito pelos ministérios cristãos. Muitos se lembram de histórias bíblicas de Jesus curando as pessoas através do toque. No entanto, a imposição de mãos foi feita antes do cristianismo e do judaísmo e pode ser encontrada em muitas tradições Pagãs. Bruxos e Xamãs de vários tipos têm usado a imposição de mãos há milhares de anos, até mesmo novas tradições de cura estão usando ideias semelhantes, tais como o reiki e o toque quântico.

Embora muitas vezes seja chamada imposição de mãos, tecnicamente nem sempre é preciso tocar para induzir uma resposta curativa. A aura é direcionada para as mãos e das mãos para o corpo. Através dessa ligação, pode-se enviar cura sob a forma de energia e de luz visualizada.

Mesmo experimentando alguns resultados bastante notáveis, não significa que a imposição de mãos vai curar todo mundo instantane-amente. Às vezes até consegue, mas muitas vezes é um processo lento e gradual. Tudo depende do destinatário da cura, se ele realmente aceita a cura e está psicológica e espiritualmente pronto para se curar. Depende também de seu próprio carma e de como a doença está ligada a isso. Se a doença está secretamente servindo de alguma forma, a pessoa não será capaz de absorver a energia e a intenção de cura. Ela não será capaz de se curar.

Visualizar a cor é um método importante usado por Bruxos para cura. Na Tradição Cabot, nos baseamos nas associações de cor encon-tradas no ensino de Pitágoras e na cromoterapia moderna. No trabalho de cura física, as duas cores mais usadas são o vermelho-alaranjado, que é a cor de uma brasa ou de um carvão ardente e serve para a cura de estados críticos, e a verde-esmeralda, que é usada para a cura de base. Apesar de pensarmos que toda situação que precisa de cura seja crítica para nós mesmos, não usamos essa técnica o tempo todo. Ela é exclusiva para cura de doenças extremamente avançadas e para lesões mais graves, como ossos quebrados, por exemplo. O vermelho-alaran-jando não vai curar tudo. Se for a cor errada, sendo muito intensa para uma situação, ela não será absorvida adequadamente pelo destinatário.

A luz verde-clara, como um saudável campo verde gramado, promove equilíbrio e crescimento suave. O verde é a cor associada com o centro do coração, perto de onde está a glândula do timo, que regula o sistema imunológico. Use o verde para gripes e resfriados, ferimentos leves e para qualquer coisa antes que se torne crítica.

Para sofrimento mental e emocional, o azul é uma das cores mais seguras, pois traz sensação de paz e de bem-estar. Pense na paz e na clareza de um céu azul. Considerado uma cor sagrada por muitas tradições mágicas, incluindo os celtas, o azul está ligado com o reino das fadas, e é conhecido como "fogo das fadas". Tatuagens feitas em tons azuis eram elaboradas para fortalecer e proteger os guerreiros celtas e druidas. Muitos consideram que a força vital, conhecida como *prana* ou *chi*, é de um azul elétrico, como o azul da chama do gás de fogão.

A luz cor-de-rosa também é de cura, embora não física. Rosa é a cor da autoestima e do amor-próprio, que é a raiz de toda a magia. Se você não consegue amar a si mesmo, é impossível curar-se verdadeiramente. Portanto, em muitos casos, a cor mais apropriada é o rosa, para que o destinatário possa sentir-se digno de cura.

Todas as cores têm qualidades mágicas, mas para a cura essas quatro cores são utilizadas com mais frequência e obtêm melhores resultados.

CORES CURATIVAS

VERDE-ESMERALDA BRILHANTE: cura; redução da dor; doenças menores, incluindo resfriados; pequenos cortes; hematomas; queimaduras de primeiro grau; queimaduras do sol; alergias; batida no dedão e sinusite.

VERMELHO-ALARANJADO: problemas crítico/fatais; cura de estados críticos, incluindo diabetes, câncer e infecções; ossos fraturados; asma, reações alérgicas; coração, sistema circulatório e respiratório; problemas neurológicos; complicações sérias virais ou bacterianas e enxaquecas.

ROSA BRILHANTE: amor-próprio e autoestima.

AZUL GELO: anestesia, alívio e redução da dor. Tenha cuidado usando esta cor nas costas, quando a dor se vai, as pessoas tendem a usar novamente os músculos, excessivamente, resultando em danos maiores ou em lesões.

Azul elétrico: inteligência total.

Branco: iluminação.

Ouro brilhante: tao, espiritualidade, Deus/Deusa.

Lilás brilhante: força, o Todo.

Para curar com cor, imagine uma luz colorida sendo derramada de sua própria aura para suas mãos e a caminho da aura do destinatário. Você invoca a energia do Universo por intermédio de sua própria aura com intenção de cura, portanto, não está diminuindo sua força vital para curar. Se fizer isso corretamente, só ficará cansado devido ao foco e à concentração da sua mente para manter a intenção e a visualização. O objetivo não é ficar com a energia vital esgotada.

Um momento que eu nunca vou esquecer aconteceu em uma oficina de cura que eu estava conduzindo em um salão dos Cavaleiros de Colombo. Uma senhora veio até mim e me pediu para tocar em seu ouvido, para que ela pudesse ouvir melhor. Ela estava usando um aparelho auditivo. Eu não tinha certeza do quão eficaz a cura seria em casos de surdez, mas disse que gostaria de tentar e coloquei a mão na orelha dela e mandei a energia com a intenção de curá-la. Quando voltamos a nos encontrar, ela estava sem o seu aparelho auditivo e disse que eu a havia curado. Disse-lhe que não seria capaz de curá-la se ela não acreditasse em mim.

Quando eu lecionava em Nova Iorque, outra mulher se aproximou de mim pedindo cura. Ela era originária da Rússia e estava sofrendo muita dor. As mãos dela estavam aleijadas com artrite e tinha grande dificuldade de pegar as coisas. Ela me pediu para tocar suas mãos e eu o fiz e, em um caso incomum de cura extraordinária e instantânea, imediatamente as mãos dela se endireitaram e ficaram perfeitas, só com um simples toque. Esse caso mostrou que aquela senhora estava realmente pronta e aberta para a cura, mas espantou-me, mesmo estando acostumada com a cura por imposição de mãos, nunca tinha visto essa técnica funcionar tão rápido, tão completamente, antes disso. Essa foi minha primeira experiência com cura instantânea.

É fácil para o destinatário idolatrar aquele que cura e sentir por ele uma "fixação", em vez de facilitar sua própria cura. De certa forma, é muito assustador para a maioria das pessoas pensar que elas têm o poder de cura e que estamos apenas ajudando. É mais fácil pensar que os outros podem nos curar, para que, quando isso acontecer, possamos idolatrar a outra pessoa. Este tipo de louvor e idolatria é uma área muito perigosa para um Bruxo e facilitador de cura. Devemos estar atentos para isso e nos propomos a capacitar as pessoas a curar e assumir a responsabilidade por si mesmas.

É comum desanimar quando se está praticando o trabalho de cura e não tem o efeito pretendido. Devemos lembrar que não é o curador, mas, sim, a pessoa que está sendo curada que alcança o objetivo. Elas devem curar a si mesmas, e se não estiverem prontas, há muito pouco que possa ser feito para uma cura acontecer.

CURA A DISTÂNCIA

A cura a distância, também conhecida como cura remota, é possível com a ciência e a Arte da Bruxaria. Para curar alguém remotamente, entre em estado alfa. Visualize quem é seu alvo. Dizer o nome pode ajudar, no caso de fazer o trabalho para pessoas que não conhece pessoalmente; nome, idade e cidade de residência do destinatário são muito úteis. Repita esta informação três vezes para atrair sua imagem e energia na tela de sua mente. Uma vez que eles estiverem presentes, você pode emitir luz de cura, como faria se estivessem fisicamente presentes. Alcance-os com sua mente e direcione uma cor de cura para eles. Você pode imaginar um líquido colorido preenchendo sua aura, como uma pintura ou uma tela colorida sendo colocada sobre ela. Qualquer imagem que ajude a visualizar e a chamar a cor para a tela de sua mente será boa. Muitas vezes trabalhamos bem com técnicas criativas, então encontre uma maneira que induza sua própria criatividade. Curiosamente, às vezes as pessoas pegarão na cor que você está enviando ou vão notá-la em suas visões e em sonhos ou começarão a usá-la em suas roupas, inconscientemente.

Parte do meu ministério é fazer trabalho de cura. Cada vez que celebramos um dos oito Sabbats no templo hermético Cabot-Kent, trazemos a luz vermelha-alaranjada e pedimos pela cura para aqueles em necessidade. Nesse momento, os nomes daqueles que precisam de cura é dito no ritual. Todos juntos enviamos a luz de cura para os nomeados, para seu bem maior.

Muitas vezes temos uma vela de cura como parte de nossos rituais. Ao fazer o trabalho de cura, você pode escrever o nome da pessoa na vela com uma faca pequena ou um alfinete. Em seguida, preencha a vela com cura energética, com a intenção de que a vela amplie e continue a enviar a luz para essa pessoa. É uma maneira simples e eficaz para enviar cura durante um longo período de tempo. Não apague a vela com um sopro, pois ele carrega o prana, a força vital, e o feitiço colocado na vela ficará desequilibrado. Quando você tiver que apagar uma vela, apague com um abafador ou com uma colher. Não sopre nem use os dedos molhados – o que pode desequilibrar a energia original do feitiço da vela.

Há muitos anos, recebi um telefonema de alguém do Mass General Hospital, em Boston, sobre um trabalhador da construção civil cuja britadeira explodiu; a explosão resultou em uma queimadura dentro dos seus pulmões. Eles pensaram que ele nunca seria curado. Realizamos a cura a distância e ele comentou com as enfermeiras que, toda vez que fechava os olhos, via uma luz vermelha. Dentro de uma semana, ele mostrou uma melhora substancial e foi capaz de voltar a respirar por conta própria.

Trabalhamos também em uma mulher que entrou em colapso e foi enviada para o hospital. Ela colapsou várias vezes e eles tinham dificuldade em descobrir o porquê. Enviamos luz rosa para ela, para atuar em sua autoestima. Quando ela passou por uma consulta com os médicos, comentou que, sempre que fechava os olhos, o quarto dela estava cheio de luz rosa. Dentro de uma semana, ela estava fora do hospital e tanto quanto sabemos, não sofreu outro colapso.

REFLEXOLOGIA E ACUPRESSÃO

Acupressão é como acupuntura, exceto que é acessível a todos. Tudo que você precisa é de um lápis com uma ponta de borracha. A reflexologia é mais bem feita nas mãos e nos pés. Eu achei incrivelmente útil em meu próprio caminho de cura.

Por um período na minha vida sofri com enxaquecas. Eu tinha ido para Needle Eye, em Kentucky, com caçadores de tesouros; estávamos psiquicamente procurando tesouros ali. Num dia quente de verão, perto de Ohio, estávamos no carro quando de repente tive uma dor de cabeça enorme, como se minha cabeça estivesse se partindo ao meio. Lembro-me de alguém me dizendo que se eu pegasse um lápis e fizesse pressão sobre o dedão, onde dói mais, a enxaqueca seria curada. Eu não tinha alternativa e nenhum medicamento em uma estrada com milharais, no meio do nada. Então tirei meu sapato e um dos caçadores de tesouro me deu um lápis e comecei a apertar meu dedo do pé esquerdo, o que doía mais. Dentro de dez segundos a dor de cabeça começou a melhorar. Depois que o apertei por cerca de vinte vezes, a dor tinha desaparecido. No passado, eu teria tomado o remédio de enxaqueca e a dor teria passado, mas ali, algo tão simples quanto apertar um lápis no meu dedão eliminou minha enxaqueca. Foi aí que percebi o quanto precisava saber mais sobre isso.

Desde então tenho usado bastante essa técnica. Algum tempo depois, devido a uma dor forte nos rins, fiz exames de sangue que indicaram que eles estavam ficando lentos e outros exames acusaram que estavam com pedras nos rins. Procurei no gráfico os pontos de acupressão para o rim. Há um ponto no centro da mão para ajudar a enviar cura para esse órgão. Comecei a fazer isso nas duas mãos. Da próxima vez que fui ao médico, o exame de sangue indicou que meus rins tinham melhorado, ao contrário do esperado, o que foi uma surpresa para todos.

Temos que reconhecer métodos antigos que ainda estão por aí e trabalham para curar pessoas, como a acupressão e a acupuntura, por exemplo.

Alguns pontos de acupuntura no pé são conflitantes, pois existem diferentes sistemas, mas aqui estão algumas noções básicas para se ter em mente.

O MAPA DAS PLANTAS DOS PÉS
Saiba quais pontos correspondem a cada órgão do seu corpo

Cérebro · Têmporas · Glândulas pineais · Hipófise · Coluna cervical · Tireoide · Brônquios · Pulmões · Coração · Esôfago · Coluna dorsal · Diafragma · Plexo solar · Fígado · Vesícula biliar · Estômago · Glândulas supra-renais · Pâncreas · Rins · Região da cintura · Ureter · Intestino delgado · Bexiga · Apêndice · Coluna · Cóccix · Nervo ciático

Ouvido · Seios da face · Pescoço · Ombros · Ouvido e pescoço · Duodeno · Flexura hepática · Cólon transverso · Ovário · Útero · Área pélvica

Ouvido · Seios da Face · Pescoço · Ombro · Ombro e pescoço · Baço · Flexura esplécina · Cólon descendente · Ovário · Útero · Área pélvica · Sigmoide

Pé direito — Pé esquerdo

CABEÇA E PESCOÇO: os dedos dos pés, particularmente o dedão, se relaciona com a cabeça e o pescoço. A articulação mais próxima refere-se ao pescoço. O espaço entre os dedos se relaciona com os seios paranasais.

COLUNA ESPINHAL: o interior do pé se relaciona com a coluna inteira. Massagear o lado interno do pé ajuda com problemas de coluna e costas.

PEITO: a área do outro lado do pé, a almofada sob os dedos, refere-se ao peito, incluindo coração, pulmões e caixa torácica.

CINTURA: o centro do pé, onde é mais "fino", representa a cintura. Se você desenhar uma linha horizontal, dividindo o pé, a área do estômago seria apenas acima desta linha, com órgãos como o fígado perto dele, e abaixo seria o intestino e o baixo sistema digestivo.

PELVE: a parte inferior do pé, onde o pé suporta o calcanhar, corresponde à área pélvica.

Isso é apenas um pequeno guia de reflexologia, espero inspirar Bruxos para um estudo mais aprofundado dessa fantástica ciência e arte de cura. Sugiro a leitura do *The Reflexology Manual*, de Pauline Wills, e do *Complete Reflexology for Life*, de Barbara Kunz.

Associado ao nosso trabalho energético e a estimulação por meio de acupuntura, esses feitiços nos ajudarão no caminho da cura.

Óleo de cura

- 20 gotas de óleo de jojoba
- 5 gotas de óleo de laranja-doce
- 5 gotas de óleo de limão
- 1 colher (chá) de folhas de confrei
- ¼ colher (chá) de suco de aloe vera
- 1 cornalina
- 1 quartzo claro

Aqueça o óleo em banho-maria e coloque as folhas de confrei. Se possível, use folhas frescas. Deixe esfriar e adicione o suco de aloe, as pedras e os óleos essenciais.

Use para trazer bem-estar espiritual, físico e emocional. Com a unção de si mesmo ou de outros, você também pode usá-lo em uma vela laranja consagrada para ajudar a promover saúde e cura.

Incenso de cura

- 1 colher (sopa) de folhas secas de confrei
- 1 colher (sopa) de folhas de dente-de-leão
- 1 colher (chá) de olíbano
- 1 colher (chá) de mirra

- 3 amêndoas esmagadas
- 1 pitada de sal marinho
- 1 pitada de algas marinhas

Use este incenso para trazer bênçãos de cura quando queimado. Esse não é um feitiço dos mais agradáveis, mas induz a energia de cura. Pode levá-lo em um saco verde ou laranja para a cura.

Mix de ervas mágicas de cura

- 2 colheres (sopa) de folhas de confrei
- 1 colher (sopa) de raiz de confrei
- 1 colher (sopa) de trevo vermelho
- 1 colher (chá) de algas
- 1 colher (chá) de casca de laranja
- 1 colher (chá) de casca de limão
- 1 cornalina
- 1 quartzo

Coloque essa mistura em um saco mágico laranja, dourado ou preto. Ou pode também deixar em uma tigela no criado-mudo para curá-lo enquanto dorme. Você pode fazer sacos menores e manter um em sua bolsa ou pasta, outro em sua casa e um terceiro em seu bolso, para levar aonde for para acelerar sua cura.

Mix de ervas mágicas de cura das fadas

- 1 colher (sopa) de agulhas de pinheiro
- 1 colher (sopa) de folhas secas de samambaia
- 1 colher (sopa) de musgo seco
- 1 colher (chá) de cogumelos secos
- 1 pitada de casca de uma árvore muito velha
- 3 pedras de riacho de água corrente
- 1 ágata de Botswana

Coloque essa mistura em um saco mágico para evocar as bênçãos de cura do povo do Reino das Fadas. Quando for coletar os materiais naturais, peça permissão das fadas e faça uma oferenda para elas. Eu gosto de deixar pequenos pedaços de frutas secas, leite, mel e até mesmo pequenas réplicas de mobiliário, que podem ser encontradas em casas de bonecas.

Para banir verrugas

Para se livrar de verrugas, corte uma batata pela metade. Esfregue uma metade sobre as verrugas e depois coloque os dois pedaços da batata juntos e enterre no solo. Se o solo estiver congelado quando esse feitiço for feito, como acontece muitas vezes no Hemisfério Norte durante o inverno, obtenha terra de jardinagem e um pote para liberar magia. Quando a batata apodrecer, as verrugas desaparecerão. Um cirurgião plástico da área de Salem costumava me chamar para ajudar crianças com verrugas e eu usava esse feitiço com grande sucesso. Geralmente apelo à Deusa Brigit antes de fazer isso, costumo acender uma vela branca e pedir ajuda para a cura.

Feitiço para cura da terra de Ostara

- 1 colher (chá) de cascas de ovo secas e esmagadas
- 1 colher (sopa) de mel
- 1 colher (sopa) de grama seca
- 1 colher (sopa) de palha seca
- 2 colheres (chá) de olíbano
- 1 colher (chá) de argila natural ou de lama
- 1 saco mágico (rosa, amarelo ou lavanda)

Coloque todos os ingredientes imantados dentro do saco para a cura da terra pelo poder da Deusa. Depois, recite este feitiço:

Ó, Deusa dos nossos antepassados, Ostara, traga seus poderes para este mundo e renove tudo o que é bom para a natureza, os animais, a terra e os seres humanos, que habitam neste Planeta. Renove, em todos os seres a capacidade de acabar com a poluição e a destruição, para eliminar a doença e a dor. Renove em nós o poder de ser um com as escolhas que nos dás. Que assim seja!

Você pode fazer o encanto como um presente quando faz uma cesta de Ostara, ou pode enterrá-lo no chão como oferenda para terra também. Tente fazer um monte deles e compartilhá-los com amigos e familiares ou deixá-los em vários lugares de sua casa e nos arredores.

Feitiço de saúde de Beltane

- 1 vela vermelha
- 1 óleo de cura
- 3 colheres (sopa) de pétalas de rosa cor-de-rosa desidratadas
- 1 colher (sopa) de rosa mosqueta
- 1 colher (sopa) de camomila
- 1 colher (sopa) de folhas de confrei
- 1 colher (chá) de mel
- 1 cornalina
- 1 citrino
- 1 quartzo-rosa
- 1 magnetita
- 1 saco mágico rosa

Faça esse feitiço na Lua minguante depois de Beltane. Unte sua vela vermelha com óleo de intenção de cura. Energize todos os ingredientes e coloque-os no saco mágico, recitando:

Peço isto para a Deusa e o Deus de Beltane,
que a saúde venha, em vez de dor e sofrimento:
felicidade, autoestima e um corpo saudável para sempre,
para o bem de todos. Que assim seja!

Deixe a vela queimar e leve a sacola mágica com você para a cura, pelo menos até a noite do Solstício de Verão!

Capítulo Oito

Casa Mágica

A casa de um Bruxo deve ser mágica. Deve refletir o encantamento, os desejos e os anseios do Bruxo que vive nela. Casas podem ser uma bênção ou uma maldição, dependendo das energias que você invoca no local, e também podem promover cura, paz, beleza e amor, mas você deve definir a intenção e neutralizar qualquer coisa que conflite com seus objetivos mágicos. Potencialmente, tudo em uma casa é uma ferramenta de magia. Olhe para tudo com olhos de Bruxa e faça da sua casa o seu castelo.

MOBÍLIA

Uma casa deve primeiro ter os móveis e todos os itens funcionais, para podermos comer, dormir e ficarmos confortável. Toda sua mobília pode carregar uma intenção. A maioria dos itens que a casa contém é feita de madeira e de metal, itens naturais que têm sua própria energia e podem transportar uma carga. Espero que você tenha itens que não sejam apenas funcionais, mas também agradáveis; isso já será metade da magia. Mas para adicionar a magia natural, você deve neutralizar e carregar toda sua mobília – cama, criado-mudo, estantes, mesa de cozinha, balcões, mesa de jantar, cadeiras e sofás. Limpe e carregue tudo.

Isso é essencial, sobretudo, se você tiver antiguidades, pois elas carregam uma grande carga de seus proprietários anteriores, e sua energia pode causar prejuízo e até mesmo problemas sérios. Às vezes as energias podem crescer mais fortes na casa de uma Bruxa, incluindo tanto as energias conscientemente criadas, mas também as

| 229 |

que permanecem em artefatos antigos muitas vezes esquecidos. Esses objetos começam a ter vida própria, portanto, certifique-se de que você neutralizou suas antiguidades de energias nocivas anteriores. A casa de uma Bruxa é como um turbilhão de energias poderosas que podem ampliar o que está presente, então tenha cuidado enquanto você cresce em seu ofício. Se os itens, particularmente de antiguidades, foram testemunhas de situações desagradáveis ou de violências ainda mais graves, eles carregarão essas energias e muitas vezes as pessoas se sentirão incitadas a reencenar o desagrado em algum nível. Dizemos que podemos neutralizar toda a energia que é "incorreta" para o nosso bem maior, então as energias que são amorosas e sentimentais ficarão em tais itens. Podemos trazer à tona todas as boas lembranças, como as energias de celebrações, feriados e festas. E também manter essas energias e adicionar o nosso próprio poder em cima delas, ajustando o objeto com uma intenção muito clara e específica.

Para neutralizar e limpar esses itens existem vários métodos. O mais fácil é tocá-lo com a poção de proteção ou outra substância de limpeza. Algumas pessoas usam uma solução diluída de sal na água e depois usam água pura ou líquidos de limpeza regulares, limpando qualquer resíduo de sal. O sal leva as energias indesejáveis se for carregado com água para essa intenção.

A maioria dos Bruxos acompanha qualquer compensação física com o gesto ritual de varrer com as mãos, varrendo para fora, para o cosmos, qualquer energia incorreta e indesejada, para que o Universo possa polarizá-la em algo benéfico. Bruxas usam frequentemente uma vassoura ritual para limpar seus espaços vitais, geralmente da porta da frente da casa para a porta dos fundos. Se você não tem uma vassoura de Bruxa, certamente pode carregar magicamente sua própria vassoura mundana para fazer este trabalho de limpeza. Então nós carregamos os objetos restantes, reaplicando a nossa energia nas mesas, cadeiras ou nas camas. Nossa intenção é colocar a energia mais correta em cada item. Visualize uma cor de luz indo para o item, carregando-o com sua intenção.

A luz cor-de-rosa, para o amor e a autoestima, é uma energia para todos os fins, em geral para o lar. Pode trazer um sentimento de harmonia, bondade, segurança e amor-próprio para aqueles que a usam. Quem não precisa de harmonia e amor-próprio?

Camas, em particular, devem ser usadas como uma ferramenta mágica. Limpe e carregue sua cama com intenções de conforto e paz de espírito. Carregue sua cama para o equilíbrio psicológico e para a harmonia interior. Projete seus travesseiros para bons sonhos. Suas noites na terra dos sonhos vão ser de cura, trazendo autoequilíbrio e rejuvenescimento mágico.

Misturas à base de plantas podem ser colocadas sob o travesseiro ou sob o colchão com intenção ou para adicionar magia à sua cama. Podemos usar ervas de proteção debaixo da cama para fortalecer nossos escudos e limites enquanto dormimos, particularmente, se nos sentimos inseguros ou se sofremos de pesadelos nesse período. Ervas como urtiga, mandrágora, olíbano, mirra, copal, e erva-de-são-joão são excelentes para isso. Quem se sente seguro e quer melhorar sua vida onírica pode usar ervas como lavanda, cinco-em-rama, artemísia, algas e alface selvagem para estimular sonhos lúcidos. Lavanda, em geral, é uma grande erva para a cama, trazendo descanso e tranquilidade; uma erva excelente para todos os fins, e ajuda, principalmente, a quem precisa de mais paz, sentir-se protegido ou mais relaxado para liberar o estresse e sonhar profundamente. Um feitiço de intenção no papel de pergaminho também pode ser escrito em um Círculo Mágico, com ou sem ervas, e colocado entre o colchão e o estrado para manifestá-lo.

Feitiço facilitador de sono

- 1 colher (sopa) de lavanda
- 2 colheres (sopa) de trevo vermelho
- 5 gotas de óleo de almíscar
- 1 ágata-azul
- 1 tigela
- 2 pedaços de pano quadrados de 2,5 x 2,5 cm
- Cola de tecido
- Sabonete de lavanda

Na Lua minguante, misture as ervas e a ágata-azul em uma tigela. Adicione o óleo de almíscar à mistura. Passe as mãos sobre a tigela e "veja" uma luz azul entrar na mistura de ervas. Diga em voz alta:

Todas as noites quando eu for para a cama,
Meu sono virá com facilidade.
Pensamentos e imagens doces
Irão trazer sonhos que agradam.

Coloque as ervas em uma metade do pano. Use cola de tecido em torno das bordas e coloque o outro pano por cima. Pressione as bordas juntas para que as ervas não possam cair. Antes de ir para a cama, lave o rosto e as mãos com sabonete de lavanda. Coloque o pacote de ervas debaixo do travesseiro ou na sua mesa de cabeceira, ao seu lado. Ao fechar os olhos, "visualize" o travesseiro de ervas e diga para si mesmo:

Tenho sonhos e pensamentos doces.

Quando você acordar, de manhã, vá para uma janela ou para uma porta ao Leste. Respire fundo e comece o seu dia.

Se possível, tenha uma cadeira especial só para você. Pode ser uma cadeira de leitura, de meditação ou uma cadeira de poder. Use-a para educação mágica e para contemplação. Esse artefato pode ser carregado para ajudá-lo a ter foco. Ervas podem ser colocadas sob a almofada do assento ou costuradas na parte de trás da cadeira. Resinas e pedras podem ser colocadas abaixo dela. Decore-a para se adequar à sua magia.

Cada espelho em sua casa deve ser um espelho mágico. Espelhos contêm grande mistério. A maioria acredita que eles são simplesmente para mimo e vaidade, mas a magia dos espelhos reside na sua capacidade de colocá-lo no momento presente. Espelhos refletem o espaço. Quando podemos nos vislumbrar no espelho, no nosso espaço, estamos focados em estar presente no aqui e agora. É como o livro do guru Ram Das, *Be Here Now*. Todos nós devemos aprender essa lição. Quando estamos em casa, muitas vezes não estamos realmente presente naquele local. Nossas mentes estão no trabalho, com outras pessoas, em outros lugares. Não estamos centralizados em nosso espaço. Não estamos instalados na nossa própria casa. Espelhos ajudam a abrir os espaços e nos mostrar isso. Todos deveriam ter um monte de espelhos, por este motivo, pois eles ajudam a ir devagar e a "aproveitar o dia", por assim dizer.

Algumas pessoas energizam todas as coisas da casa – relógios, lâmpadas, televisores, computadores, plantas, utensílios de cozinha, talheres, pratos e copos. Não é difícil de fazer, então eu acho que é uma boa ideia imantar tudo com sua magia. Sempre que trouxer algo novo para a casa, neutralize qualquer energia nociva e, em seguida, carregue-o com intenção. Você vai se surpreender ao ver como a energia da sua casa muda e ajuda a viver uma vida como rei ou rainha de seu próprio castelo.

Com sua intenção, todos os itens da sua casa são agora mágicos. Acho que foi assim que Walt Disney criou em seus filmes a imagem de cadeiras, vassouras e móveis que falam e se movem. Imagine a cadeira ou o bule de chá andando ou falando com você da próxima vez que fixar uma intenção sobre um item em sua casa.

MAGIA NO BANHEIRO

Embora possa não ser o tópico mais glamoroso, o banheiro é tão mágico como qualquer outro cômodo da casa, além de ser uma parte necessária da vida. Os produtos que você usa em seu banheiro, para limpar o ambiente ou para a sua higiene pessoal, podem ser mágicos. Adicionar ingredientes naturais em produtos para o banho pode catalisar nossa magia e reforçar o propósito de saúde e de beleza. Sabonetes, xampus, cremes e tônicos de limpeza de ervas naturais podem ser abençoados para saúde e para a beleza.

A água é a fonte da vida, e é de vital importância em nossa compreensão do espírito. Água traz força vital, bênçãos, limpa pensamentos indesejados, energias e forças negativas grudadas em nós como lixo. A limpeza ocorre em muitos níveis. Cada vez que você estiver no chuveiro ou na banheira, pode se preparar magicamente. Olhe para os aspectos astrológicos e veja uma oportunidade de fazer um feitiço para melhorar a si mesmo. A água ajuda a mudar nossa energia. A maior parte do nosso corpo é água, então, aprender a trabalhar com esse elemento, saber como programá-lo pode nos transformar.

Quando tomar banho, você pode adicionar cristais na água ou acender velas programadas com sua intenção. Óleos e ervas também podem ser adicionados à água, mas cuidado se você for alérgico. Algumas ervas, como canela e cravo-da-índia, particularmente na forma de óleo essencial, são cáusticas, então use-as com moderação. Nada é pior do que uma queimadura química em um banho mágico. Eu prefiro os aromas cítricos para feitiços de prosperidade no banho. Enquanto o almíscar natural não está mais disponível devido a problemas de crueldade envolvidos na fabricação do óleo, prefira a essência de almíscar para a paz e conforto. Qualquer aroma floral vai lhe proporcionar um banho de limpeza ou um banho romântico. Um saco de ervas amarrado no chuveiro sobre a cabeça ajuda a manter o material herbal sem entupir o ralo.

Embora talvez soe estranho, acho que o uso de rabanete, encontrado na cozinha oriental e popularizado pelas tradições curativas da macrobiótica, é muito útil no banho. É um remédio místico na cultura japonesa, e quando algumas fatias são adicionadas ao banho ele cria uma poderosa e rejuvenescedora água.

Banho mágico para felicidade e harmonia

- 1 colher (sopa) de pétalas de rosa
- 1 colher (sopa) de erva-cidreira
- 1 colher (sopa) de aspérula doce
- 1 colher (sopa) de erva-de-gato
- 3 colheres (sopa) de sal marinho
- 1 turmalina-verde
- 1 vela rosa ou branca
- 1 saco de musselina

Misture ervas, sal e pedras, programados para felicidade, saúde e autoestima. Coloque a mistura no saco de musselina, amarre na banheira ou deixe flutuar na água do banho, como se fosse um grande saco de chá. Deixe infundir água com sua magia. Acenda sua vela para a felicidade e para o bem-estar e então entre no banho. Deixe que as águas do banho lavem tudo o que você não precisa e o encha de bênçãos e magia.

Sal de banho de limpeza

- 1 xícara de sal marinho
- 1 xícara de sal de epsom
- 10 gotas de óleo de lavanda
- 10 gotas de óleo de limão
- 5 gotas de óleo de laranja

Homogeneíze o sal e os demais ingredientes para o banho e sele em uma jarra. Certifique-se de projetar tudo para limpar e curar. Quando quiser tomar um banho, coloque uma colher de sopa da mistura em água quente e deixe dissolver; essa mistura é excelente para um banho antes de um Sabbat ou Esbat.

Espelhos no banheiro são importantes não só para nos colocar no "agora", como qualquer outro espelho faz, mas para nos ajudar a compreender o nosso próprio ser. Enquanto a maioria das pessoas não quer se ver no espelho do banheiro, digo que esse é um bom momento para olhar para o seu corpo, para conhecê-lo, para vê-lo como algo sagrado, como um veículo, uma casa para seu espírito. Percebemos que a limpeza tem sido uma parte vitalmente importante na magia, porque, no mundo antigo, banhos e lavagem ritual faziam parte da visita ao templo, tanto para a saúde e segurança quanto para sintonizar a magia dos Deuses.

DECORAÇÃO

A decoração é tão importante quanto os artigos maiores dentro de casa. Quadros e pinturas, todos devem ter um significado. Eles têm que refletir seu estilo, sua personalidade e suas intenções. Seu ambiente deve ser confortável. Você pode decorá-lo com artefatos do mundo inteiro nos dias de hoje. Pode colocar fotos e objetos de arte refletindo os belos lugares onde nos sentimos espiritualmente conectados. Ao encher sua casa com beleza, você vai se sentir bonito. Tudo deve refletir os pensamentos e os sentimentos que deseja. Em breve esses pensamentos e sentimentos farão parte de você.

Use as cores magicamente ao pintar ou escolher seu papel de parede. Casas velhas, fazendas e castelos eram decorados usando cores brilhantes – vermelho, azul e dourado. Todos os quartos eram de cores diferentes e embelezados com molduras e quadros decorativos. Frequentemente o ouro, que traz a energia do Sol – saúde, bem-estar, prosperidade –, também era utilizado. Hoje muitas vezes escolhemos cores mais brandas e, portanto, temos vidas mais pacatas. Bruxas tendem a viver com ousadia e usamos a cor dessa forma. Escolha suas cores apropriadamente. Paredes brancas enviam toda a energia, pois são totalmente reflexivas. Nenhuma vibração é reforçada. Limpe e carregue a tinta antes de usá-la.

Se as velas são uma parte da sua concepção global, escolha a sua cor por razões específicas, mesmo se você não estiver fazendo um feitiço. Carregue as velas com intenção para que, quando elas estiverem acesas, possam emitir uma energia benéfica, em vez de prejudicial ou mesmo simplesmente neutra. Por que desperdiçar a luz de velas sem nenhuma intenção quando ela pode estar trabalhando para você?

Seus livros e bugigangas são um reflexo de quem você é e das energias que você está interessado em estabelecer em sua casa. Livros armazenam informações. Palavras não ficam sempre dentro de suas páginas. Elas flutuam no ar e em sua respiração. Observe como os hóspedes são atraídos por um determinado livro, mesmo quando não podem ver o título. Certifique-se de que seus livros são propícios para sua vida mágica e para uma vida de bondade. O mesmo pode ser dito sobre todas as outras formas de arte e mídia. Pessoalmente não tenho nenhum livro de terror nas minhas prateleiras por esse motivo. Eu não guardo nada prejudicial, embora eu mantenha livros de história. Sou curiosa sobre a história do mundo e a história nem sempre é cor-de-rosa, mas é possível neutralizar qualquer dano que um livro de história pode trazer para a casa e manter os aspectos úteis de ensino.

Você também pode decorar sua casa com detalhes e estilo de vidas passadas que traga conforto e empoderamento. Eu gosto de me envolver em coisas da época vitoriana, pois tive uma forte vida passada lá e isso me conforta. Usar a decoração vitoriana desperta boas lembranças. Também, se você teve uma vida passada em que havia uma figura importante da época, pode colocar um quadro ou uma obra de arte dessa pessoa em sua casa para convidar aquela energia confortável e boa para o seu lar. Por exemplo, costumo manter uma imagem da rainha Vitória em casa para incentivar as energias da vida passada desse período da história.

CRISTAIS E OUTROS OBJETOS DE PODER

Os cristais são excelentes artigos para o lar. Minha família e eu particularmente gostamos desse artefato; temos cinco ou seis bolas de cristal em casa que se tornaram pontos de energia para nós. Enquanto a maioria pensa na bola de cristal como um dispositivo mágico para ver o futuro e o passado, elas não precisam ser exatamente assim e podem ser usadas para intenções e poder. Diferentes tipos de minerais nos trazem diferentes tipos de poder espiritual. Cristal de quartzo branco é o melhor para todos os tipos de energia. Você pode programá-lo como desejar. Bolas de cristal completamente claras são na verdade cristal de chumbo, ou seja, contêm o metal chumbo, que é governado por Saturno, apesar de poder ser útil para proteção, isso é prejudicial para outros tipos de magia. Saturno é o planeta das provações e das dificuldades. Você pode neutralizar essa regência carregando a bola com a energia do arco-íris que ela reflete.

Na minha casa, tenho um lápis-lazúli, que é uma esfera de cristal--azul para Júpiter e para o sucesso. Também tenho uma esfera de pedra vulcânica preta, governada por Plutão e carregada para organização e clareza. Se você não carregar um item governado por Plutão para essa intenção, ele pode fazer o oposto, trazendo caos e desinformação. Plutão é uma energia planetária complicada para usar com sucesso.

Qualquer tipo de forma de cristal pode ser usado em toda a casa – pontos, pedras lapidadas, geodes e esculturas, e podem ser colocadas no quarto, na sala, na cozinha e até mesmo no banheiro. Aqui estão algumas ideias para cristais em casa:

- Pendure cristais na porta para proteção.
- Coloque cristais de cura na mesinha de cabeceira para curá-lo enquanto você dorme. Eu uso cornalina para saúde geral enquanto durmo.
- Pendure prismas para trazer a energia do arco-íris no repouso, com todas as suas forças e poderes. Coloque-os onde a luz vá incidir em outros pontos de poder, tais como altares a certas horas do dia. Meus prismas focalizam um arco-íris no meu altar de Cernunnos em minha sala de estar e meu altar egípcio a Ísis e Bast no meu quarto.
- Coloque uma pedra grande de quartzo em sua cozinha para enchê-la com a energia de cura para carregar todas as refeições.
- Coloque os cristais na geladeira para carregar a comida e manter o alimento fresco. Pedras de quartzo são boas para carregar a comida.
- Coloque cristais na prateleira de especiarias, para catalisar as propriedades das ervas que são para o bem maior da família.
- Coloque um cristal energizado em seu filtro de água ou vidro, que seja grande o suficiente para não ser engolido acidentalmente.
- Coloque cristais perto de tigelas de alimento dos seus animais de estimação para ajudar a curá-los. Certifique-se que os cristais sejam grandes o suficiente para que eles não tentem engoli-lo.
- Se não tiver certeza de qual cristal usar em sua casa, você pode sempre consultar uma Bruxa em uma loja de artigos mágicos para obter ideias adaptadas às suas próprias necessidades e para sua casa.

Incenso de defumação

- Agulhas de pinheiro e galhos de pinheiro
- 3 gotas de óleo de olíbano
- 3 gotas de óleo de mirra
- 3 gotas de óleo de benjoim
- 1 tira de algodão

Faça um pacote de agulhas de pinheiro e de galhos com uma tira de algodão, criando uma espécie de charuto. Comece colocando todas as agulhas e galhos na mesma direção. Coloque a tira de algodão paralela com os galhos, com um comprimento de algodão no final. Enrole a tira em torno do pacote, em espiral, e aperte e amarre o final da tira de algodão com o comprimento que agora está vinculado pela espiral paralela com o pacote, que deve ser semelhante aos ramos do xamanismo nativo-americano para defumação, mas com pinheiros em vez de sálvia. Adicione algumas gotas dos óleos no pacote. Deixe-o secar. Quando estiver totalmente seco, acenda a ponta no fogo, com uma tigela à prova de fogo ou uma concha por baixo para pegar as cinzas e as brasas. Então deixe a lufada de fumaça defumar sua casa. Certifique-se de que você abriu todas as portas, armários e janelas. Se estiver em sua casa, saia, caminhe ao redor dela três vezes no sentido anti-horário. Isto vai remover todas as influências e energias não desejadas da casa.

Incenso de bênção da casa

- 1 colher (sopa) de pétalas de rosa
- 1 colher (sopa) de olíbano
- 1 colher (sopa) de mirra
- 1 colher (chá) de pétalas de girassol
- 3 gotas de óleo de dinheiro
- 3 gotas de óleo de proteção
- 3 gotas de óleo de amor
- 1 saco mágico cor-de-rosa

Misture o incenso e queime para abençoar sua casa. Isso é particularmente eficaz de ser feito depois que tiver defumado sua casa; procure andar em torno do perímetro da sua residência ou propriedade por três vezes no sentido horário. Leve o restante do incenso e coloque-o em um saco mágico cor-de-rosa e pendure em algum lugar escondido em sua casa, como atrás de uma cortina ou de uma moldura de quadro.

Feitiço do Rei Arthur para harmonia da casa

- 1 vela preta
- 1 vela branca

Acenda as duas velas, uma para atrair bênçãos (preta) e outra para enviar suas intenções (branca). Começando no Norte, caminhe ao redor da casa em círculos no sentido horário, pedindo a bênção do Rei Arthur e recitando este feitiço em voz alta:

Quando Arthur segura as mãos da Deusa,
Paz e harmonia cercam a terra.
O meu castelo eu nunca abandonarei.
Que haja amor e conforto em meu lar.

Quando feito com sinceridade, saiba que você convidou a bênção do Rei Arthur e sua corte para trazer proteção e harmonia à sua casa.

Feitiço para encontrar uma nova casa

- 1 vela branca em pote de vidro
- 1 quartzo claro
- 1 magnetita

Encante as duas pedras mantendo-as em suas mãos e projetando a imagem de um novo lar que seja ideal para você. Coloque-as sobre a vela. Da mesma forma, carregue de energia a vela com a intenção de uma nova casa. Acenda a vela e deixe-a queimar. Recite o feitiço a seguir. Depois apague e reacenda a vela periodicamente. As pedras vão afundar na cera. Enquanto ela estiver apagada, você deve sair para procurar sua nova casa. O ideal é recolher as pedras e levar com você enquanto procura a casa.

Como as chamas em volta das pedras,
Eu encontrarei um novo lar.
Que assim seja!

Poção da paz

- 120 gotas de óleo-base de amêndoa
- 5 gotas de óleo de laranja-doce

- 3 gotas de óleo de ervilha-doce
- 1 gota de óleo de lavanda

Energize todos os ingredientes que você vai colocar na mistura para ajudar a trazer paz e amor em sua vida. Perfeito para se acalmar depois de um dia agitado, ou quando as coisas ao seu redor começam a ficar um pouco fora de controle. Este também é um ótimo complemento para ajudar em feitiços de amor e de paz.

ALTARES CASEIROS

Claro, uma Bruxa vai querer um altar, se não vários, em sua casa. O altar é uma parte importante de nossa prática pessoal hoje em dia. Todos nós gostaríamos de ter uma sala de magia, um espaço dedicado ao trabalho mágico todos os dias. Quando eu morava em uma casa antiga, construída em 1783, tinha uma sala de magia que servia como espaço mágico. Os pisos eram de madeira e eu pintei um Círculo Mágico de três metros de diâmetro no chão da minha sala de estar. Pintei-o diretamente na madeira e soube que a mulher que vive lá agora aprecia não só a história da casa, mas a história do círculo que coloquei no chão. Usamos a sala de estar muitas vezes para magia, embora eu entenda que nem todo mundo pode dedicar um quarto inteiro em sua casa exclusivamente para esse fim.

Altar (cortesia de Laurie Cabot)

O altar pode ser posto em qualquer lugar da casa, na verdade, pode até ter um em cada cômodo. Bruxos têm geralmente um altar principal de "trabalho", que é o foco de sua magia. Acredito que um altar é necessário para um foco mágico hoje em dia. Mesmo que não tenha um cômodo dedicado exclusivamente à magia, escolha um local para colocar esse altar, que pode ficar tanto no quarto como na sala de estar, e ser complementados por outros altares para diferentes intenções.

Tudo o que você precisa é de uma pequena prateleira, uma mesa ou uma superfície plana que você possa acessar facilmente. Muitos usam uma prateleira barata que se acha em qualquer loja de artesanato. Alguns altares são disfarçados, de modo que ninguém poderia dizer que são altares de trabalho. Eles simplesmente se parecem com um arranjo de objetos bonitos. Você poderia ter algumas fotografias emolduradas, uma vela votiva, um bastão, um cristal ou um prato com um pot-pourri de ervas.

Muitas pessoas gostam de ter quatro altares adicionais, para as quatro direções, Norte, Sul, Leste e Oeste, e ter uma vela colorida para cada elemento associado com a direção e outros objetos ligados aos elementos. Ter um espelho em cada uma das quatro paredes, para abrir o espaço, especialmente se o cômodo for pequeno, também é indicado. Espelhos mágicos podem atuar como portais. Alguns mostram suas vidas passadas ou podem ser usados para se comunicar com os espíritos elementais e guardiões.

Altares diferentes na mesma casa podem ser definidos para propósitos específicos. Você pode ter um altar para aumentar sua prosperidade e outro para atrair ou manter o amor. Construa altares para estabelecer relações com várias seres espirituais, ancestrais e divindades.

Construa um altar para as visitas do povo do Reino das Fadas, para convidá-los à sua casa e fazê-los se sentirem confortáveis. Eu uso mobiliário miniatura em meus altares para o Reino das Fadas. Não quer dizer que eles literalmente irão usar os móveis, mesmo porque, popularmente, algumas fadas são pequenas, mas outras são grandes. Criar uma "casa" para o povo das fadas é um convite, um sinal para dizer que eles são bem-vindos e podem se sentir em casa.

Enquanto nem todos concordariam com a minha postura, pois eles podem muitas vezes ser brincalhões e até mesmo perigosos, o povo das fadas é bem-vindo na minha casa. Eu tenho uma casa de bonecas em miniatura completa no meu quarto dedicado a eles. Quando você enviar o convite, eles virão. Acredite em mim, coisas estranhas têm acontecido naquela casa de bonecas. Os incidentes são frequentemente muito engraçados, movendo as coisas e tal. As janelas, que são bastante difíceis de abrir ou fechar por mãos humanas, abrem e fecham "por conta própria". É muito pequeno para os gatos entrar, então alguém obviamente entra e sai da casa. Eu e minha filha Penny notamos isso o tempo todo.

Óleo do fogo das fadas

- 1 granada
- 20 gotas de óleo de sangue-de-dragão
- 20 gotas de óleo de amêndoas
- 1 pitada de semente de coentro

Use essa poção para trazer o poder do Reino das Fadas para auxiliar na sua magia, feitiços e vida diária. Ela é particularmente útil para invocar fogo e fadas em um Sabbat Imbolc.

Óleo de flores das fadas nº 1

- 20 gotas de óleo de sabugueiro
- 20 gotas de óleo de lavanda
- 1 pitada de botões de rosas secos

Óleo de flores das fadas nº 2

- 20 gotas de óleo de amêndoa
- 20 gotas de óleo de sabugueiro
- 20 gotas de óleo de lírio-do-campo
- 1 pitada de pétalas de rosas secas

Use o óleo de flores das fadas para se conectar com o povo das fadas para ajudar em sua magia.

Feitiço das fadas

- Bastão das fadas (varinha de macieira, salgueiro ou espinheiro)
- 2 cristais de quartzo
- Óleo de flores das fadas
- 3 velas votivas

Faça três círculos acima de sua cabeça com um bastão das fadas. Unte-se com um óleo das fadas e diga:

Ó, grande Deusa dos Sídhe, venha e esteja comigo.
Sou sua filha e guardiã de fé.
No verão, traga seu poder de florescer.
Ajuda-me a contribuir para curar a terra e desfrutar de sua grande beleza.

Toque seu bastão nos dois cristais de quartzo e diga:

Sou grata por seu amor e poder.
Eu tenho orgulho em visitar o Reino das Fadas.
Eu devo cultivar um jardim como um instrumento de seus poderes.

Use os cristais para o cultivo de um jardim, colocando-os no solo onde você planta. Coloque de noite uma vela votiva em seu jardim. Unte as velas com óleo das fadas.

Altares também são construídos para divindades específicas. Eles convidam o Deus ou a Deusa para sua casa e para sua vida. Esses altares ajudam a estabelecer um relacionamento, apesar de que, construir um altar, não é garantia de que a divindade vai responder. Alguns Deuses tomam conhecimento de nós, outros não. Eles ajudam a construir uma relação potencial, mas divindades não vão fazer tudo o que você pedir; eles estão vivos em seus próprios mundos, com seus próprios desejos, objetivos e trabalhos. Os Deuses não estão sempre disponíveis e o que pedimos nem sempre é da sua esfera de influência, ou está em alinhamento com o seu próprio trabalho. Altares criam rituais de comunicação. Começamos honrando os Deuses. Honrá-los pode chamar a atenção deles e estabelecer a comunicação. Uma vez que você se conecte com a divindade, ela será capaz de ouvi-lo e pode responder, mas às vezes a resposta é não. Temos que estar preparados para ouvir isso.

Enquanto estamos restabelecendo as nossas tradições, é bom olhar para outras culturas a título de inspiração e de conhecimento. As tradições de Vodu e Santeria têm ricas formas de arte e de cultura em torno de altares para os espíritos Loas e os Orixás. Eles também nos ensinam que um espaço deve ser estabelecido para cada um, a menos que haja uma relação específica entre dois espíritos, como às vezes acontece com os Deuses africanos, que podem ficar com ciúme um do outro. Colocar dois altares juntos, ou mesmo próximos, pode criar desarmonia com seus Deuses. Para que não haja qualquer conflito assim na sua casa, é bom estar ciente desses ensinamentos. Quando você estabelecer a comunicação, pergunte diretamente aos Deuses o que eles desejam como oferenda e rituais de honra. Falaremos mais sobre divindades no capítulo doze. Agora, é suficiente apenas pensar onde você pode construir altares para os Deuses que quer convidar para sua vida.

Incenso para altar

- 1 colher (sopa) de olíbano
- 1 colher (sopa) de mirra
- 1 colher (chá) de sangue-de-dragão
- 1 colher (chá) de selo-de-salomão (erva)
- 1 colher (chá) de canela

Use para definir o espaço do altar, antes de dedicá-lo a um trabalho mágico. Se estiver dedicando o altar a uma divindade específica ou a um tipo de magia, você pode adicionar algo especial ao altar e ao incenso. Por exemplo, você pode adicionar algumas pitadas de sabugueiro para um altar dedicado ao povo das fadas, ou uma pitada de terra de cemitério para um altar ancestral.

Óleo para o altar principal

- 20 gotas de óleo de amêndoas
- 5 gotas de óleo de olíbano
- 5 gotas de óleo de mirra

246 | Livro dos feitiços e encantamentos de Laurie Cabot

- 3 gotas de óleo de benjoim
- 2 gotas de óleo de estoraque
- 3 gotas de óleo de âmbar
- 1 gota de óleo de canela
- 1 pitada de sal marinho
- 1 pitada de pelo de seu animal familiar

Usado para lançar feitiços, ungir instrumentos mágicos e limpar a si próprio antes de rituais, cria energia e aura de extremo poder.

BRINQUEDOS MÁGICOS

Enquanto nem todos os adultos têm brinquedos infantis, alguns de nós, sim. Muitos Bruxos têm coração de criança, já que crianças são as pessoas mais mágicas que existem. Não perdemos o contato com nossa criança interior ou, se fizermos isso, é parte do nosso treinamento nos reconectarmos a essa criança. Tais brinquedos podem ser muito bons para mantermos nossa magia e nosso otimismo como o das crianças. Eles podem ser bastante úteis na cura.

Coleciono bonecas. Elas são como espíritos pequenos e podem ser muito boas, pois têm uma tradição mágica rica. Seu uso não é diferente de estátuas. Acreditamos que estátuas de vários Deuses e Deusas têm poder; colocar uma estátua em seu espaço, mesmo se não for em um altar, traz a energia da divindade para você, o ambiente fica cheio de sua energia inspiradora. Algumas divindades têm poder de longa data. Pense na famosa estátua da Deusa Ísis alada. O nome de Ísis tem sido falado por milhares de anos. A imagem se conecta a uma longa corrente de poder e magia, por isso é importante compreender com quem e com o que você está se conectando por intermédio de uma estátua.

Bonecas e outros brinquedos são semelhantes, porém com muito menos história. Temos a capacidade de moldar e de criar a energia de uma boneca, mas, em essência, elas funcionam de modo semelhante às estátuas. Uma boneca terá a persona e a finalidade do nome e da imagem que você der a ela, e pode ser uma aliada e uma amiga na sua vida. Alguns usam estátuas ou bonecos para conversar, para afastar problemas e preocupações. Na Guatemala, existe a tradição de carregar "bonecos de preocupação", que são como pessoas pequeninas dentro de uma bolsa. Diga seus problemas e eles o levarão embora. A boneca mágica moderna pode ser assim. Outras são usadas mais ativamente em magia.

Eu tenho três prateleiras de bonecas mágicas no meu quarto; cada uma é um altar. Uma boneca esteve comigo como uma aliada durante trinta anos, com base em *Alice Através do Espelho*. As histórias de *Alice no País das Maravilhas* são um mito orientador para mim e desempenham papel importante em minha arte e vida mágica.

Ritual para despertar a boneca

Quando você obtiver sua boneca, limpe e neutralize qualquer força ou energia não desejada. Então segure a boneca e fale com ela. Diga que vai fortalecê-la com sua magia. Entre em estado meditativo, com a contagem regressiva para alcançar o alfa. Visualize a boneca em sua mente como um tipo de ser benéfico. Dê à boneca as características de personalidade e o poder que você quer ter. Esta boneca terá uma especialidade? Como ela pode lhe ajudar? Visualize e projete. Quando sentir que está pronto, diga que essas intenções são "fixas" e não podem ser alteradas por outros ou transformadas em algo mais ao longo do tempo. Sempre será útil e bom. Diga: "Isso será fixo. Isso está feito. Que assim seja."

PROTEÇÃO DA CASA

Todos os feitiços de proteção do capítulo quatro podem ser aplicados ao lar; aliás, muitos solicitam que itens sejam colocados sobre a porta de sua casa. Sacos de ervas e pedras podem ser pendurados acima da porta para proteção. Uma ferramenta de uso doméstico, que é usada especificamente para proteção, entre outras intenções mágicas, é a vassoura.

248 | Livro dos feitiços e encantamentos de Laurie Cabot

A Vassoura da Bruxa deve ser colocada com as cerdas para cima atrás da porta da frente ou dos fundos, para proteção. Essa é uma tradição antiga e poderosa, e ainda funciona. Conheço muitas Bruxas que a usam. A vassoura não apenas protege como mantém pessoas indesejadas longe de sua casa. Sua energia simplesmente varre-os para fora.

Uma vassoura normal, de limpar a casa, pode ser usada para esses fins, mas não será tão boa quanto as Vassouras de Bruxa tradicionais, que são feitas de madeiras específicas. A mais tradicional é aquela feita com galhos de freixo, galhos de bétula e ramos de salgueiro, para unir as cerdas com o cabo. Tais vassouras são difíceis de encontrar ou de fazer, portanto, uma vassoura comercial pode ser decorada com pintura, joias, encantos e sigilos. Seja criativo.

Se não há lugar para colocar a vassoura atrás de uma porta, ela pode ser pendurada sobre um batente, para proteção.

COMIDA MÁGICA

Nossa comida é uma das mais importantes formas mágicas de trabalhar para nós mesmos e para os outros, mas muitas vezes esquecemos desse fato. A comida que consumimos vem da natureza, e, como em todas as coisas, existem correspondências naturais para cada ingrediente que faz parte do que comemos e bebemos. Uma Bruxa sábia conhece como usar essas qualidades para fazer de todas as refeições um ato mágico. O que podemos chamar de "Bruxaria de cozinha" hoje, é parte do aprendizado geral da Bruxa, pois o alimento é um aspecto importante de nossa vida e sustenta a nossa força vital.

A base da comida mágica é construída sobre as correspondências astrológicas e elementares e o uso correto da intenção. Quando você estiver preparando a comida, deve pergunte a si mesmo: "o que este item representa para mim? A quais poderes e forças ele está alinhado? O que eu estou adicionando a ele?" Então começamos a ter uma ideia de que tipo de magia é possível fazer com a comida. Pense enquanto carrega a comida quais as intenções e como apresentá-la e comê-la conscientemente.

Somado ao alimento em si, pense sobre suas ferramentas e utensílios. Todos os utensílios devem ser neutralizados e carregados de intenção para sua magia, assim como qualquer outro instrumento de altar ou item de ritual. Suas facas, colheres, panelas, frigideiras e todo o resto devem ser infundidos com magia.

Com suas ferramentas (culinárias e ritualísticas) na mão, você deve criar um espaço sagrado ao seu redor quando preparar magicamente uma refeição. Trace com luz um Círculo em torno da cozinha. Use seu bastão ou uma colher de pau como sua varinha mágica especial. Não importa se a arquitetura de sua cozinha não acomoda facilmente a imagem de um Círculo; os limites do Círculo Mágico podem atravessar paredes e ser visualizados ao seu redor, até mesmo em uma cozinha quadrada. O importante é estar em um espaço sagrado, entre os dois mundos, ao preparar um feitiço por meio de uma refeição. Assim como seus outros feitiços são mais eficazes em um Círculo, sua comida também será mais eficaz.

Em seu espaço sagrado, com suas ferramentas preparadas, carregue magicamente cada ingrediente com sua intenção. Assim como quando trabalha com cristais, ervas ou mesmo envia cura a distancia. Entre em estado alfa e una sua energia e sua aura com a energia dos ingredientes que estiver usando. Carregue-o com sua intenção. Faça isso antes de cortá-los, cozinhá-los ou adicioná-los a qualquer outra coisa. Corrija a intenção simplesmente afirmando que a energia está fixa no ingrediente e não se dissipará. Cada ingrediente pode ter uma intenção diferente, e juntos, eles podem ter um efeito global, então concentre-se nas intenções de cada ingrediente enquanto o prepara, e com uma maior intenção geral no final do processo, após todos os ingredientes terem sido adicionados.

Se estiver preparando algo com uma faca de cozinha, carregue a faca para atuar como um foco para sua magia, como se fosse um bastão. Ela catalisará seus pensamentos e intenções enquanto o alimento é cortado. Mantenha o foco na sua intenção do feitiço e no trabalho daquele ingrediente específico. Sua energia e intenção fluirão através da lâmina para a comida. Por essa razão, muitos Bruxos têm uma faca especial que ninguém mais na cozinha pode usar, porque é uma ferramenta mágica poderosa.

Ao adicionar cada ingrediente, pense que, misturar, é um ato de magia. Quando adicionar algo com intenção, mexa três vezes, no sentido horário, para misturar e amplificar seu poder. Mesmo ao fazer um prato comum, normalmente, pode adicionar poder a ele. Como a faca, a colher também atua como um canal para a energia.

O poder do fogo, do calor, ajudará a inflamar o feitiço. Assim como quando os pedidos são lidos em um círculo e queimados para liberar sua magia, ou o encantamento de um feitiço de vela começa quando o pavio é aceso, da mesma maneira o cozimento do alimento inflama o feitiço e inicia o processo. Antes de colocar qualquer coisa no forno, certifique-se de que a comida já tenha sido preparada magicamente e fixada a energia. O cozimento vai ativar o feitiço, e todos os que comerem os alimentos receberão os benefícios da magia.

As duas intenções mais populares para magia alimentar são amor e cura. Refeições de amor são uma ótima maneira de compartilhar magias e rituais com seu parceiro, mesmo que ele não esteja ativamente envolvido em magia. Alguns consideram esse tipo de magia manipuladora, mas podemos fazer muito para definir o cenário para o amor em outras áreas – como nos vestimos, o perfume que usamos –, portanto, aquela comida mágica simplesmente intensificará um encontro maravilhoso. Quando convidar um amante ou um potencial amor para uma refeição, carregue a atmosfera inteira com sua intenção. Comece com uma toalha vermelha, velas vermelhas e flores românticas, todas carregadas. Encante toda a comida para o amor, use ervas e especiarias associadas com Vênus e Marte. Tenha um pouco de incenso e coloque uma música de fundo apropriada para definir o humor.

As refeições usam a magia dos alimentos, bem como suas propriedades nutricionais, para aumentar a cura. Muito da nossa magia tradicional de cura foi um entendimento básico de herbologia intencional. Saber quais ervas acalmavam o estômago, como sementes de funcho, por exemplo, e quais são capazes de queimar uma infecção, como alho, pode parecer uma forma maior de magia para aqueles que não possuem o mesmo conhecimento que temos, mas o uso da intenção e do espaço sagrado combinados com esse conhecimento realmente valoriza um feitiço. Tradicionalmente, os ingredientes governados pelo Sol, para a saúde global, e por Mercúrio, para melhorar a comunicação e o fluxo dos sistemas do corpo, são usados na comida mágica para cura.

Uma amiga Bruxa que estava dando um grande jantar para a família decidiu fazer uma pequena magia através de sua comida. Ela tinha algumas perguntas sobre a história da família, mas geralmente os familiares fechavam a boca perto dela. Então ela fez um feitiço da verdade em toda a refeição. Tudo o que ela preparou foi escolhido para liberar informações verdadeiras. A impressão que pode passar é de que algo estranho ou engraçado está acontecendo, como se fosse um seriado de cinema ou de televisão, mas não foi bem assim. Era simplesmente uma família compartilhando histórias do que aconteceu a eles e a seus entes queridos, mas tudo verdadeiro. No final da refeição, estavam todos histericamente rindo dos contos que foram revelados em volta daquela mesa. Ela passou a ter um melhor entendimento de sua família e todos gostaram disso.

Para os mais tradicionalistas, recomendo o clássico *Culpeper's Herbal*, de Nicholas Culpeper, que lista uma grande variedade de alimentos, bem como muitas ervas, suas virtudes e com suas propriedades astrológicas, não apenas as mágicas. O trabalho de Scott Cunningham, incluindo *A Cozinha Mágica* e *Encyclopedia of Magical Herbs*, também é bastante útil para escolher as associações adequadas com alimentos e temperos. Veja alguns exemplos:

MAÇÃ: a macieira é uma árvore frutífera associada com Vênus, trazendo amor e harmonia, bem como uma erva do Reino das Fadas e da magia de Avalon. As sementes formam um pentagrama, fazendo da maçã um símbolo sagrado para a Bruxa. Beber suco de maçã pode ser uma forma de poção do amor, para amor-próprio, bem como para atrair um amante que seja certo para você.

CENOURA: planta de Mercúrio, usada para a cura de todos os tipos, as cenouras são ricas em minerais e, como diz a velha tradição folclórica, são excelentes para os olhos.

CANELA: utilize em tortas, biscoitos e outros doces para um feitiço de dinheiro. A canela pode ser adicionada ao seu café ou chá para criar uma poção de dinheiro. Ela é governada por Júpiter, o que aumenta seu status e riqueza.

CRAVO-DA-ÍNDIA: outra grande erva jupteriana para trazer boa sorte e fortuna. Os cravos-da-índia estão também na tradicional bebida Pagãs de Yule, *wassail*.

SUCO: sucos de frutas e vegetais são uma maneira de adicionar magia sutilmente em vários ingredientes para outros pratos. Os sucos podem ser usados como base para dar sabor a outros alimentos naturalmente e adicionam algum poder para a refeição e podem ser usados como parte de molhos para salada.

FOLHAS VERDES: muitas folhas verdes, e de fato, todas as plantas verdes, têm associações com os planetas Vênus e Terra, para o amor, sensualidade e aterramento. Folhas verdes-escuras têm teor de ferro elevado, e já que o ferro é o metal de Marte, elas levarão essas associações também.

LIMÃO: governado pelo Sol e pela Lua, limões são um ótimo limpador do corpo e da energia, são ricos em antioxidantes e servem para o sucesso, já que a cor amarelo-limão está conectada com o ouro do Sol. Eu uso um monte de limões em minha comida mágica. Quando espremido na hora, os limões podem amaciar carnes.

PAINÇO: painço é governado pelo Sol e, como um grão, pela Terra. Usado para a saúde e bem-estar geral.

MOSTARDA: governada pelo Sol e por Marte, a mostarda é usada para o sucesso e para o bem-estar.

LARANJA: laranjas são governadas pelo Sol e por Mercúrio, tornando-as um alimento de cura e de sucesso. Elas são muito estimulantes.

SALSA: governada por Marte, a salsa é uma excelente erva de limpeza para os rins. Traz os aspectos benéficos do planeta Marte.

PIMENTA VERMELHA: pimentas de todos os tipos são usadas para magia envolvendo um pouco de tempero, paixão, amor e criatividade.

RAÍZES: todas as raízes ajudam a aterrar, a centrar e a equilibrar. Elas ajudam a estar presente em seu corpo e aterram energias insalubres e em excesso. São ótimos alimentos para aqueles que estão inconstantes e nunca totalmente presentes no dia a dia.

MORANGO: governado por Vênus e Marte, o morango traz amor e paixão, além de uma doçura que o torna particularmente bom para magia romântica.

A carne é um assunto complicado para muitos Bruxos, devido a preocupações com o meio ambiente e práticas agrícolas desumanas. Alguns Bruxos são onívoros, e outros não. Alguns acham que devem comer carne por questões de saúde, enquanto outros acreditam fortemente que por razões morais e de saúde é imperativo não comer carne. Enquanto eu ainda opto por comê-las, minha filha Penny, não.

Em uma entrevista para o *Astrarium*, um site on-line de espiritualidade, Penny disse:

> Eu sinto que nossas plantas têm uma maior compreensão da comunidade e parece que o mundo vegetal também entende a desagregação da matéria para fazer uma maior conexão com a mente universal. Assim como sinto que as plantas sentem e têm alma, eu também sinto que seu propósito é o de um espectro muito mais amplo da unidade universal. Eu, pessoalmente, ficaria mais feliz se nada tivesse de morrer para que nós pudéssemos viver, mas quando você olha para a verdadeira ordem da natureza, começa a compreender seus componentes, e como a água e a vida vegetal alimentam as energias universais através de ciclos de vida naturais, como um batimento cardíaco. Eles projetam os impulsos de ondas de luz e conhecimento como uma migração, e alimentar o corpo humano faz parte dessa migração.
>
> Eu sinto que agradecer o animal e honrá-lo sempre deve ser feito, sendo grato de coração pelo o que você recebeu; e se você comer animais, espero que se entristeça pela perda dessa vida. Eu não espero que todos apenas parem de matar animais, apesar de que seria bom ver isso na minha vida. Pessoalmente não acho que há uma boa razão para matar nossos animais para a alimentação. Na minha opinião, o vegetarianismo não nega o ciclo de vida; na verdade,

acho que comendo comida verde, você a está abraçando ainda mais. Quando você bebe um copo de água, nenhum organismo morreu para alimentá-lo, então não pode haver nenhuma negação do ciclo de vida.

Animais podem ter uma consciência evolutiva muito diferente, e Bruxos precisam estar cientes disso. Honrar os animais é uma das razões pelas quais muitos Bruxos usam crânios e ossos em sua magia, honrando o seu espírito e, geralmente, encontramos tais itens enquanto andamos pelo bosque, nunca matando. O pelo de animal usado em nossos rituais é de animais vivos e que caíram naturalmente. Mesmo não os usando hoje, nossos antepassados usaram crânios humanos pela mesma razão, para honrar e se comunicar com aqueles que morreram. Hoje usamos representações artísticas do crânio, como estátuas e esculturas, pois é socialmente aceitável se conectar com nossos antepassados dessa forma.

Comida pode ser neutralizada e carregada assim que você chegar em casa do supermercado. Hoje nossa comida vem de mil lugares diferentes e viaja muito longe para chegar até nós. Quem vai saber que tipo de energias e intenções foram expostos esses alimentos em suas viagens? Não é que qualquer um desses locais sejam inerentemente maus, mas simplesmente não sabemos o caminho. É muito melhor estar seguro usando nossa magia para reenergizá-la. Em particular, eu sempre limpo e carrego aves, carnes e peixes. É maravilhoso comer uma dieta totalmente orgânica, com carnes provenientes de fontes que viveram ao ar livre, mas não é sempre possível para muitos de nós. Vivemos com rendas fixas e sustentamos as nossas famílias com base em um salário que muitas vezes torna isso inviável.

Faça um ritual de guardar as compras colocando bênção em toda a comida. Abençoar nossa comida foi um ritual realizado por séculos e tendemos a esquecê-lo, ou, propositadamente, a não usá-los, pensando que a ação de graças é uma tradição cristã. Mas culturas Pagãs, em todo o mundo, durante séculos, têm agradecido pela troca de vida por vida. Essas culturas sempre agradeceram aos animais, às plantas e a todas as pessoas envolvidas. Nos tempos de *fast food*, ninguém agradece à vaca quando passamos pelo *drive-thru*. As pessoas tentam não pensar sobre a vaca. Temos que agradecer e ir ainda mais longe, particularmente em nossa casa. Não leva muito tempo ou energia para fazer isso, e os padrões que estabelecemos hoje, continuarão em nossa vida se definirmos a intenção da bênção e os agradecimentos.

MEDICINA E MAGIA

Assim como a comida, nossos medicamentos, suplementos e ervas podem ser encantados com energia e intenção, aumentando o seu efeito. Faça um ritual não só para suas refeições, mas também para seus suplementos e receitas. Sempre que for ingerir algo, purifique-o de quaisquer energias incorretas, como faria com qualquer outro item. Em seguida, adicione sua intenção e energia, visualizando a luz para o item de cura. Ainda que um medicamento seja supostamente feito para curar, carregue-o com essa intenção específica e para trazer à tona todas as suas propriedades curativas conhecidas e desconhecidas. Neutralize qualquer efeito colateral indesejado da medicação. Realizar este ritual expande o uso de todos os medicamentos. Carregue todas as receitas, vitaminas, minerais e ervas que for usar.

ANIMAL DE ESTIMAÇÃO MÁGICO

Todos os nossos animais de estimação são criaturas mágicas. São membros amados de nossa família e têm muito a nos ensinar. Costumo dizer que moro com meus gatos, não o contrário. Eles mandam, mantém a agenda e geralmente nos dizem o que fazer e como as coisas deveriam ser. Não consigo imaginar minha vida sem eles.

Assim como encantamos a nossa própria casa, devemos estender essa magia para os membros peludos e emplumados da nossa família. Faça para seus animais de estimação o que você faria para si mesmo. Carregue tudo magicamente para o animal de estimação – comida, prato de comida, pote de água, caixa de areia, cor, coleira, brinquedos – com intenção. Para cura, proteção, conforto, alegria e uma profunda conexão espiritual com você e com os outros membros da família.

Se você tem conexão mágica com um determinado animal de estimação, geralmente um que está mais ligado espiritualmente do que outros, então este animal pode ser considerado um familiar. Um familiar é um amigo espiritual do mundo animal, um parceiro em magia. Esses animais terão um interesse ativo em sua prática de meditação e magia se ele se juntar a você quando entrar em alfa para fazer trabalho meditativo, ou ao lançar círculo ritual. Eles podem ajudá-lo, mas muitas vezes podem fazer magia por conta própria. Familiares são criaturas muito especiais, que muitas vezes têm suas agendas. Às vezes a energia deles são tão poderosas quanto a nossa própria, ou ainda mais, e é frequentemente mais pura do que a humana. Você pode pedir a eles para que somem sua magia em seus feitiços, e muitas vezes, mas nem sempre, eles irão ajudar.

Cães e gatos passam muito tempo em estado alfa. Eles são naturalmente mágicos. É por isso que eles sabem quando você está vindo para casa. Os animais são mais receptivos às informações mediúnicas, particularmente das pessoas com quem eles estão sintonizados. Meu pai trabalhava em horas estranhas, mas nosso cão, o Dominó, ia para a entrada da garagem sempre no momento oportuno. Como ele sabia? Sabíamos que quando ele ia para lá nosso pai estava a caminho. Cada movimento que ele fazia, o cão sabia.

Muitos de nós ouvimos histórias de gatos que foram abandonados, ou se perderam, e que tentaram encontrar o caminho de volta para os seus donos, andando em lugares que nunca haviam visto. Eles ficam sintonizados com a família. Eu li sobre um gato viajando de San Diego, no sul da Califórnia, até San Francisco, na área da Baía Norte. Leva cerca de oito horas de carro pela estrada. Como o gato sabia fazer isso? Eles devem ter acesso à informação não linear. Em suma, eles são mágicos!

Comunicação meditativa com um animal

Para aprofundar sua conexão com um familiar, dedique tempo para olhar em seus olhos. O contato visual é incomum para um animal, mas um dos sinais que o animal de estimação é seu familiar reside em ele estabelece tal contato visual com você. Meu amado gato, o

Merlin, ficava confortável olhando nos meus olhos. Tome tempo para se sentirem confortáveis juntos, acaricie o animal, e então estabeleça contato visual. Fale com ele com sua mente somente. Faça uma ligação mental direta com seu familiar.

Um dos exercícios que você pode praticar para verificar a conexão com seu animal é esperar até que ele esteja dormindo em outro cômodo, entrar em estado alfa e visualizar o animal. Sussurre em seu ouvido, pedindo-lhe para vir aqui. "Vem cá, quero lhe dizer uma coisa." Se você for bem-sucedido, o animal vai despertar e virá para você, sempre com o olhar de "o que você quer agora?" Essa é uma boa maneira de demonstrar efetivamente sua ligação psíquica. Só não faça isso demasiadas vezes, o animal se irrita quando perturbam seu sono. Então tenha um bom motivo, o familiar não precisa ser verificado, mas isso é útil para nós, humanos.

Assim como nos empoderamos (capítulo onze), podemos fazer o mesmo para nossos animais de estimação. Sempre que cuidamos deles, escovando ou enfeitando-os, podemos adicionar magia ao processo. Dar banho e cortar as unhas pode ser reforçado pela nossa magia, bem como as coleiras do animal e, caso usem, roupinhas também. Coleiras podem ser enfeitiçadas usando os atributos de cores específicas. Algumas pessoas gostam de amarrar itens mágicos na coleira, mas deve-se sempre ter cuidado, pois podem facilmente cair e um animal pode pensar que é um brinquedo. Ervas podem envenenar e pedras e sacos mágicos podem engasgar.

Cuidado para não enfraquecer seu animal de estimação. Podemos aparar as unhas, mas nunca remover suas garras. Minha mobília é arranhada, mas escolhi ter gatos, então esta é a consequência possível de minha escolha. Bruxos entram em quaisquer relações de cabeça sabendo das consequências de suas ações e aceitando a responsabilidade sobre elas. Eu escolhi ter gatos e isso é parte da realidade. Você pode comprar um arranhador. Eu tenho cinco, mas às vezes eles ainda vão usar a mobília. Isso não é grande coisa para mim, afinal de contas. As bênçãos superam os danos ao mobiliário. Eu cuido deles e eles cuidam de mim. Se você quiser um cômodo com mobília imaculada, simplesmente tranque as portas daquele local.

Meu óleo de familiar

- 20 gotas de óleo de amêndoa doce
- 3 gotas de óleo de bergamota
- 1 gota de óleo de artemísia
- 1 pitada de sementes de lótus
- 1 pitada de raiz de confrei secas
- 1 pitada de pelo do seu familiar

Use este óleo para abrir suas capacidades psíquicas e sintonizar a consciência de seu familiar. Você precisará adicionar um pouco de pelo do animal com o qual deseja se sintonizar. Eu sei que meus gatos perdem bigodes ou mesmo a garra, então posso acrescentá-los ao óleo também. Use esse óleo para atrair um animal para auxiliar na sua magia e também no seu dia a dia.

Capítulo Nove

Feitiços de Viagem

Enquanto Bruxos muitas vezes preferem ficar em casa, a viagem é parte importante do mundo moderno, da mesma forma que foi no mundo antigo. Os druidas celtas viajavam entre as diversas tribos para fazer pronunciamentos e realizar rituais. Na Bruxaria medieval, o Homem de Preto era um Bruxo que conectava vários Covens, viajando conforme a necessidade, assim como Merlin ou Gandalf. Hoje, nossa viagem pode não ser tão magicamente orientada. Viajamos a trabalho. Viajamos de férias. Viajamos para visitar a família e amigos. Mas se olharmos as viagens com olhos mágicos, podemos notar que se trata de uma oportunidade para o crescimento e o encantamento. Você nunca verá um unicórnio, ou algo que considere extraordinário, se você não buscar por ele.

A maioria das pessoas é muito desatenta. Não param para olhar. Não olham ao redor. Observação é muito importante para uma pessoa mágica. Quando eu viajava no trem de Boston a Nova Iorque, via todas as novas cenas quando passávamos por Connecticut, atravessando o oceano, e podia contar cisnes e garças na água. Passando por campos e bordas de matas, eu queria olhar para os pássaros e outros animais. Eu tentava ver todos eles. Essa observação me ajuda a estar presente no agora quando viajo. Também pode ser útil ter uma caneta e um caderno para anotar a inspiração que vem ao observar. Ou meditar, usar música e histórias para entrar no clima da viagem.

Viajar deve ser uma alegria. A viagem faz parte das férias e deve ser divertida. Se você olhar para o tempo como uma alegria e não uma tarefa, pode diminuir a ansiedade que tem em torno das viagens. Quando for viajar, certifique-se dos pequenos confortos para tornar a viagem mais agradável.

Eu gosto de viajar com um altar pequeno, portátil e com ferramentas rituais. Levo comigo:

Pequenos cristais de poder
- Bastão em miniatura
- Um pequeno pentagrama
- Joias e amuletos mágicos
- Pequenos frascos com minhas poções favoritas
- Pequenos pacotes com incenso em pó
- Velas pequenas
- Fósforos

Pode ser particularmente importante levar pequenas quantidades de poções, pós e pedras. Você talvez precise deles para fazer algum trabalho mágico, ou melhor ainda, pode dá-los a pessoas que possam precisar disso mais do que você, para ajudar a empoderar os outros durante sua viagem.

Não acho interessante viajar para passar o tempo todo em visitas guiadas. Não é preciso fazer todas as atividades turísticas. Vá para locais onde as pessoas do lugar vivam o dia a dia. Vá para lugares simples, para ver pessoas e experimentar a energia. Entre em um mercado, em uma farmácia. Leve algum tempo afastado dos lugares turísticos, mesmo que só por uma tarde. Não tem como ter ideia da cultura e de como são as pessoas se não as enxergar onde estão. Não se aprende a magia de um lugar ficando preso onde todos vão. Mesmo quando visitar os lugares mais famosos, explore-os por conta própria. Roteiros turísticos podem desviar sua intenção; ninguém precisa de guia para andar pelo Coliseu, você pode ir lá e experimentar por si mesmo. E não gaste todo seu tempo apenas em locais históricos. Conecte-se ao povo. Preste atenção na comida, na música, na vida e na arte.

Toque em algo vivo da natureza para obter uma conexão com o lugar – árvores, folhas, cascas, sementes ou pedras. Segure-os em suas mãos, entre em alfa e comungue com eles. Conecte-se com a energia de toda a terra por intermédio dessa coisa viva da natureza. Se você levar tais itens consigo, será um marco futuro, permitindo que facilmente viaje a distância ou mesmo volte no tempo para este momento. Objetos coletados naturalmente podem nos levar de volta para terras estrangeiras e então podemos mergulhar energicamente na história. Às vezes eles nos conectam com vidas passadas.

PROTEÇÃO PARA VIAGENS

Embora toda magia de proteção esteja com você aonde quer que vá, podemos tomar precauções especiais de proteção ao viajar. Uma parte importante dessa proteção, e de qualquer magia, é focalizar o final do objetivo, que nada mais é que chegar em segurança ao seu destino. Então se visualize no lugar para onde está indo. Uma vez que iniciar a sua viagem, concentre-se no destino e em sua chegada em segurança, em vez de simplesmente chegar lá. Faça feitiços de proteção em seu veículo, na bagagem ou em qualquer outra coisa que envolva viagens, assim como faria em outros objetos.

Pentagramas de luz branca em volta do veículo

Sempre que eu entro em um novo veículo – seja ele o carro de outra pessoa, táxi, ônibus, barco ou avião – eu aciono meu gatilho alfa e entro em um estado meditativo de luz. Então traço pentagramas de luz branca em minha mente, nas quatro direções. Peço ao Universo, à Deusa e ao Deus para que, por favor, protejam o veículo e tudo sobre ele, e para que eu faça uma viagem segura.

Feitiço de bagagem

Se você tem medo de perder sua bagagem em uma viagem, coloque raiz de confrei com uma hematita ou uma magnetita em um saco branco e coloque em sua mala. Para certificar-se duplamente, use uma quantidade de raiz de confrei para dois sacos. Faça um com a pedra e coloque-o na mala e o outro fica com você durante a viagem. Isso vai garantir que as duas medidas de raiz sejam unidas novamente.

Outro feitiço simples é carregar magicamente uma pedra pequena de quartzo para proteger e reter sua conexão com a bagagem, sem percalços e, após fazer isso, coloque-o na mala.

Somado à projeção de chegar com segurança, devemos usar nossa magia para que o local para onde estamos indo esteja seguro. A última vez que fui para Stonehenge para uma cerimônia, ficamos em Londres por uma semana. Fomos para Islington e o mercado aberto, enquanto estava lá, tive um forte sentimento psíquico que haveria algum tipo de ameaça de bomba. Deixamos o mercado de antiguidades e atravessamos a rua para uma velha casa de chá e nos sentamos para apreciar a bebida. Pouco depois, ouvimos as sirenes e soubemos que havia um aviso de bomba. Felizmente não houve bomba alguma e ninguém ficou ferido.

Londres estava tumultuada nessa época. Uma semana antes de chegarmos uma bomba havia explodido em Nottingham. Tivemos outra aventura ao tomar um táxi, na Queen's Road. Havia outra ameaça de bomba por lá, enquanto passávamos pelo parque. As autoridades fecharam o local, pois estavam perseguindo um carro específico. Ficamos presos no táxi dentro do parque por uma hora até a polícia liberar a passagem. Embora os avisos nos afetassem, nunca vimos qualquer tipo de violência e as ameaças reais nunca estiveram ao nosso redor. Então nossa projeção para uma viagem segura foi boa. Só porque você chega em segurança não significa que está seguro. Perigo pode acontecer enquanto você está lá, não só nas viagens de um lugar para outro. Para se certificar, use sua magia para garantir que toda a viagem seja segura.

Magia funciona melhor quando combinada com a ação no mundo real. Use algum pensamento pragmático. Enquanto estiver passeando, à procura de diversão, esteja também vigilante e use o bom senso. Não use notebook em público ou deixe a carteira exposta. Esteja consciente e alerta, particularmente em locais estranhos. A maioria de nós anda por aí pensando que não há nenhuma chance de alguém escolher nossos bolsos ou roubar nossas carteiras, mas isso acontece. Criminosos têm turistas como alvos em particular. Há batedores de carteira em toda parte, especialmente nas grandes cidades como Londres e Nova Iorque. Cuidado ao andar em uma multidão de pessoas. Sempre verifique se suas coisas estão com você. Enquanto vivemos nossa magia e queremos que todos saibam que proteção mágica está disponível, não significa que "todos os problemas acabaram", especialmente quando você não tem bom senso. Use uma compreensão básica do mundo em conjunto com sua magia. Afinal, Bruxos riem, sofrem e choram como todos os outros, mas nós provavelmente sofremos e choramos menos do que a maioria.

Chegando em casa e lugares de poder

Às vezes nossa viagem nos leva para casa. Nossa casa não é necessariamente onde nascemos ou onde vivemos agora. Casa está ligada à nossa alma, a nossas vidas passadas e ao nosso propósito atual no mundo. Eu me senti como se voltasse pra casa na primeira vez que fui à Inglaterra. Era tanto minha casa espiritual, pois minha professora Felicity era natural da Inglaterra e me ensinou a magia das Bruxas de Kent, quanto minha casa pessoal, pois é a terra dos meus antepassados. A Inglaterra falou profundamente à minha alma e me mudou para sempre. Pense nos lugares para onde viajou. Você teve um sentimento de lar em algum desses locais? Sentiu alguma ligação na sua alma? Se não, talvez suas viagens ainda o levarão até lá.

Para mim, uma das minhas experiências de vida mais mágicas ocorreu a primeira vez que fui para a Inglaterra. Não era um ritual formal ou um feitiço, mas uma reconexão espontânea com a minha terra natal. Só de estar nesse lugar desencadeou a magia em mim. O lugar onde eu pisava, ainda que normal aos olhos de outra pessoa, era mais profundo do que qualquer outro lugar que eu já tinha visitado.

Meu avião chegou ao aeroporto de Heathrow e eu estava cansada da viagem e fora de órbita com o fuso. Alguém veio me buscar. Quando chegamos à mansão em Preston-on-Stour, não muito longe do mais famoso Stratford-upon-Avon, e saí da limusine, algo aconteceu. Pus o pé no chão e, de repente, senti que meus pés tinham raízes enormes e minha energia estava entrando profundamente na terra abaixo de mim. Não sabia o que fazer. Eu estava sendo cumprimentada pelo meu anfitrião e, simultaneamente, tendo essa sensação avassaladora que eu não esperava. E ainda meus sentimentos se superaram mais tarde, em Stonehenge e Glastonbury. A coisa mais estranha é que foi tudo inesperado. Eu não busquei por isso, simplesmente saí para o campo e fiquei impressionada. O evento literalmente ligou meu ser físico, meu corpo de luz, tudo de mim, à terra das Ilhas Britânicas. Quem diria que Preston-on-Stour seria o lugar de uma bênção?

Enquanto eu estava na Inglaterra, explorei minha conexão mágica lá. Minha magia parecia mais forte, como se a terra simplesmente respondesse aos meus pensamentos e sentimentos. Tudo parecia possível. Eu testei constantemente a conexão. Enquanto estava na Inglaterra, tentei um feitiço conhecido como "chamado do bafo do dragão". Em segundos havia uma nuvem no horizonte que se transformou na imagem de um dragão enorme. Eu senti a presença do espírito de um dragão e, com o pôr do sol, ele parecia ser feito de fogo. Era como se alguém tivesse pintado um dragão no céu. Tais imagens não estavam presentes no formato das nuvens antes de começar o feitiço.

Minhas experiências continuaram com uma chamada psíquica. Eu tinha um amigo que vivia na aldeia ao lado de Preston. Lancei um círculo no chão com a espada enquanto caminhava e então chamei esse amigo para que viesse imediatamente, porque eu queria vê-lo. Destracei o círculo e voltei à mansão onde estava hospedada. Não mais do que dois segundos depois que voltei, ele chegou.

Tudo o que eu intencionava na Inglaterra se manifestava. A terra estava cheia de força vital que eu podia sentir. Qualquer pensamento que eu tinha, acontecia instantaneamente. Não demorava para se manifestar. Eu tinha que ter muito cuidado. Conheci um jovem enquanto estava lá, chamado Clive, que sofria de câncer no cérebro. Ele ouviu que eu era uma Bruxa e pediu minha ajuda. Eu concordei, embora ele permanecesse sob os cuidados de um médico também. A cura mágica nem sempre é garantida, pois ela depende de ambas as partes, daquele que lança feitiço e daquele que recebe a cura. Afinal, eu não sou uma curandeira, eu apenas ajudo a facilitar a cura. Disse a Clive que gostaria de tentar, mas que nunca tinha trabalhado com alguém com este tipo de doença. Coloquei minhas mãos sobre sua cabeça, limpei sua energia e preenchi seu corpo de luz de cura. Uma semana depois, ele foi ao médico fazer check-up, e fizeram mais exames. Logo ele descobriu que seu câncer tinha sumido completamente. Clive retornou em êxtase para me dizer que o trabalho de cura tinha dado certo.

Em retrospectiva, vendo o quanto minha magia trabalhou naquela viagem para a Inglaterra, eu deveria ter tirado mais vantagem para ajudar a mim e a minha própria vida. Mas não foi o que fiz. Eu realmente estava boquiaberta com tudo. Quase tive medo dos meus pensamentos e sentimentos, pois eles pareciam muito poderosos lá. Assim que percebi o que estava acontecendo, fiquei muito cuidadosa com tudo. Pensando nessa viagem, eu poderia ter feito tantas coisas, curas e magias pessoais para mim e para minhas filhas, mas não fazer demais era a coisa certa; fiz o que era necessário. Algum tempo depois, voltei à Inglaterra para lançar um livro, e também foi uma experiência mágica, mas a quantidade de trabalho que tive no lançamento do livro me impediu de ter muito tempo para o lazer e novas experiências.

Em minhas várias viagens consegui realizar o desejo de visitar Stonehenge e Glastonbury. Notei que as pessoas devem ter cuidado quando visitam qualquer local sagrado. Como toda a experiência vivida em minha primeira viagem à Inglaterra, pensamentos e emoções das pessoas se manifestam quando pisam em terras sagradas dos antigos. Nosso próprio poder pessoal mistura-se com o poder inerente da terra. Muitos desses lugares estão "entre os mundos" e é como estar em um Círculo Mágico poderoso, só de passar por eles. Eu juro, andar pela Abadia de Glastonbury expandiu minha própria aura em proporções planetárias. O ritual não era necessário. Eu estava andando sobre a grama da paisagem etérea da pequena aldeia.

Às vezes temos medo de que tais locais exóticos estejam fora do nosso alcance. Muitas vezes eles podem ser mais acessíveis do que se pensa; com o poder da magia, tudo é possível. Aqui vai um feitiço para ajudá-lo a alcançar qualquer destino que você deseja.

Atraindo você para as terras sagradas

Se quiser visitar uma terra sagrada, ou mesmo qualquer lugar e formar uma conexão mágica ali, execute um feitiço para conectá-lo, tornando sua visita potencial muito mais provável. Tire seus sapatos, pise em um papel limpo e sem linhas e contorne seus pés com caneta. Use papel mágico ou papel colorido, que não seja reciclado com intenções anteriores. Laranja é a cor de Mercúrio e das viagens, então um papel laranja funciona bem. Escreva seu nome no meio de ambas as pegadas. Dobre o papel e diga ou escreva o seguinte feitiço:

> Eu planto meus pés neste lugar mágico. Conecto minha energia para estar em dois lugares ao mesmo tempo. Estou no meu lugar sagrado, meu lugar de bondade e, simultaneamente, estou na minha casa também. Que assim seja.

Coloque o papel em um envelope com uma pluma, ou empacote uma pedra especial com ele. Envie-o para a agência de correios da cidade mais próxima de seu local sagrado com nenhum endereço de retorno. Você está agora conectado àquele lugar, cidade, terra mágica. Use essa conexão para abrir possibilidades de viagens adequadas e acessíveis ao seu lugar desejado.

Solo sagrado, pedras e terra

Bruxos são conhecidos por usar a terra e o solo de um lugar sagrado ou especial em feitiços mágicos. Nós coletamos amostras – terra, solo, pedras, pedaços de madeira – para reconectar-se a esse espaço, no futuro, ou colocar sua magia em um talismã ou poção. Quando segurá-lo ou colocá-lo em cima de um pedaço de papel e pisar sobre ele, você pode mais facilmente se conectar ao lugar através de viagens mentais.

Locais diferentes têm diferentes energias. Cada uma tem sua utilização mágica. Tudo depende de sua relação com o lugar. O que você sente sobre a energia do lugar? É protetora? Poderosa? De cura? Você teve sorte lá? Então esses são os tipos de magia que funcionarão melhor.

Eu tenho o solo dos seguintes lugares:

- Stonehenge
- Glastonbury
- Penhascos de Dover, na Inglaterra
- Findhorn, Escócia
- Grande Pirâmide do Egito
- Deserto egípcio
- Deserto do Saara
- Machu Pichu, Peru
- Tulum, México
- Austrália
- Islândia
- Califórnia
- Sedona, Arizona
- Waikiki, Havaí
- Filadélfia, Pennsylvania
- Miami, Flórida
- Kodiak, Alaska

Ajudando os outros a encontrar seu lugar feliz

Terra de lugares particulares também pode ajudar os outros a se conectarem a esses lugares. Se você tem alguém em sua vida que está triste vivendo onde vive, pode espalhar terra ou areia de algum lugar especial em cima da porta da pessoa. Isso pode catalisar uma viagem para movê-la para um lugar feliz. Certifique-se que a terra usada é de algum lugar que você associa com felicidade – que seja confortável, seguro, próspero. Você pode listar todas as qualidades que quer no novo lugar com a terra nas mãos antes de polvilhar na sua porta ou perto de seus pés. Este feitiço não pode obrigar ninguém a se mudar, mas incentiva a pessoa a avançar para a felicidade, onde quer que ela esteja. Às vezes, nenhum movimento ocorre, mas a energia de felicidade daquele lugar vai harmonizar a casa. Se você estiver lidando com um vizinho prejudicial, ajudará a mudar sua energia negativa em maior harmonia, independentemente de ele ficar ou partir.

Às vezes, Bruxos reúnem outros itens naturais de lugares aos quais viajam, e pode ser difícil fazê-los voltar para casa. Eu tinha um saco plástico cheio de bolotas de carvalho para meu amigo Ian ao viajar no exterior. Bolotas de carvalho podem tornar alguém invisível, no sentido de que as pessoas não o notam ou reconhecem. Eu usei a magia das bolotas para passar pela alfândega sem nenhuma pergunta ou preocupação. Coloquei minha bolsa com as bolotas bem em cima do balcão e o agente da alfândega nem olhou para ela. Invisibilidade, especialmente se você for conhecido, pode ser uma excelente habilidade para quando estiver viajando e quiser ser deixado em paz.

Feitiço sob o sol da Toscana

Para se mudar para um lugar feliz e belo

- 1 girassol ou várias pétalas de girassol
- 2 sementes de girassol
- 1 vela amarela ou dourada
- Papel-pergaminho
- Caneta e tinta preta
- 1 citrino

Envie uma carta ou um e-mail para a área ou a cidade para onde você deseja se mudar e peça à câmara de comércio da prefeitura para lhe enviar informações sobre a cidade. Diga-lhes que deseja se mudar para lá.

Em um pedaço de papel, trace suas pegadas. Coloque-as em um envelope com uma pétala de girassol e envie para a agência de correios da cidade onde você deseja morar. Quando enviar sua pegada, não coloque um endereço de retorno no envelope.

Coloque sua vela em um suporte e sente-se em um lugar para fazer o seu feitiço. Espalhe pétalas de girassol e as sementes na base da vela. No papel pergaminho, escreva este feitiço:

Luz solar brilhante que traz calma noites de luz das estrelas e luas pacíficas. Esse é o lugar ao qual eu pertenço. Uma vida feliz sem conflitos. Um lugar de beleza!

Feitiço para mudar de casa

Quando você decidir em qual país, cidade, estado ou cidade você deseja viver, então poderá acionar um projeto para isso acontecer com esse feitiço. Você vai precisar:

- 1 vela marrom
- 1 vela amarela
- 1 vela azul royal
- Incenso da casa nova
- Queimador de incenso
- Carvão Pergaminho
- Caneta preta
- Envelope
- Selos
- Mapa de onde você morar
- Endereço de correio do lugar onde você quer viver

Primeiro obtenha um mapa da área e, se possível, uma imagem da área geral. Na quinta-feira, após a Lua nova, coloque as velas sobre a mesa. Coloque seu queimador de incenso em frente às velas. Acenda as velas e o carvão. Polvilhe o incenso sobre carvão aceso e deixe a fumaça subir.

Coloque o mapa na sua frente. Visualize uma casa linda e você abrindo a porta com uma chave e entrando no seu novo lar. Coloque sua mão esquerda no mapa enquanto visualiza.

Escreva em um pedaço de pergaminho com uma caneta preta o seguinte:

Esta é minha casa, a casa da beleza e do amor.
Estarei segura, feliz e espiritualmente completa neste lindo lugar.
Que assim seja.

Coloque o feitiço dentro do envelope endereçado. Não coloque um endereço de retorno. Coloque o selo nele enquanto o incenso estiver queimando, em seguida, passe a carta através da fumaça mágica.

Depois, coloque as três velas sobre o mapa. Deixe as velas queimarem por uma hora e, em seguida, apague-as. Apague o carvão e, com o incenso ainda esfumaçando, leve sua carta aos correios e envie-a. Se você tiver acesso a um punhado terra de onde deseja viver, espalhe sobre a porta do local que vive agora, assim você vai pisar na terra de onde deseja viver.

Quando chegar ao lugar escolhido, a magia começa, sua carta vai levar sua energia para a nova cidade. Claro, você precisa procurar imóveis nesse local para verdadeiramente encontrar um lugar. Mas o feitiço preparou o caminho. Arrume os seus pertences, porque você mudará em breve!

Incenso para vender sua casa

- 1 colher (sopa) de patchouli
- 1 colher (sopa) de hortelã
- 1 colher (sopa) de pétalas de girassol
- 8 gotas de óleo de maçã
- Glitter dourado ou cobre

Queime este incenso na frente de sua casa. Sua intenção será levada pelos ventos e o ar trará o comprador certo para encontrar sua casa e fazer uma oferta.

ÁGUAS MÁGICAS

Da mesma maneira que recolhem a terra de locais sagrados, Bruxos guardam água de lugares mágicos e de outros menos conhecidos que ainda contêm energia. Água é a seiva da terra. A água absorve a vibração do lugar. Usar água em magia é uma maneira de direcionar a energia para aquele lugar e, como essencialmente todas as águas estão ligadas entre si, compartilhamento de água em magia conecta diversos lugares.

Acreditamos que poços, nascentes e rios têm seus próprios espíritos. Os espíritos da água eram conhecidos como ninfas nas tradições gregas. Tais lugares eram locais de cura e inspiração. Os poços sagrados de Glastonbury são lugares muito importantes na tradição Cabot, bem como na maior parte das tradições mágicas com ligação à tradição arthuriana. O Poço Vermelho do Jardim do Cálice é infundido com ferro e considera-se que tem um poder muito feminino de cura e amor. O Poço Branco do outro lado da rua é saturado com depósitos de cálcio e considerado como um poder mais masculino, embora ambos tenham propriedades de cura. Na Irlanda, o poço sagrado está associado com Brigit, conhecida como Brid, nos tempos antigos, e também é uma fonte de cura e de inspiração.

As águas podem ser recolhidas de córregos, rios, lagos e mares, e podem ser usadas em magia tanto quanto o solo de locais sagrados. Água do mar, em particular, é usada para ungir as bordas de um altar para santificá-lo com os poderes da vida, pois toda vida vem do mar. As águas podem ser misturadas e diluídas com água de nascente local, com sal adicionado para aspergir no espaço sagrado antes de rituais. Então seu espaço terá conexões e seu trabalho mágico de cura ressoará em todo o mundo.

Feitiço de bênção da água

- Água de cinco lugares especiais em frascos separados
- 1 cristal de quartzo claro
- 1 recipiente de vidro grande

Antes de começar, decida que tipo de bênção você deseja infundir sobre estas águas. A bênção pode relacionar qualquer intenção ou desejo que você tem.

Três dias antes da Lua cheia, começando durante o dia quando o sol estiver brilhando, misture as águas no recipiente de vidro. Carregue o quartzo claro com sua bênção e solte-o na água, para infundir sua intenção. Fale sua bênção sobre a água, sussurrando acima dela, nove vezes. Deixe a água tomar a luz da lua e, depois, a luz do sol. Na segunda noite, repita sua bênção novamente, nove vezes. Mais uma vez, deixe o recipiente fora toda a noite e o dia todo. Na terceira noite, a noite de Lua cheia, sussurre sua bênção mais nove vezes e deixe pra fora a noite toda. Recolha a garrafa antes de o sol nascer; ela agora está infundida com três dias de sol e três noites de luar. Despeje a água sempre que desejar abençoar algo com sua intenção. Você pode adicioná-la à água do banho, respingando em torno de si ou onde desejar manifestar a bênção.

Capítulo Dez

PODER PSÍQUICO

Todas as pessoas são videntes, não importa se acreditam nisso ou não. Ser psíquico nada mais é que escutar a sua psique, que, de acordo com os gregos, é realmente uma parte da sua alma. Todo mundo tem poderes psíquicos intuitivos em potencial. Muitas pessoas, no entanto, se fecham para essa possibilidade.

A energia é processada e pode ser interpretada por todos, mas muitos o fazem inconscientemente. Porém, é possível treinar conscientemente e ler a energia de uma situação ou de uma pessoa e interpretá-la. Temos um corpo energético, a aura, que traz informações sobre o passado, presente e futuro. Ser médium simplesmente significa que você pode cair em um estado de onda cerebral alfa intencionalmente e permitir que essa informação venha através de sua consciência e seja usada.

Ser psíquico é algo natural, qualquer um pode ser. Alguns nascem sendo, eles não entendem o mecanismo, mas não se imaginam de qualquer outra forma; simplesmente são assim. A maioria das pessoas considera isso um dom.

Embora alguns Bruxos sejam naturalmente psíquicos, muitos não o são. Realçamos nosso potencial tendo um dom natural ou não, aprendendo o mecanismo e, com prática, adquirimos o controle. A menos que haja comprometimento grave na função cognitiva do cérebro, pode-se aprender os mecanismos básicos para usar as capacidades psíquicas.

| 273 |

Uma das minhas alunas teve uma poderosa experiência provando não apenas que ela era psíquica, mas que todo mundo tem o potencial, mesmo aqueles que parecem estar desconectados de todo o resto. Essa aluna estava aprendendo Bruxaria no centro de educação de adultos e chegava lá todas as noites de ônibus. Era um fim de tarde de inverno e ela estava com algumas dúvidas sobre se devia mesmo ter aulas e estudar Bruxaria. E então ela se pegou olhando para o próprio reflexo na janela do ônibus e pensou em si mesma como uma menina, carregando seu ursinho de pelúcia aonde quer que fosse. Era aquela menina quem primeiro pensou em si mesma como Bruxa, mas agora, adulta, ela estava duvidando e querendo saber se o curso de Bruxaria era realmente uma boa ideia.

No ônibus tinha um homem muito bêbado agindo agressivamente com as pessoas. Ele cambaleou sobre ela, olhou-a e disse: "você sabia que todas as meninas que seguram seu ursinho na frente do espelho são Bruxas?". E então ele cambaleou para fora do ônibus. Ela ficou assustada, mas viu ali a possibilidade de a magia e de os poderes psíquicos em sua vida adulta de repente se tornarem reais. O homem essencialmente leu a sua mente, sua energia, com uma imagem muito específica. Talvez, devido à bebida, ele estivesse em um estado de espírito que poderia interpretar a energia, e ela, provavelmente, era quem estava com a mente mais concentrada no ônibus, então ele foi atraído para ela.

Muitas pessoas que são naturalmente psíquicas frequentemente se amortecem com álcool e drogas, na esperança de desligar os pensamentos, sentimentos e visões associadas com essas habilidades, embora muitas vezes isso tenha o efeito oposto. Você pode até obter mais informações, mas não pode controlar os filtros para discernir o que é real, o que é um símbolo que deve ser interpretado e o que é um disparate.

Formação em magia e, especificamente em Bruxaria, nos ajuda a aprender o que são as nossas capacidades psíquicas e a melhor maneira de controlá-las com o uso de meditação disciplinada e a ciência do estado alfa. Controlar sua capacidade de entrar e sair de um estado alfa, ou de ondas cerebrais de 7 a 14 ciclos por segundo, é a chave. Aqueles que entendem como fazer isso têm a chave para a porta secreta de magia e mistério que, em tempos passados, apenas os Feiticeiros, Xamãs e Bruxas poderiam acessar. Hoje sabemos que, com a ciência da Bruxaria, isso é possível para qualquer um que desejar. Há um pouco de Bruxa e um pouco de vidente em todos nós, mesmo quando achamos que não.

SENSIBILIDADE PSÍQUICA

Habilidades psíquicas vêm em muitas formas e em diferentes níveis e são muitas vezes descritas por seus sentidos físicos paralelos – visão, audição, toque, sabor, cheiro – e todos têm seus equivalentes psíquicos. A visão psíquica é muitas vezes conhecida como clarividência, ou seja, *visão clara*. Audição psíquica é clariaudiência, ou seja, *audição clara*. Clarissenciência é possivelmente a mais poderosa de todas as habilidades, embora a menos compreendida. O termo significa *saber claro*, e é para aqueles que simplesmente recebem informações, sem ter que colocá-las em imagens ou palavras. Aqueles que têm o dom da clarissenciência como seu canal psíquico muitas vezes dizem coisas como "não sei por quê. Só sei que é". Para alguns, começa puramente com a clássica "intuição", mas pode expandir em um conhecimento detalhado, não linear, sobre pessoas, lugares e eventos.

Psicometria é uma forma de toque psíquico. Ao tocar objetos, sua energia se confunde com ele. Semelhante à cura ou a carregar magicamente um objeto, sua aura se mistura com outra aura, geralmente a de um objeto, mas em vez de colocar uma intenção nele, permite que a informação venha até você e a interpreta. Embora o mecanismo para isso seja o toque, a informação pode vir através dos canais habituais de clarividência, clariaudiência ou clarissenciência. Tocar o objeto é apenas o gatilho para o processo, e forma o link para o alvo específico que você deseja ler.

Psicometria funciona melhor em objetos que tenham uma história. Você pode pegar psiquicamente as informações da história do objeto em si ou a energia do proprietário atual e dos proprietários anteriores. Embora, às vezes, possa ser difícil organizar as diferentes camadas da história energética, fazendo correspondências de suas impressões particulares com os proprietários e o histórico do objeto, também pode ser um método extremamente preciso de conexão. Em uma sessão de leitura psíquica, uma mulher pediu para fazer psicometria em um relógio. Imediatamente vi o namorado dela, que era casado, e vi que ela era casada também e que eles estavam tendo um caso. Eu disse a ela o que vi, ela pegou o relógio da minha mão, disse que foi o suficiente e prontamente deixou a leitura.

Sentidos psíquicos menos conhecidos incluem formas psíquicas de olfato e paladar. A informação vinda por estes canais pode ser difícil de interpretar. Médiuns com esses talentos irão experimentar um determinado odor ou sabor e interpretar a experiência em termos de informações mediúnicas. Nos velhos tempos, nas sessões espíritas, era comum psiquicamente "cheirar" rosas quando bons espíritos se manifestavam. Odores menos agradáveis estavam presentes quando os espíritos que precisavam de ajuda faziam-se presentes. O cheiro de rosas vinha muitas vezes com um sino agudo, através dos canais de clariaudiência. Alguns curandeiros sentem o cheiro ou o gosto de coisas para indicar vários níveis de saúde ou de doença. Pão fresco pode indicar saúde robusta, enquanto o cheiro de gasolina pode indicar câncer. Cada médium com essas habilidades tem de criar sua própria lista de interpretações ao longo do tempo, além de experiência para determinar a correspondência de cada um dos sinais. Embora sejam perfeitamente possíveis tais talentos mediúnicos, na maioria das pessoas, experiências psíquicas iniciais ocorrem através do saber intuitivo, voz interior ou visão interior, em vez de cheiros psíquicos ou sabor.

Várias técnicas de ocultismo podem ajudar a aumentar a habilidade psíquica. Na minha experiência, fazer um ritual com um Círculo Mágico aumenta a habilidade psíquica, limpa a sua recepção e foca no trabalho que está fazendo. O perfume pode desencadear a habilidade psíquica, particularmente a fumaça do incenso. Várias combinações podem ser criadas, embora plantas individuais também sejam eficazes. Muitos usam a sálvia, mas ela não faz nada em especial. Sálvia, ao meu ver, é mais para limpeza e cura, e não tanto para atividades psíquicas. Artemísia é um excelente incenso para o despertar psíquico. Tradicionalmente, as combinações de artemísia e absinto são queimadas juntas. Artemísia abre os sentidos, enquanto absinto ajuda chamar os espíritos para se comunicar com você. Olíbano e mirra também são usados juntos. Olíbano eleva e expande a nossa mente, enquanto mirra pode ajudar a purificar e dar foco. Ambos ajudam a induzir um estado de transe natural. Benjoim é dos meus favoritos como incenso para habilidade psíquica e limpeza. Sândalo é um perfume suave para abrir a visão de um Bruxo.

Se o aroma não é seu forte, pedras são outra excelente ajuda para limpar e aumentar a energia. Pedras de quartzo ou esferas são excelentes para nos ajudar a desenvolver o poder psíquico e podem ser usados como ferramentas psíquicas. Pedra da lua é um mineral maravilhoso para desenvolver a intuição. Ágata-azul ajuda a acalmar e focar as pessoas que estão preocupadas com sua intuição e impressões.

Quaisquer pedras, óleos ou ervas governadas pela Lua são benéficas para desenvolver intuição, instinto e habilidade psíquica, não importa qual o canal.

Óleo do poder da Bruxa

- 20 gotas de óleo de amêndoa
- 5 gotas de óleo de âmbar
- 4 gotas de óleo de almíscar
- 3 gotas de óleo de olíbano
- 2 gotas de óleo de patchouli
- 1 pitada de copal

Unte-se com este óleo para aumentar sua capacidade psíquica.

Incenso do poder da Bruxa

- 3 colheres (sopa) de casca de salgueiro branco
- 2 colheres (sopa) de folhas de patchouli
- 1 colher (sopa) de musgo de carvalho
- 1 colher (sopa) de olíbano
- 5 gotas de óleo do poder da Bruxa
- Fibras de um velho manto mágico, bem picado
- Cerdas de sua vassoura, bem picada

Queime esse incenso para aumentar seu poder psíquico e mágico.

Incenso da visão da Bruxa

- 1 colher (sopa) de pó de benjoim
- 3 colheres (sopa) de artemísia
- 2 colheres (sopa) de lavanda
- 1 colher (chá) de eufrásia
- 1 colher (chá) de folhas de sorveira
- 13 gotas de óleo de gardênia
- 3 gotas de óleo de madressilva

Queime para abrir seu terceiro olho e melhorar suas adivinhações e leituras psíquicas.

Feitiço do arco-íris alfa

- 1 vela vermelha
- 1 vela laranja
- 1 vela amarela
- 1 vela verde
- 1 vela azul
- 1 vela roxa
- 1 vela lilás
- Óleo do poder da Bruxa
- Incenso do poder da Bruxa

Use este ritual para trazer as cores do arco-íris que usamos para alcançar o estado alfa na tradição Cabot. Unte cada vela com o óleo do poder da Bruxa. Queime o incenso do poder da Bruxa no seu espaço ritual. Coloque as velas alinhadas na ordem do arco-íris, da direita para a esquerda. Acenda cada uma, começando com a vela vermelha à sua direita, com as palavras:

Com o poder do alfa me tornarei mais psíquico a cada dia.

Em seguida, acenda a vela laranja e repita o mesmo encantamento. Continue movendo-se para a esquerda com as velas, amarela, verde, azul, púrpura e lilás, recitando a frase mágica sete vezes no total. Deixe as velas queimarem, se puder. Se não, guarde-as, e, quando reacendê-las repita a frase para cada vela, continuando o processo de apagar e reacender até que todas queimem completamente. Uma vez que o feitiço estiver completo, observe qualquer aumento em suas habilidades de intuição e psiquismo. Você vai perceber que será capaz de trazer mais energia de luz e informações mais psíquicas do que antes desse feitiço.

Feitiço da sereia para visão psíquica

- 1 maçã vermelha

Vá para a praia com a maçã vermelha, de preferência com a Lua crescente à vista. Recite este feitiço e faça uma oferenda da maçã, fruta das fadas, para as sereias do mar.

O luar dança sobre as águas como a cheia das marés. Visão psíquica cristalina é dádiva da sereia. O poder mediúnico dela é um presente para você. Você deve usá-lo com sabedoria.

Se ela aceitar sua oferta, o espírito da sereia vai aumentar seus poderes mediúnicos através de concessão de visões claras. Mas depende de você o aumento da sabedoria para compreender e interpretar suas visões.

Poção do olho de gato

- 1 xícara de água
- 1 colher (sopa) de sal marinho
- ½ colher (chá) de erva-de-gato
- 1 pedra olho de gato

Coloque todos os ingredientes em uma panela pequena e aqueça a poção por quinze minutos. Se você gosta de poções com aroma agradável, adicione um óleo perfumado que aprecia ou seu perfume favorito. Retire a poção do fogo e deixe esfriar. Em seguida, despeje em uma garrafa ou frasco. Use para ter visão psíquica e intuição de gato.

Feitiço do gato para poder psíquico

Se você deseja ser poderoso, é uma vantagem saber o que as pessoas realmente pensam. Com este feitiço você vai poder "ver", quando desejar, o que está na cabeça das pessoas.

- 1 espelho
- 1 imagem de Bast, a Deusa gata egípcia
- 1 poção de erva-de-gato
- 1 pedra olho de gato
- 1 vela branca em um castiçal

Sente em um lugar calmo sob a Lua crescente. Acenda sua vela branca. Toque a vela com sua poção de olho-de-gato e diga:

> Chama brilhante, ajude-me a ver na escuridão. Ajude-me a ver o que é certo. Traga a mim a visão da Bruxa!

Coloque a imagem de Bast e o espelho atrás da vela e olhe além de sua chama para o espelho. Unte seus pulsos, testa e a parte de trás do seu pescoço com esta poção. Segure a pedra olho de gato na mão esquerda e diga:

> Bast, a Deusa do poder, com seu olho de sabedoria Ajude-me a ler a mente dos outros e me liberte. Liberte-me para ter sucesso em tudo o que faço. Viverei minha vida psíquica com integridade, amor e carinho. Vou usar meu poder psíquico para ajudar os outros e o mundo.

Coloque a foto de Bast sob seu travesseiro à noite e carregue sempre sua pedra olho de gato.

LUNAÇÕES DO ANO

Enquanto a Lua cheia influencia nossa visão psíquica, cada Lua do ano tem suas próprias características e qualidades em sintonia com os ciclos da natureza. Suas poções podem ajudar a sintonizar o poder lunar enquanto passamos de Lua cheia a Lua cheia durante o ano. São simples infusões à base de água que podem ser feitas no fogão, simplesmente usando água quente para extrair as propriedades de ervas, como fazer um chá. Separe os materiais, adicione o sal e engarrafe para usar quando quiser. Adicione glitter quando a poção estiver fria e engarrafada e certifique-se de sacudir antes de cada utilização. Unte-se com a poção na sua testa, seu terceiro olho, antes ou durante o Ritual de Lua cheia. Isso vai aumentar sua magia. Você também pode usar a poção tanto quando a Lua cheia se aproxima como quando ela começa a minguar, para se manter em harmonia com o ciclo da Lua.

Lua da semente
Lua cheia em Libra

Quando o Sol está em Áries, no final de março e início de abril, a Lua cheia está no lugar oposto, em Libra. A Lua da semente acontece próximo ao Equinócio de Primavera, Ostara, quando a força da Lua ajuda a germinar as sementes e ativar os bulbos e as raízes para que o mundo verde possa retornar. É tempo para os planos em longo prazo, para o plantio de sementes de intenções futuras.

Poção da Lua da semente
- 2 xícaras de água de nascente
- 3 colheres (sopa) de sal marinho
- 13 sementes de girassol
- 1 colher (chá) de olíbano
- 7 galhos de macieira

- Pitada de pétalas de rosa
- Glitter dourado
- Fita amarela ou dourada para decorar a garrafa da poção.

Lua da lebre
Lua cheia em Escorpião

Quando o Sol estiver em Touro, no final de abril e primeira parte de maio, a Lua cheia estará no signo oposto, Escorpião. Enquanto a Lua semente fala sobre a fertilidade das plantas e das sementes, a Lua da lebre está mais associada à fertilidade dos animais, nomeado pelo totem da lebre, longamente associado com Bruxaria, fertilidade e transmutação. A Lua da lebre acontece geralmente perto de Beltane. Os budistas chamam esta Lua de *Wesak*, quando comemoram o aniversário do Buda.

Poção da Lua da lebre
- 2 xícaras de água de nascente
- 3 colheres (sopa) de sal marinho
- 1 colher (chá) de mirra
- 1 quartzo-rosa e 1 quartzo claro
- 1 pitada de pelo de coelho
- Fitas cor de rosa, verdes e amarelas para decorar a garrafa de poção.

Lua rosa
Lua cheia em Sagitário

Quando o Sol está em Gêmeos, no final de maio e primeira parte de junho, a Lua cheia será no signo oposto, de Sagitário. É chamada de Lua rosa porque muitas flores estão em plena floração nesta época e, dependendo de onde você mora, muitas vezes a rosa é uma delas. É um tempo para as coisas florescerem, um sentimento de admiração está no ar e os mistérios dos Deuses estão em curso.

Poção da Lua rosa

- 2 xícaras de água da fonte
- 3 colheres (sopa) de sal marinho
- 1 colher (chá)de pétalas de rosa
- 1 quartzo-rosa
- 1 pitada de sangue-de-dragão
- Glitter vermelho
- Fitas vermelha e cor-de-rosa para decorar a garrafa da poção

Lua do hidromel
Lua cheia em Capricórnio

Quando o Sol está em Câncer, no final de junho e em julho, a Lua cheia estará no signo oposto, Capricórnio. Câncer e Capricórnio, mãe e pai, a Deusa e o Deus, reúnem-se neste momento. As uniões de casais em maio, perto de Beltane no Hemisfério Norte, celebram-se com hidromel ou vinho de mel, dando origem ao conceito de Lua de mel ou de hidromel. Neste momento, celebramos a doçura e a abundância de vida. Normalmente é a Lua cheia próxima ao Solstício de Verão.

Poção da Lua do hidromel

- 2 xícaras de água de nascente
- 3 colheres (sopa) de sal marinho
- 1 colher (chá) de mel
- 1 colher (chá) de olíbano
- 1 citrino
- 1 a 3 pérolas de água doce
- 1 quartzo claro
- 9 grãos de milho
- Glitter verde
- Fitas amarelas e verdes para decorar a garrafa da poção

Lua das ervas
Lua cheia em Aquário

A Lua das ervas comemora a abundância de plantas curativas e medicinais, conhecido como mosto, tais como erva-de-são-joão ou artemísia. Ocorre quando o Sol está em Leão, no final de julho e começo de agosto, e a Lua cheia desta vez, perto da colheita de Lughnasadh, está em Aquário.

Poção da Lua das ervas
- 2 xícaras de água de nascente
- 3 colheres (sopa) de sal marinho
- 1 colher (chá)de artemísia
- 1 colher (chá) de mirra
- 1 colher (chá) de bagas de sorveira
- 1 quartzo claro
- Flocos de folha de ouro
- Fitas amarelas e azuis para decorar a garrafa da poção

Lua da colheita
Lua cheia em Peixes

Ocorre geralmente entre a primeira colheita, Lughnasadh, que é de grãos, e a próxima colheita, Mabon, que é de frutas. A Lua está cheia em Peixes, pois o Sol está no signo de Virgem, a Donzela do Milho. Essa pode ser uma época de permitir que as suas manifestações, suas sementes da Lua da semente, se confirmem; uma época de colher resultados.

Poção da Lua da colheita
- 2 xícaras de água de nascente
- 3 colheres (sopa) de sal marinho
- 4 bolotas de carvalho
- 10 galhos de macieira
- 1 colher (sopa) de folhas secas

- Glitter dourado
- Fitas laranjas e amarelas para decorar a garrafa da poção

Lua de sangue
Lua cheia em Áries

Uma das luas que soa mais sinistra é a Lua de sangue, associada à colheita de "carne" de Samhain, quando animais tradicionalmente eram abatidos e salgados. Esta Lua cheia ocorre em Áries, o signo associado com a cor vermelha e o derramamento de sangue. É quando o Sol está em Libra, no final de setembro e primeiras três semanas de outubro. Um momento para fazer oferendas aos espíritos e ver as consequências de nossas ações.

Poção da Lua de sangue
- 2 xícaras de água de nascente
- 3 colheres (sopa) de sal marinho
- 5 varas de macieira
- 1 pena de corvo
- 1 colher (chá) de mirra
- 1 colher (chá) de sangue-de-dragão
- 1 pedaço de osso
- Fitas vermelhas para decorar a garrafa da poção

Lua da neve
Lua cheia em Touro

Embora idealmente a Lua da neve seja a Lua mais próxima à primeira neve, neste sistema de nomeá-la astrologicamente ela é a Lua cheia em Touro, quando o Sol está em Escorpião, no final de outubro e em boa parte de novembro. É uma Lua poderosa para manifestar nossos sonhos e encontrar a quietude de nosso interior.

Poção da Lua da neve

- 2 xícaras de água de nascente (use neve derretida se possível)
- 3 colheres (sopa) de sal marinho
- 1 quartzo claro
- 1 sodalita Grama de Glastonbury ou outro local sagrado
- Glitter prateado
- Fitas prateadas e brancas para decorar a garrafa da poção

Lua do carvalho
Lua cheia em Gêmeos

Ocorre perto do Solstício de Inverno, quando o Rei Carvalho renasce e toma o lugar do Rei Sagrado na metade escura do ano. A Lua cheia ocupa Gêmeos, enquanto o Sol está em Sagitário, desde o último terço de novembro e dezembro, perto do Solstício de Inverno. A Lua do carvalho é um tempo para a força e busca orientação para o futuro.

Poção da Lua do carvalho

- 2 xícaras de água de nascente (use neve derretida se possível)
- 3 colheres (sopa) de sal marinho
- 1 colher (chá) de folhas secas de carvalho
- 3 bolotas de carvalho
- 1 colher (chá) de agulhas de pinheiro
- 1 colher (chá) de folhas de azevinho
- 1 colher (chá) de olíbano
- 1 quartzo claro
- Fitas verdes e vermelhas para decorar a garrafa da poção

Lua do lobo
Lua cheia em Câncer

Oposta à Lua do hidromel é a Lua do lobo, que ocorre após o solstício, quando a vida pode sentir suas garras mortais no auge do inverno. Enquanto a luz está crescendo, continuamos a sentir a força da escuridão e do frio. O Sol está em Capricórnio, o sinal do pai, enquanto a Lua cheia neste momento estará em Câncer, a promessa do retorno da mãe e da primavera. O espírito do lobo orienta, protege e nos ensina nesses meses escuros.

Poção da Lua do lobo

- 2 xícaras de água de nascente (use neve derretida se possível)
- 3 colheres (sopa) de sal marinho
- 1 hematita
- 1 pitada de pelo de lobo
- 1 colher (chá) de mirra
- Fitas prateadas e cinzas para decorar a garrafa da poção

Lua da tempestade
Lua cheia em Leão

A Lua da tempestade é a Lua cheia em Leão, quando o Sol está em Aquário, mais próximo à festa de Imbolc. É um tempo de mudança e caos potenciais. As últimas tempestades de inverno ocorrem, e em locais de clima mais quente, em vez de queda de neve, ocorrem tremendas tempestades.

Poção da Lua da tempestade

- 2 xícaras de água de nascente (água recolhida de uma tempestade se possível)
- 3 colheres (sopa) de sal marinho
- 1 colher (chá) de benjoim
- Madeira atingida por um raio
- 1 lápis-lazúli
- 1 quartzo claro
- Glitter azul
- Fitas pretas e azuis para decorar a garrafa da poção

Lua do corvo
Lua cheia em Virgem

A última das nossas doze luas geralmente ocorre logo antes do Equinócio da Primavera, quando o Sol está em Peixes, em fevereiro e março. A Lua do corvo é um tempo de mistério e magia, términos e novos começos em potencial. É um grande momento para obter uma visão psíquica para o próximo ciclo, ou para fazer magias incomuns e estranhas, coisas que normalmente não funcionariam em outras épocas do ano.

Poção da Lua do corvo
- 2 xícaras de água de nascente
- 3 colheres (sopa) de sal marinho
- 1 colher (chá) de sangue-de-dragão
- 1 pena de corvo ou pena preta
- 1 pena branca
- 1 quartzo claro
- Glitter claro
- Fitas brancas e pretas para decorar a garrafa da poção

ADIVINHAÇÃO

Adivinhação é a aplicação de habilidade psíquica por meio de um sistema de símbolos. Hoje a adivinhação é feita geralmente por cartas de tarô, runas e moedas de I-Ching, e também pode incluir formas mais fluidas, que não pedem símbolos fixos ou lotes de desenho, como olhar para uma bola de cristal ou usar tinta na água, por exemplo. As imagens formadas durante estas leituras psíquicas tornam-se um foco para a visão psíquica. Projetamos nossa percepção na tela da nossa mente para o objeto e interpretamos as formas e as imagens que vemos. Às vezes, as imagens se formam estritamente em nossa visão psíquica, como quando olhamos através de uma bola de cristal clara e pura ou por uma chama. Outras vezes, os símbolos são formados pela fluidez do nosso ponto de foco. Leitura de folhas de chá é uma forma de adivinhação. Você bebe o chá, e quando termina vira a xícara no pires e depois interpreta as imagens que as folhas de chá formaram no fundo. Um "S" pode dizer sim à sua pergunta, enquanto um "N" pode significar não. Um anel pode indicar um casamento ou um compromisso. Uma estrela pode prever o sucesso ou a fama. O mesmo método é usado em leituras do laço vitoriano, olhar as nuvens ou a fumaça do incenso.

Formas mais arcaicas de adivinhação, ainda usadas por alguns, incluem a leitura de ossos, jogando-os em um pano e interpretando seu padrão, ou jogar ossos ou conchas no fogo e interpretar as rachaduras. Praticantes de geomancia interpretam o padrão dos furos feitos e, aleatoriamente, cutucando o chão ou uma caixa de areia. A forma mais complexa e menos aceita de adivinhação é a leitura de presságios por meio das entranhas de um animal sacrificado, e a forma mais simples e mais comum de conselhos divinatórios é a de jogar uma moeda para o alto; cara sim, coroa não.

Presságio de penas, baseado em uma pluma encontrada caída naturalmente no seu caminho enquanto você anda pelo mundo, pode ser uma poderosa forma de mensagem. Consulte no capítulo três por tipos diferentes de penas de pássaro e o que podem significar magicamente. As cores das penas também irão influenciar seu significado, mesmo se você não sabe o tipo de pássaro ao qual aquela pena pertence. Penas cinzas e brancas são sempre boas notícias, você vai receber algum tipo de bênção em seu caminho. As marrons são sobre amizade. Pretas lidam com magia e justiça. Brancas, sozinhas, podem ser uma boa notícia, ou um alerta para manter os olhos abertos para uma mensagem espiritual mais profunda.

Quando eu estava tendo dificuldades financeiras com impostos nos Estados Unidos, encontrei uma pequena pena cinza e branca na porta da minha loja. Eu não a peguei. Após três dias de chuva e vento, ele ainda estava lá e percebi que, talvez, a pena fosse uma mensagem para mim, e que eu deveria estar aberta a boas notícias. Foi então que descobri que minha dívida tinha sido perdoada.

A filosofia básica da adivinhação é que tudo está ligado e, embora muitas vezes somos cegos aos padrões que estão ao nosso redor, podemos usar essas ferramentas e sistemas para ver os reflexos desses padrões em torno de nós. É uma realização da antiquíssima doutrina hermética "como acima, é abaixo". Muitas vezes procuramos outra pessoa quando temos dificuldade, pois alguém de fora, não envolvido na situação, entenderá os padrões sem viés e nos dará uma descrição honesta sem segundas intenções, consciente ou não. Bruxas e mulheres sábias são famosas por dar conselhos por meio de adivinhação.

COMUNICAÇÃO COM ESPÍRITOS

Uma grande parte da habilidade psíquica é a comunicação com o Outromundo. Por essa capacidade, podemos falar com os espíritos dos falecidos, com as fadas e com os próprios Deuses. Podemos receber informações e lições desses espíritos estando em estado alfa, e muitas vezes recebemos informações diretas que, possivelmente, não poderíamos receber através de canais lineares. É importante perceber que nem todos os espíritos estão aqui para ensinar e ajudar, mas assim como as pessoas, eles muitas vezes podem nos dar informações úteis.

Embora existam muitos tipos de espíritos, os que são mais comumente chamados na Bruxaria hoje são os ancestrais, as fadas e as divindades. Estes são os mais alinhados com nosso caminho e com a nossa tradição espiritual. Anteriormente, no capítulo dois, falamos sobre os espíritos que nos ajudam em magia, listando-os como fadas, elfos, gnomos, anões, dragões, animais, ancestrais, antigas Bruxas, heróis e divindades. Embora todos sejam úteis, nem todos tendem a aparecer em leituras psíquicas para mensagens diretas e informações.

Espíritos animais aparecem, os médiuns podem muitas vezes vê-los, mas, sendo animais, eles não são os mais comunicativos dos espíritos. Pode haver momentos quando ambos, espíritos animais e animais de estimação falecidos podem mandar uma mensagem a uma pessoa psíquica.

Mais comumente, as mensagens vêm de antepassados diretos, entes queridos desta vida que faleceram, mas que ainda estão perto de nós e podem oferecer conforto e conselhos. Quando você olha para a história geral das práticas rotuladas hoje como Bruxaria, no mundo antigo, o conceito de se falar com os mortos era fortemente entrelaçado com eles. Aqueles com habilidades psíquicas naturais muitas vezes têm experiências na comunicação com os mortos, às vezes, espontaneamente, sem intenção específica. Além desses, os espíritos ancestrais de nossa tradição, as Bruxas antigas, nos guiam de longe. Elas podem se comunicar com os profissionais de nosso ofício e ajudar a atrair grupos e professores que nos ensinam os caminhos da Arte.

As pessoas muitas vezes têm medo de que os mortos virão para assombrá-las. Apesar de assombração ser uma possibilidade, geralmente isso não é feito pelos nossos entes queridos. Espíritos, incluindo nossos antepassados, podem chegar a se comunicar e podem fazê-lo por uma batida na porta, piscando luzes, um telefonema com ninguém na linha ou mesmo a sensação de ser tocado, mas não têm a capacidade de fazer mal. Assombrações realmente nada têm a ver com as pessoas que atravessaram para o outro lado.

Parece que, uma vez que você verdadeiramente atravessou e estabeleceu-se na morte, desenvolve uma inteligência superior e pode olhar para trás em sua vida e entendê-la por esta nova perspectiva, fora do espaço e tempo. Você entende o que foi uma lição cármica e qual foi sua parte nela, como um papel em um filme ou em um jogo. Os mortos não estão geralmente tristes ou preocupados com alguma coisa, mas eles expressam preocupação com seus entes queridos que ficaram no mundo e tentam explicar seu papel.

Certa vez, uma mulher veio à minha loja em um dia em que eu estava fechando mais cedo. Uma das sacerdotisas de nossa tradição, Willow, estava morrendo de câncer, embora não soubesse que estava seriamente doente naquela época. Essa mulher me pegou enquanto eu estava tentando apressadamente fechar minha loja, insistindo que ela precisava de uma leitura. Concordei e peguei minhas cartas de tarô.

Ela me disse para colocar as cartas para saber simplesmente se o filho dela, que tinha morrido uma semana antes, estava bem. Entrei em estado alfa e o descrevi para ela, que confirmou minhas impressões. Vi que ele estava bem, mas sei que soou banal para ela. A mulher não se contentava em só saber que ele estava bem e simplesmente acabar com aquilo. Ele descreveu para mim algumas coisas para afirmar que realmente estava bem, e então o vi empurrando uma espada em minha direção. Eu estava confusa, mas relatei o que percebi. Ela disse que o filho foi enterrado com uma espada, e que o artefato era precioso para ele. Era do seu bisavô, e ele a valorizava. O jovem me disse que se sentiu como se fosse o Highlander do filme, e que ia viver para sempre agora. Embora às vezes estejamos acostumados a censurar algumas coisas, pensando que são mensagens bobas, penso sempre o melhor. Eu retransmiti a mensagem tal como ouvi. Sei que se algo aparecer, devo falar. Ela engasgou, em estado de choque, pois foi o último filme que viram juntos. Ele sorriu e depois desapareceu. Essa parte da informação foi a confirmação que ela precisava para saber que verdadeiramente estávamos conectados e que ele estava bem. A confirmação não foi apenas significativa para aquela mulher, mas para mim também. Foi uma leitura intensa, que me ensinou como as coisas são poderosamente profundas para aqueles que estão na fronteira entre vida e a morte.

Quando percebemos que era a hora de Willow, ajudei-a a passar para Outromundo. Eu pude descrever como era do outro lado, a brisa no rosto, a luz. Mesmo com o câncer de pulmão, ela começou a respirar calmamente e então pacificamente nos deixou. Willow lutou inicialmente, mas depois que começamos a falar do Outromundo, ela foi capaz de se deixar ir, mas foi só por causa do espírito daquele jovem que pude fazer isso pela minha amiga, só porque ele me mostrou quão real tudo aquilo era.

Incenso para falar com os mortos

- 3 colheres (sopa) de folhas de confrei
- 2 colheres (sopa) de mirra

- 2 colheres (sopa) de folha de verbasco
- 1 colher (sopa)de copal preto
- 1 colher (sopa) de folhas de tabaco
- 1 colher (chá) de agulhas de teixo
- 1 pitada de café
- 1 pitada de terra de cemitério

Óleo para falar com os mortos
- 20 gotas de óleo de amêndoa
- 10 gotas de óleo de mirra
- 5 gotas de óleo de benjoim
- 3 gotas de óleo de alecrim
- 1 gota de óleo de hortelã-pimenta
- 1 pitada de sal marinho negro
- 1 pitada de terra de cemitério

Entre os Mundos
- Vela preta
- Incenso para falar com os mortos
- Óleo para falar com os mortos

Entre os dois mundos há um véu. Para estabelecer um contato com entes queridos, primeiro você deve esperar até que possa ver o véu, que aparece como uma neblina ou um nevoeiro ao olho humano. Sente-se calmamente em uma sala escura. Queime o incenso e unte a vela preta com o óleo para falar com os mortos. Escreva o nome da pessoa que você gostaria de falar em um papel manteiga e coloque o papel sob a vela. Acenda sua vela e espalhe um pouco de incenso solto em torno da base dela. Contemple a chama da vela e diga em voz alta:

> Peço que sejam abertas as portas do País de Verão e que todos os bons espíritos possam andar no meu mundo. Devo ser verdadeiramente abençoado para falar e ouvir meus entes queridos e amigos em Avalon. Deus e Deusa, abençoem-me e abençoem meus entes queridos.

Incenso para conjurar

- 3 colheres (sopa) de folha de verbasco
- 2 colheres (sopa) de flores de jasmim
- 1 colher (sopa) de folhas de sálvia
- 1 colher (sopa) de orégano de Creta
- 12 gotas de óleo de pinho
- 3 gotas de óleo de âmbar
- ½ colher de chá de glitter cobre

Incenso para conjurar pode ajudar a manifestar mais fortemente a presença de espíritos em nossos rituais. Pode ser usado para se comunicar com os mortos, mas também ajuda a manifestar todos os tipos de espíritos, elementais e anjos, Deuses e Deusas. Se você estiver ao ar livre com bastante ventilação, pode queimar um pouco desse incenso e vê-los se formar na fumaça.

Fadas podem significar formas específicas de espíritos antigos da natureza, mas para nossos propósitos aqui inclui o que é comumente considerado como fadas e elfos, gnomos, anões e todos os espíritos elementais. Espíritos da água, chamados de ninfas, espíritos das árvores conhecidos como dríades, e todo o tipo de espíritos de plantas e da terra podem ser classificados como fadas. Alguns classificam espíritos de dragão como união de todos os elementos e a personificação de poderes mais profundos da terra, nesta categoria. Os dragões expressam Fogo como sua respiração ardente; Ar através de suas asas; Terra por suas cavernas profundas e amor ao tesouro e Água através de sua energia serpentina. Espíritos da natureza e das fadas frequentemente procuram se comunicar quando o equilíbrio entre o mundo humano e o mundo das fadas é interrompido. Como as Bruxas antigas, eles são mais propensos a se comunicar com quem tem inclinações mágicas em vez de aparecer para um bate-papo durante uma leitura psíquica para alguém que procura simplesmente perguntas sobre sua vida.

Mix de ervas para visão feérica

- 1 colher (sopa) de camomila
- 1 colher (sopa) de erva-de-são-joão
- 1 colher (sopa) de limão verbena

Carregue em uma bolsa verde para que você possa ver as fadas.

Por último, nossas divindades e heróis. Alguns são antigos ancestrais que assumiram proporções míticas. Outros são manifestações das grandes potências da natureza, tais como o Sol, a Lua, a Terra e as estrelas. A maioria habita em seu próprio reino, com suas próprias finalidades e agendas, mas estão disponíveis para o praticante que sabe como chegar até eles. Deidades mágicas serão vistas com mais detalhes no capítulo doze.

VIAGEM ASTRAL

A arte de viajar sem o uso do nosso corpo pode incluir viagem astral, viagens mentais e viagens no tempo. São tipos de viagem não faladas fora de círculos esotéricos, apesar de ser algo que todos nós experimentamos de vez em quando.

A viagem astral é o processo de projetar seu pacote de energia inteiro, sua aura, na sua jornada. É uma experiência mais completa do que algumas outras formas de viagens psíquicas, pois pode dar-lhe uma experiência sensorial completa, como se estivesse verdadeiramente em um local sem o seu corpo (daí o nome usado com frequência, viagem fora do corpo). Enquanto está projetando sua aura longe de seu corpo, você ainda está conectado a ele. Seu corpo não está "vazio". A crença popular diz que há um fio de prata conectando o espírito ao corpo, mas isso não é real em minha experiência.

Viagem astral é a fonte de histórias de bilocação. Você não está fisicamente em dois lugares ao mesmo tempo, mas a projeção faz com que o outro assim possa percebê-lo, ainda que essa pessoa não seja psíquica e acredite que o que ela vê seja uma pessoa física real, não um poderoso duplo astral.

Apesar de a projeção de corpo inteiro ser possível, e alguns acharem que é muito importante aprender a controlá-la conscientemente, não acredito que seja necessário para todas as Bruxas aprenderem isso. Existem outras técnicas que podem produzir os mesmos resultados práticos, tais como viagens mentais. Apesar de poder ser exercitada, alguns a experimentam espontaneamente. Naturalmente a experimentamos de forma inconsciente quando chegamos ao nível delta de ondas cerebrais, embora nem todos atinjam sempre o estado delta de sono. Você já experimentou acordar e não conseguir abrir seus olhos ou se mover? Isso acontece porque sua aura não voltou completamente.

Viagem mental é diferente da mais popular, a viagem astral. Ela é semelhante ao que é hoje conhecido como visão remota. É uma forma de projeção mental a distância, mas com o mesmo mecanismo de quando nos conectamos mentalmente a uma ferramenta ou a uma erva para catalisar o seu poder em nossa magia. Se eu estiver trabalhando num caso de cura com alguém que esteja fisicamente na Austrália, enquanto estou em Salem, eu me conectaria energicamente a ele, mentalmente, através de sua luz. Eu poderia vê-lo na tela da minha mente, e assim que o visualizasse, poderia ir ao local onde ele está e olhar ao redor, e até sentir as pessoas, os móveis, as estruturas.

Em estado alfa, você simplesmente pede para sua mente viajar até uma determinada pessoa ou lugar. Mas vai precisar de alguma característica de identificação como o nome da pessoa, o endereço ou simplesmente uma consciência da localização, caso não tenha o endereço completo. É necessário algo para conectá-lo ao lugar.

Viagem mental

Mantenha a intenção de seu destino em mente. Faça a contagem regressiva para o nível alfa e imagine com a sua mente, suas percepções, ir até o destino desejado. Permita sua percepção vir até você. O que vê? O que sente? Qualquer que seja sua impressão psíquica, ela virá para você. Olha para tudo. Quando terminar, retorne à sua consciência. Conte e escreva o que viu ou desenhe um mapa. Escreva de forma clara e verificável. Se você não puder visitar o local, obtenha mapas e fotos e veja se suas percepções coincidem. Com tempo e prática, a maioria dos Bruxos pode se tornar muito apta para esse tipo de trabalho psíquico. Um alvo ideal é alguém que conheça, mas que nunca tenha visitado.

Você pode tentar usar suas habilidades de viagens mentais para experimentar uma viagem astral verdadeira, mas se estiver muito consciente pode ser difícil. Acho que minhas experiências astrais mais poderosas ocorrem quando estou dormindo. Quando viajo através de sonhos, conheço pessoas novas e novos lugares.

Minha filha Penny tem experiências vívidas de viagem astral enquanto dorme. Ela recorda uma viagem muito vívida e perturbadora, onde viu em algum lugar do mundo alguém cometer suicídio. Era tão vívida a visão como quanto estar sentada comigo. Em sua visita astral uma mulher negra falava sobre como um homem tinha levado o bebê. A mulher disse muito claramente: "Tenho que chegar naqueles fios". Então, Penny viu a mulher acabar com sua própria vida através de fios elétricos.

A conversa de Penny com ela era uma observação através dos olhos do outro, ou ela estava falando com o espírito da mulher? Viagem astral pode nos levar a lugares aleatórios, e nem sempre sabemos o propósito de nossas visitas.

É melhor programar-se, seja desperto ou em sonhos, para viagens seguras e agradáveis. Se você topar com situações violentas, pode usar sua mágica para projetar uma proteção e tentar impedir a violência.

Incenso para bons sonhos
- 3 colheres (sopa) de flores de jasmim
- 4 colheres (sopa) de flores de lavanda
- 2 colheres (sopa) de artemísia
- 1 colher (sopa) de eufrásia
- 1 colher (sopa) de musgo de carvalho
- 1 colher (sopa) de pó de benjoim
- 10 gotas de óleo de almíscar

Queime esse incenso antes de ir para a cama, enchendo seu quarto com a fumaça. Certifique-se de extinguir o carvão e as brasas restantes antes de dormir. Tente queimá-lo em um caldeirão e em seguida colocar a tampa no caldeirão antes de dormir.

Feitiço da vela de sonho

- Vela preta
- Vela azul-clara
- 2 pedaços de pergaminho
- Caneta preta

Escreva em um pedaço de pergaminho com uma caneta preta pedindo a remoção de violência, terror, estresse e ansiedade de seu estado de sonho. Se há algo específico que o preocupa, inclua também e o coloque sob a vela azul. No outro pedaço de pergaminho, escreva sua intenção para sonhar e conectar-se com tudo o que é bom, tudo o que for educativo, para o bem maior sem prejudicar ninguém. Coloque-o sob a vela preta. Acenda as duas velas e recite este feitiço:

Vela cintilante,
Com sua divina luz.
Revele meu futuro
Em meus sonhos essa noite!

Com clareza de sonhos, você terá paz, cura e possivelmente um vislumbre do seu próprio futuro.

Mix de ervas mágicas para sonhos feéricos

- 1 colher (sopa) de casca de salgueiro branco
- 3 colheres (sopa) de lavanda
- 2 colheres (sopa) de pétalas de rosa
- 1 colher (sopa) de trevo vermelho
- 1 colher (sopa) de cogumelos secos
- 5 gotas de óleo de artemísia
- 3 gotas de óleo de ervilha-doce

Carregue de energia uma bolsa mágica, cor-de-rosa ou azul, para evocar o poder das fadas em seus sonhos.

Minhas próprias experiências com viagens no tempo não foram totalmente agradáveis. Elas simplesmente pareciam acontecer comigo, e eu não podia controlá-las. Não quero dizer que era perigoso, mas eu não me sentia totalmente segura. Experimentei uma profunda mudança de dimensão quando peguei um trem em Boston e saí na Penn Station em Nova Iorque. Eu entrei ali, mas fui parar em outro tempo, e tenho sorte de ter voltado. Não sabemos exatamente como funciona. Pode haver Bruxas mais sábias que saibam como controlar a viagem no tempo com segurança, mas eu não recomendo.

Formas mais seguras de viagem no tempo envolvem viajar em seu próprio passado, ou no passado de sua própria alma através de vidas passadas.

Feitiço espiral das vidas passadas

- Talismã de espiral de papel
- Vela preta
- Mistura de ervas de artemísia, flores de jasmim e benjoim
- Bolsa mágica preta
- Diário em branco para a recordação de vidas passadas

Volte para suas vidas passadas. Regressão não é apenas um despertar para as experiências criativas de nossos "eus" passados, mas também faz parte de um processo de cura para reconhecer nossos medos, nossa coragem, talentos e qualidades. Coloque o talismã de espiral na sua frente, com a vela acesa. Segure ambos com suas mãos na vertical e diga em voz alta:

Agora mostre para mim as imagens e os conhecimentos de minhas vidas passadas; gostaria de ver só apenas as mais produtivas, bem-sucedidas e românticas.

Espalhe um pouco da mistura de ervas ao redor da vela. Deite-se tranquilamente e relaxe, coloque a espiral na testa. Visualize um arco-íris. Permita-se "ver" na sua vida passada, como se fosse um filme em sua mente. Depois de ter "visto" e "ouvido" sua vida passada, abra os olhos. Coloque o resto das ervas e o talismã no saco mágico.

Anote tudo que lembrar e tudo o que experimentar. Busque por fotografias e imagens que expressem a sua experiência e cole num diário em branco. Comece seu próprio diário de vidas passadas. Continue escrevendo no seu diário e compare situações em suas vidas passadas com as experiências que encontrou nesta vida.

Talismã espiral

Capítulo Onze

O Empoderamento Mágico

Empoderamento é a chave para Magia e Bruxaria. Para ser verdadeiramente uma Bruxa, você deve abraçar seu próprio poder e as responsabilidades que vêm com ele. Muitos temem dizer a palavra "poder". Estamos condicionados a pensar que isso é ruim, quando é, na verdade, parte necessária de uma vida bem-sucedida. Muitos acreditam que buscar poder não é espiritual, mas sem poder pessoal não somos eficazes no mundo. As pessoas têm medo do que os outros pensam quando a palavra "poder" é usada, mas o problema ocorre quando o único pedido é o poder. É parte do caminho mágico buscar poder pessoal em termos de autoempoderamento; poder sobre si mesmo, manifestando a capacidade de criar a vida que você deseja, em vez de procurar poder sobre o outro. Tudo isso é parte do caminho mágico.

Autoempoderamento não é autoengrandecimento. É sobre viver acima de seus limites e não ter nenhuma barreira que não seja o bem maior de uma dada situação. Quando praticamos o espírito da magia, temos que levar nossos sentimentos sobre energia para um nível superior, liberando todo o condicionamento limitante que aceitamos ao longo dos anos sobre nosso valor, a autoestima e a capacidade de criar mudanças. No coração da magia, empoderamento é autoestima e amor-próprio. Com isso, podemos desenvolver uma confiança que cresce tanto em nossa magia quanto em nossa vida diária.

Soberania – a capacidade de reinar sobre si mesmo e sobre sua vida – é uma pedra fundamental para a prática de Bruxaria. Nós mesmos colocamos uma coroa em cima de nossas cabeças e

302 | Livro dos feitiços e encantamentos de Laurie Cabot

a deixamos pesar. Devemos nos colocar no nosso próprio trono. Portanto, devemos equilibrar este poder com humildade, consideração e compaixão. Aqueles em uma verdadeira posição de poder, como os reis e as rainhas do passado, e as pessoas bem-sucedidas, de todos os tipos, nos dias de hoje, incluindo presidentes e CEOs, sabem como encontrar o equilíbrio. Infelizmente o ideal e a realidade muitas vezes são diferentes. As Bruxas se esforçam para atingir o ideal.

Enquanto aqueles com poder podem estar numa posição de serem "o senhor" sobre outros, quando ganhamos poder em qualquer nível, devemos sempre nos manter vigilantes para usá-lo da forma mais correta e equilibrada possível. Temos também de superar o medo de afirmar o nosso poder. Não tenha medo de se colocar na posição de chefe, seja como CEO de uma empresa ou presidente de uma organização. Se você for chamado para assumir essa posição deve fazê-lo cuidadosamente. Neste caso, visualize-se como os sagrados reis e rainhas do passado. Exerça o poder como um sagrado Sacerdote ou uma Sacerdotisa, porque, em essência, você é um mediador sagrado de tal poder, independentemente de posição ou de título.

Mesmo sem um título reconhecido, um escritório ou uma posição, potencialmente, qualquer um pode ser uma pessoa de poder. Você simplesmente tem que reivindicá-lo. Tudo depende de seu desejo, de suas projeções mágicas e de sua capacidade de sentir e vislumbrar seu maior poder pessoal, porque ele pode ser manifestado. Temos que lidar com muitas camadas de programação social e familiar que nos dizem que não podemos ser assim. Muitas estruturas são colocadas em torno de nós para dizer que não somos ricos, bonitos, finos ou fortes o suficiente, e isso pode nos derrubar. Precisamos examinar as bases das estruturas e olhar para além delas. Para qualquer reclamação, você pode encontrar alguém que superou isso. Se falarem que você é muito gordo para ser poderoso, eficaz ou feliz, olhe para Henrique VIII. A história está cheia de pessoas excepcionais e a única coisa que separa você delas é a capacidade de autoempoderamento. Qualquer outro fator não tem nada a ver com sua capacidade de alcançar seus objetivos e encontrar a felicidade.

Eu tenho uma amiga que é enfermeira e tem oito filhos, todos rapazes. Enquanto eles estavam crescendo, cada um dos meninos tinha interesses e traços de personalidade muito diferentes, expressões diferentes. Cada um deles era exclusivo. Um queria ser bombeiro, como o pai. Outro queria ser designer. Outro pintava as unhas dos pés e brincava com bonecas Barbie. Seus pais incentivaram cada um a encontrar suas próprias bênçãos e explorar seus próprios desejos. Cada um tem poderes para ser quem é. Minha amiga também tinha que encontrar maneiras de se empoderar sozinha enquanto criava uma família de oito garotos. Seu feitiço mágico para isso era colocar uma tiara que, quando posta na cabeça, empoderava-a para dar tempo a si mesma; era um sinal para seus filhos e seu marido de que não era o momento de incomodá-la. Eles davam a ela esse espaço, respeitando o ritual. A tiara, um tipo de coroa, indicava que ela é a dona de si naquele momento, e eles entendiam. Ela foi uma mulher inteligente para conceber esse ritual. Em muitos aspectos, precisamos aprender como colocar nossas próprias coroas, mesmo se elas forem invisíveis. Precisamos viver nossas vidas nesse lugar de empoderamento pessoal.

Feitiço do banho com espelho da soberania

Para invocar as bênçãos da Deusa da Soberania em sua vida, use este feitiço. Você vai precisar de:

- 1 espelho de mão
- 1 delineador ou batom temporariamente para escrever no espelho
- 1 lâmina de ritual (athame ou outra faca com uma borda sem corte ou um abridor de carta ou uma faca de prata)
- 7 velas com as cores do arco-íris – vermelho, laranja, amarelo, verde, azul-escuro, púrpura e lilás

Escreva o feitiço em cima do espelho com o delineador ou batom, com as cores preta e vermelha, ambas sagradas para a antiga Deusa da Terra.

Eu sou a Soberania. Eu tenho a coragem de todas as Deusas.
A Bruxa vive em mim. A lâmina de luz, verdade e poder me pertence.

Acenda as velas. Tome um banho e relaxe um pouco. Leia o feitiço em voz alta e medite sobre seu significado enquanto olha para o espelho. Olhe nos seus olhos e saiba que estas palavras são verdadeiras. Ponha o espelho no chão e pegue a lâmina. Eleve-a acima da água, como a espada Excalibur subindo fora do lago. Mova a lâmina até que a luz reflita sobre você, inflamando-o com o poder da Bruxa. Saiba que você mudou e nunca mais jogue fora sua luz ou comprometa sua verdade ou seu poder.

MAGIA E PODER

Nada funciona 100% o tempo todo, seja medicina, política, mecânica ou qualquer outra coisa. Nada é 100% correto. Sempre há exceções impedindo que algo venha a acontecer, e que é por uma boa razão, mesmo sem sabermos qual é essa razão. Essa lei do universo é o princípio de causa e efeito. Há uma razão, mas não podemos sempre percebê-la.

Da mesma maneira, nenhuma magia é eficaz 100% do tempo. Não se coloque numa posição ou faça com que os outros achem que magia sempre funciona em todas as circunstâncias. Você pode se sentir assim, especialmente quando começa tendo sucesso, mas ninguém é invencível em sua conjuração. Não cometa o erro de pensar que é de alguma forma menos poderoso ou derrotado quando um feitiço não funciona. Se realmente conhece sua magia, não tem de acreditar que é 100% eficaz, porque sabe que você mantém a intenção de tudo ser correto e para o bem de todos envolvidos. É muito melhor se um feitiço que for incorreto e prejudicial – mesmo que não o saiba conscientemente – falhar em vez de realizar e causar danos. Se você fizer algo que é contra o bem maior, se fizer algo nocivo, intencionalmente ou não, vai ter de viver com as consequências disso. É por isso que colocamos a intenção "correto e para o bem de todos os envolvidos" em todos os nossos feitiços.

Você faz parte do universo e deve entender que sua magia funcionará no momento que "deve" funcionar. Sua intenção, seus impulsos e seus desejos são uma parte dos padrões gerais do Universo.

As pessoas tentam impor limites de tempo em sua magia. Às vezes você pode fazer isso, e às vezes não. Não há nada de errado em tentar, mas não se ache o todo-poderoso, ditando como tudo vai se desdobrar em cada detalhe. Se fosse, o mundo estaria em suas mãos e você seria uma Deusa ou um Deus. Mas não é. Não confunda controle com empoderamento, que é aquilo que ajuda a perceber que você é um parceiro do divino em sua magia. Muitas vezes o Universo, a Deusa e o Deus, sabem melhor o desenrolar das coisas, criando situações muito melhores do que possamos imaginar ou controlar.

Às vezes é nossa autoidentidade que faz com que nos expressemos de uma maneira aparentemente soberba ou poderosa. Muitos vêm para a Magia e Bruxaria querendo impor o conhecimento e o poder sobre os outros. Esse não é o nosso caminho. Quando fizermos isso, realmente é nossa identidade autocriada atual que está se sentindo vulnerável, que sente que está em perigo. Tais ações significam que não estamos confortáveis com quem nós somos. Exercícios de autoestima, tais como o uso do espelho mágico, são muito importantes como os primeiros passos de empoderamento. Aqueles que se controlam mais estão geralmente com raiva ou com medo, e esses são os que têm autoestima e amor-próprio diminuídos. São pessoas que estão tentando projetar seus próprios sentimentos de inferioridade sobre o outro. Na realidade, elas querem mais amor do que qualquer outra coisa, e estão constantemente chamando atenção para ter alguém que substitua esses sentimentos. Pessoas assim não percebem, conscientemente, que ninguém de fora pode alterar tais sentimentos. Você deve começar consigo mesmo, e só depois se abrir ao amor dos outros. Então vai reconhecer suas próprias qualidades e dons e construir uma identidade mais forte que pode levar ao empoderamento pessoal. Este é o segredo do verdadeiro poder. Reconhecer a necessidade de uma identidade saudável é o primeiro passo.

Algumas pessoas esperam que outras as identifiquem, que as reconheçam e que digam a elas quem são, o que devem e o que não devem fazer. Geralmente começa com nossos pais e, em seguida, continua na escola, na religião, no casamento, no trabalho e com as amizades. Bruxos praticam nosso ofício para reforjar nossa identidade, para escolhermos quem queremos ser e para assumirmos a responsabilidade por nós mesmos e sobre a nossa própria felicidade. O espelho mágico é uma etapa nesse processo de autocriação.

Exercício do espelho mágico

O espelho mágico é um exercício de olhar para si mesmo no reflexo de um espelho que foi carregado com sua intenção. Ajuda a aumentar o amor-próprio e a autoestima, combinando os exercícios do espelho mágico e o da afirmação.

Enquanto olha para o espelho, recite afirmações e frases benéficas para reprogramar a sua consciência e ajudar a curar e a crescer. Isso vai ajudar a desenvolver um relacionamento consigo mesmo e com os outros em sua vida. Com forte senso de self e com relacionamentos saudáveis, sua intuição, percepção e poder crescerão. Todas suas habilidades como Bruxo se desenvolverão, fazendo-o ficar mais sábio e mais confiante.

Sente-se ou fique em silêncio diante de um espelho e acione seu gatilho alfa instantâneo. Olhe para si mesmo no espelho. Diga:

Eu me amo.

Eu me empodero com confiança.

Eu estou ganhando mais controle sobre meus pensamentos, palavras e ações.

Eu entendo melhor todas as formas e fluxos de energia dentro e fora do meu corpo.

Eu estou ficando mais esperto, sábio e inteligente.

Minhas habilidades psíquicas crescem a cada dia.

Eu entendo que pensamentos e palavras têm poder e são formas de ação;

Eu me responsabilizo por todas as minhas ações.

Eu sempre usarei energia de maneira correta e para o bem de todos.

Toda vez que eu entrar em alfa, todas as minhas funções corporais aumentarão: meu olhar, minha audição e minha visão.

Todos os dias e de todas as formas eu me sentirei melhor. Eu estarei melhor, eu mereço o melhor.

Eu estou me tornando cada vez mais genial.

Você pode se imaginar cercado e repleto de luz rosa e pode repetir as afirmações. Sugiro repetir três vezes. Ou pode também adicionar às afirmações tradicionais o seguinte:

Eu sou poderoso(a).
Eu sou a rainha/rei da minha própria vida.
Eu sou uma Deusa/Deus.
Eu estou preenchido(a) com todo o meu potencial.

Quando tiver terminado, dê-se permissão de total saúde. Coloque sua mão direita por cima da sua cabeça, com a palma para baixo no chakra coronário. Abaixe sua mão na frente de seu coração e de seu plexo solar. Agora empurre para fora, com a palma da mão longe de você e diga:

Eu estou me dando total saúde. Eu estou curando a mim mesmo(a).

Quando terminar, suavemente solte seu alfa instantâneo e libere seu olhar do espelho.

Óleo para autoestima

- 20 gotas de óleo de amêndoa
- 5 gotas de óleo de rosas
- 7 gotas de óleo de lilás
- 6 sementes de girassol
- 1 citrino

Use este óleo quando quiser sentir um maior senso de autoestima e autoempoderamento. Ele eleva o seu senso de *self*.

Travesseiro de sonho da autoestima

Um excelente método para ter sonhos mágicos de cura é criar um travesseiro de sonhos. Esta fórmula pode ser adaptada para outras intenções, mas é projetada para ajudar a ganhar confiança e autoestima para crescer em seu caminho mágico. Você pode usar todas essas ervas, mas só é preciso escolher três para o seu travesseiro da autoestima. E pode também adicionar algumas gotas do óleo da autoestima.

308 | Livro dos feitiços e encantamentos de Laurie Cabot

- Pétalas de rosas
- Segurelha
- Damiana
- Artemísia
- Agrimônia
- Sorveira
- Raiz de angélica
- Celidônia
- Anis-estrelado
- Semente de anis
- Marroio
- Hortelã-pimenta
- Trevo vermelho
- 2 quadrados de tela (tamanho sugerido, 1 m²)
- Enchimento de algodão

Costure os quadrados de tecido em três lados, permitindo uma abertura para as ervas e o algodão. Você pode abençoar cada ponto com o encantamento "cada ponto deve trazer para mim sono perfeito e harmonia". Carregue magicamente todas as ervas para sonhos saudáveis, felizes e produtivos e coloque-as no travesseiro com o algodão de uma loja de artesanato. Quando você tiver um travesseiro bem fofo, costure o último lado e deite com ele quando for dormir. Mantenha um diário de sonhos na sua mesa de cabeceira para rever e entender o que eles significam para você.

Óleo de sangue-de-dragão

- 30 gramas de óleo de amêndoa
- 1 colher (chá) de resina em pó de sangue-de-dragão

O óleo de sangue-de-dragão é usado para proteção, empoderamento e para qualquer intenção mágica. Sangue-de-dragão ajuda a coletar seus pensamentos e vontades e catalisa todas as magias. Você pode usar apenas uma gota em qualquer feitiço, ou colocá-lo em si mesmo e em suas ferramentas antes de fazer qualquer magia.

Feitiço da caixa da Bruxa

- 1 caixa de madeira decorada
- Bagas de sorveira
- Pergaminho
- Fita preta
- Caneta

Bagas de sorveira adiciona potência extra para qualquer feitiço. Para empoderar um feitiço com magia da sorveira, você pode escrevê-lo como normalmente faria, mas não o queime. Amarre-o com uma fita e coloque-o dentro da caixa com as bagas de sorveira. Não abra a caixa até que seu feitiço se realize. Cuidado com o que deseja, pois com a sorveira, a magia é muito potente.

RESPIRAÇÃO DA BRUXA

Nas artes marciais, você aprende a respirar de certa maneira para trazer o Chi, a luz do Universo, em seu corpo. A respiração nos conecta ao Universo. O poder é impresso sobre a força da vida; quando você expira, está exalando sua intenção. Se você se concentrar nessa respiração com uma única intenção, pode torná-la mais poderosa. Na mitologia céltica havia nove donzelas – associadas às nove senhoras do lago e às nove Bruxas de Gloucester – soprando as chamas sob um caldeirão de armação de pérola no Submundo com seu sopro indicando o poder da respiração.

O uso da respiração é uma tradição milenar. Pratique inalando a energia, estando ciente disso. Inspire pelo nariz e expire pela boca. Pratique quando caminhar ou correr, ou em qualquer outra forma de exercício. Ao usar a respiração para magia, sente-se e respire fundo. Inspire contando até nove, encha seus pulmões, segure o ar contando até dez e em seguida expire contando novamente até dez. Você pode começar a contar até cinco e aumentar lentamente até que consiga contar até dez. Não se levante imediatamente, ou ficará com vertigem. Respire normalmente por um tempo. Quando estiver pronto para

Livro dos feitiços e encantamentos de Laurie Cabot

carregar um feitiço, entre em alfa, comece a respirar e se concentre em sua projeção ao inalar e exalar sua intenção para o Universo.

O seguinte encantamento pode ser usado para carregar sua intenção sobre qualquer cristal:

Com o sopro da Bruxa eu inflamo este feitiço...
Sussurro sobre o cristal
Sopro vapor em cima do caldeirão
Assovio no vento
Que assim seja.

Mexendo o caldeirão

- Caldeirão
- Colher
- Vela
- Cristal

O encantamento também pode ser usado para evocar o poder das nove donzelas fazendo magia ao mexer um caldeirão. Encha o caldeirão com água sagrada, tais como a água de bênção do capítulo nove, ou água de chuva, de neve derretida, ou mesmo água deixada sob a Lua cheia, a água lunar clássica. Acenda sua vela com sua intenção. Passe a pedra rapidamente através de sua chama. Energize a pedra com sua intenção e seu sopro, e depois, deixe-a no caldeirão. Comece a mexer. Se seu feitiço for para manifestar, mexa no sentido horário. Se for para remover alguma coisa, mexa no sentido anti-horário. Use o sopro da Bruxa para carregar magicamente a água e a pedra. O encantamento a seguir também pode ser usado:

Chama que borbulha
O Caldeirão
Mexo a colher
Para que o feitiço
Que agora faço
Se realize em breve!

Use essa água em todo feitiço que queira que se manifeste rapidamente.

OTIMISMO, PESSIMISMO & EQUILÍBRIO

Para o empoderamento de verdade, precisamos encontrar o equilíbrio. Uma vez que começamos a recriar nossa identidade e a escolher quem queremos ser, há necessidade de encontrar o equilíbrio entre todas as coisas. Como seres humanos, naturalmente temos esperanças e receios entrelaçados com nossas intenções e sonhos. Precisamos discernir o que é verdadeiro antes de projetarmos nossa intenção mágica para o futuro. Você só pode começar uma viagem sabendo onde está agora.

Tudo é possível, e o otimismo esperançoso nos ajuda a manifestar o que pode no início parecer inatingível. É uma ferramenta em nossa caixa de instrumentos mágicos. Muitos de nós temos contra-tempos antes do sucesso, e parte de nossa prática é aprender com esses contratempos. Certos talentos podem ser inatos, como muitas capacidades criativas. Mas você ainda tem que trabalhar duro para desenvolver essas habilidades e aplicá-las de maneira adequada para ser bem-sucedido. A maioria dos atores, músicos e artistas são muitas vezes derrubados antes de alcançar o sucesso. Aqueles que conseguem manter a esperança duram mais do que aqueles que desistem dos seus sonhos. Eu amo a história do comediante Jay Leno, que morou no carro durante seis meses, em Los Angeles, até que conseguiu seu primeiro emprego profissional. Você tem que estar preparado para a rejeição, embora quando experimentada, isso alimente seu lado pessimista. Se você, em seu coração, sente-se magicamente chamado a fazer algo, então não deve desistir de seus sonhos. Procure manter o foco e perceber que tudo é possível. Talvez a pessoa que está dizendo "não" nem seja a autoridade final. Talvez haja outra maneira. Quando eu levei meu primeiro livro para um agente, ele me disse "ninguém jamais vai querer ler isto". Eu disse: "Eu acho que você está errado." Depois disso milhares de pessoas leram *O Poder da Bruxa*, que se tornou um clássico literário no mundo da Bruxaria. Depois encontrei o mesmo agente, no Ritz Carlton, durante um evento com Frank Sinatra. Nesse momento, eu era bem conhecida, e tudo o que ele podia fazer era me olhar um pouco timidamente, pois sabia que tinha se enganado e tinha perdido algo especial.

O equilíbrio entre otimismo e pessimismo é um espaço difícil para mim. Quando eu meto uma ideia na cabeça já começo a ficar preocupada. Isso é um problema apenas quando constato que não está acontecendo. Às vezes, o timing é errado, não importa o quanto ao contrário podemos pensar. Alguns projetos e metas, às vezes, precisam ser colocados em segundo plano. Eles não podem se manifestar agora, precisam de tempo para crescer ou se desenvolver. Como sementes, todas as coisas germinam e crescem em seu próprio tempo. Algumas sementes, no entanto, nunca vão crescer. Parte de nosso equilíbrio é aprender a discernir o que está aguardando para germinar, o que já brotou e precisa de nossa atenção e o que nunca vai germinar. Pode acontecer de algumas sementes das quais desistimos nos surpreenderem quando de repente temos uma flor. Mas se só olharmos para esse pote, nossas outras flores podem murchar devido à negligência. Às vezes você tem que trabalhar com o que tem atualmente, em vez daquilo que está esperando ter. Esta é a parte da lição de equilíbrio. Equilíbrio nos ajuda a continuar. Cada fracasso é um passo para o sucesso. Falhar pode nos ensinar a como não fazer algo, incentivando-nos a encontrar um novo equilíbrio e um novo método.

Se você se concentrar muito em uma coisa e não ficar de olho em todas as outras vai ter alguns problemas graves que vão lhe distrair do seu empoderamento. Falhar em alguma coisa que poderia ter sido bem-sucedida, caso não tenha feito um erro de julgamento, pode diminuir seu entusiasmo para futuras buscas. Se você tem um grande desejo de fazer algo, mas deixa tudo para trás e aquilo não dá certo, vai se sentir menos eficaz, o que influenciará a sua autoestima. Encontre o equilíbrio entre o que realmente é e o que você está esperando que aconteça. Projete para o futuro, mas não negligencie o presente.

Na América, todos parecem estar lutando por um modelo de sucesso perfeito, medido por uma casa enorme com uma cozinha de aço inoxidável com bancadas em granito, uma piscina no quintal e dois ou três carros. Se você não fizer isso, pode ser fácil se sentir como um fracasso. Algumas pessoas vão focar nisso. Talvez esse seja o seu carma. Mas até que isso aconteça, você pode ser feliz com o que tem? O caminho mágico nos mostra que não temos direito a nada no mundo material, nada de nada. Você nasceu em um lugar e tempo e deve fazer uso do que tem. Se está lendo isso, provavelmente teve a sorte, o carma, de ter nascido em um lugar onde muitas de suas necessidades básicas são satisfeitas. Se tem um emprego, um teto sobre sua cabeça e a comida na sua mesa, você está muito melhor do que a maioria do mundo. Se tem aquecimento no inverno, água potável e roupas adequadas, tem muita sorte. Geralmente não damos valor a essas coisas. Você consegue aproveitar as coisas simples? Consegue desfrutar de sua vida, da luz do sol ou da brisa fresca num dia quente? Equilíbrio é estar no momento, mesmo se estivermos colocando energia para manifestações no futuro. Você pode aproveitar o momento?

Tudo se desenrola em seu ritmo adequado. Nossa magia ajuda a simplesmente moldá-lo e colocá-lo no lugar certo na hora certa, fazendo a coisa correta para alinhar sua intenção com o desdobramento do Universo. Mesmo quando não acreditamos no momento, a magia me ensinou que tudo realmente acontece dentro do tempo aparentemente correto para nós. Pessoalmente, eu já projetei coisas, trabalhando muito duro e adicionando um monte de energia nelas, pensando que elas poderiam se manifestar "agora" ou em alguma hora específica. Quinze anos depois, as coisas que eu queria que acontecessem naquela época aconteceram. Elas vieram, assim como eu projetei, mas não quando eu pensei. Um grande exemplo é a obtenção do nosso reconhecimento jurídico federal para o que agora é conhecido como o templo hermético Cabot-Kent. Pensei que teríamos nossa condição filantrópica e sem fins lucrativos legalmente estabelecida na década de 1970, mas isso não aconteceu até o ano 2000. Levou tempo para obter as pessoas certas e as circunstâncias certas, simultaneamente, mesmo presumindo que eu tivesse tudo certo antes.

À medida que envelheço, percebo que um dos segredos é aprender a fazer o trabalho, mas que depois devo me sentar e esperar. Estou aprendendo a sentar nos meus calcanhares e não me preocupar.

Não vou me preocupar. Planejo, uso minha magia ao projetar meus objetivos e trabalho para atingi-los, mas deixo que eles se desenrolem naturalmente. Isso é o mais importante, fazer o trabalho em harmonia com sua intenção. Acompanhar seus feitiços com ação no mundo real. Ficar chateado que algo não está ocorrendo mais rápido vai simplesmente anular e neutralizar o trabalho que já investiu. Quando você fica chateado, torna-se como Charlie Chaplin em um dos seus filmes pastelão. Ele deixa cair o chapéu no chão e abaixa para pegá-lo de volta, apenas para chutá-lo ainda mais longe. Depois cambaleia para pegá-lo e chuta ainda mais para longe dele. Ficar chateado só chuta seu objetivo ainda mais longe de seu alcance. Relaxe e deixe-o se desdobrar. Deixe que ele se manifeste em seu próprio tempo.

Se Bruxas e magos fossem capazes de realizar todas as coisas no momento em que desejassem, este mundo se tornaria imediatamente magnífico. Teríamos um mundo maravilhoso. O ar estaria limpo, a água estaria clara se fizéssemos tudo instantaneamente. Ainda vivemos em um mundo regido pelo tempo e pela lei da natureza. Há consequências para as nossas ações que se desenrolam ao longo do tempo e, da mesma forma, as soluções devem se desdobrar ao longo do tempo. A Magia ajuda no decorrer do processo.

Feitiço de equilíbrio e serenidade

Este feitiço nos ajuda quando temos dificuldade em encontrar o equilíbrio e a paz que buscamos como Bruxos. Você vai precisar de:

- 1 vela azul-clara
- Óleo para autoestima
- Papel-pergaminho

Prepare seu espaço sagrado. Lance um Círculo. Escreva este feitiço no pergaminho e unte sua vela com o óleo para autoestima.

Para sempre na minha vida terei equilíbrio e serenidade.
Trabalho e diversão virão em meu caminho
Prazer, paz e beleza podem ser trazidos ao plano da minha vida.
Que assim seja!

Comece a fazer o sopro da Bruxa profundamente e energize o feitiço com o seu fôlego, com seu Chi. Recite este feitiço e queime-o, dispersando as cinzas depois de ter lançado seu Círculo. Deixe a vela queimar e você vai voltar a ter equilíbrio.

Feitiço da vela encantada e amor-próprio

- 1 vela rosa
- 1 foto sua
- Seu perfume favorito
- Algo que aprecia, como uma joia especial

Lance um Círculo. Unte a vela com o seu perfume favorito ou colônia. Acenda a vela e coloque sua foto e joia junto a ela. Recite este feitiço para ganhar um maior autoencantamento e amor-próprio.

Vela de luz divina
Encha-me de amor e encanto!

Deixe a vela queimar. Quando terminar, leve ou use seu precioso item para sentir o efeito deste feitiço.

Feitiço da Bruxa poderosa

- Fivela de prata
- Vela preta
- Vestes cerimoniais
- Foto de si mesmo em vestes cerimoniais

Vista-se de preto ou com sua túnica cerimonial. Encontre uma fivela de prata. Acenda uma vela preta. Coloque sua foto ao lado da vela. Segure o fecho e conjure uma imagem em sua mente dos antigos Bruxos que já partiram. Eles vão colocar seu poder em sua fivela, que será o seu esconderijo secreto. Recite este feitiço:

Aquele para quem estas velas queimam
Deverá ser um(a) Bruxo(a) poderoso(a)
Bruxos poderosos do passado
Bruxos poderosos de agora

Antigos sábios, saibam meu nome!
Saibam que sorverei da chama do poder!
Meu nome é Bruxo(a)!
Que assim seja.

Depois de carregar magicamente sua fivela, durma com ela por uma noite. Use-a secretamente em sua vida diária, para aumentar sua ligação com Bruxos antigos, e no seu trabalho mágico como parte de seu vestuário mágico e túnicas. Você pode amarrá-la em uma fita e usá-la como um encanto quando vestir mantos ou capas se um cinto não for adequado.

Feitiço do poder ancestral

- Vela preta
- Vela branca
- Incenso para falar com os mortos

Acenda as velas e queime o incenso. Recite este feitiço:

A luz dos meus antepassados deve brilhar
O poder do meu espírito deve crescer
Hora a hora.

Deite-se e faça uma meditação visualizando o Universo. Veja o céu acima de você. Levite seu corpo astral para o céu, vá para além dele, para o sistema solar e em seguida para o Universo. Sinta-se conectado a todas as estrelas, assim como todos os nossos antepassados. Sinta como todas as coisas vêm do início, exatamente como o cientista Carl Sagan disse. Isso é uma grande parte dos nossos ancestrais. Leve esse empoderamento do Universo, essa energia com você e sinta-se flutuando de volta ao seu corpo. Quando terminar, deixe seu incenso e as velas queimarem até o fim.

PODER COM OS OUTROS

As pessoas procuram Bruxos acreditando que eles são todo-poderosos. Esta é uma das dificuldades das pessoas que procuram nossa ajuda. Elas não entendem o desdobramento do tempo e acreditam que tudo é possível, instantaneamente. A culpa é de Walt Disney e de todas as suas histórias, popularizando a ideia de magia funcionando imediatamente. Por causa destas percepções públicas, se seu feitiço não funciona de imediato, como nos efeitos especiais do cinema, então você é um impostor e magia não é real. Poucas pessoas estão interessadas no espírito da magia quando procuram ajuda de uma Bruxa. Não fazem ideia do que é lançar um feitiço, ou como eles tradicionalmente se manifestam. Bruxos bem-educados e poderosos têm uma taxa de sucesso em seus feitiços de nove em cada dez vezes, mesmo se o efeito for atrasado, às vezes.

Nosso modelo de poder não é sobre os outros, mas com os outros, para criar, naturalmente, situações bem-sucedidas. Infelizmente nos pedem para fazer maldições, para colocar feitiços sobre pessoas, sem levar em conta o bem de todos sem prejudicar ninguém. Parte do empoderamento é empoderar outros. Uma Bruxa não pensa egoisticamente apenas em si mesma. Se estamos buscando equilíbrio, tentamos ajudar, educar e empoderar os outros. Embora nem todo mundo vá ser Bruxo, e nem o querem, muitos podem se beneficiar com a cura e empoderamento da Bruxaria. Se agir de forma egoísta ou prejudicar o seu próximo, mesmo que consiga um objetivo declarado com esse método, o Universo vai lhe prejudicar para restaurar o equilíbrio. Quando se prejudica outras pessoas e a comunidade em geral, retira-se a bondade do mundo. Em última análise, você não está realmente ajudando a si mesmo no final, pois estamos todos ligados. Machucar os outros desnecessariamente é se machucar. Embora existam pessoas que vão ficar ofendidas com o que você faz, desconsiderar propositadamente o efeito que tem sobre os outros é autodestrutivo e "desempoderante". Aparentemente, o sucesso egoísta se prova ineficaz em longo prazo. Nós dependemos de outras coisas e outras pessoas neste mundo para sobrevivermos e sermos bem-sucedidos.

Bruxos usam o poder para ajudar a curar a Terra. Parte deste trabalho é a compreensão prática do ambientalismo, conservação e ecossistema. Pequenas e grandes ações contribuem. Até aprender a reutilizar águas residuais quando você lava o rosto ou escova os dentes é uma parte importante dessa consciência. Outras vezes, as Bruxas colocam ações mágicas em andamento, projetando para o futuro uma Terra onde a natureza é preservada e a poluição é diminuída. Aprender a pensar no destino de todo o mundo – não apenas no nosso e de pessoas individuais, mas de todas as pessoas, bem como no dos animais, das plantas, da água, do ar e do todo o ambiente, é uma etapa necessária para nossa evolução. Como suas ações afetam todo o Planeta?

Incenso "supere isso!"

- 2 colheres (sopa) de hamamelis
- 1 colher (sopa) de mirra
- 1 colher (sopa) de resina de sangue-de-dragão
- 6 gotas de óleo de olíbano

Esse incenso nos ajuda a usar nossa autoestima para ultrapassar as coisas que nos incomodam e para nos concentrar em nossas próprias vidas, não em nossos fracassos, e ainda ajuda a nos manter equilibrados quando achamos que algo não está bem.

Incenso "sai daqui!"

- 1 colher (sopa) de café em pó
- 1 colher (sopa) de resina de olíbano
- 1 colher (chá) de raiz de jalapa
- 1 colher (chá) de coentro
- 5 folhas de louro
- 1 pitada de mandrágora
- 10 gotas de óleo de proteção
- Pitada de terra de algum lugar longe de sua casa ou propriedade

Incenso que nos ajuda a tirar do caminho pessoas que são prejudiciais para nós e a colocá-las em um lugar melhor. O café pode nos ajudar a encontrar o lugar correto para nós. Queime o incenso e diga para a fumaça o nome da pessoa que deseja tirar da sua vida.

Incenso para interromper a fofoca

- 1 colher (sopa) de flor de sabugueiro ou de bagas de sabugueiro
- 1 colher (sopa) de olmo
- 1 colher (chá) de cravo-da-índia
- 1 colher (chá) de gengibre

Queime para interromper falas mal-intencionadas sobre você e seus entes queridos. Esse incenso ajuda aqueles que falavam mal a focalizarem em seu próprio trabalho e questões.

Feitiço para interromper a fofoca

Queime o incenso para interromper a fofoca e recite o seguinte feitiço:

Neste dia, toda a fofoca vai embora.
Quando uma fofoca chegar até mim,
Eu a neutralizarei pelo três vezes três.
Que assim seja!

Incenso para ganhar no tribunal

- 1 colher (sopa) de folha de louro
- 1 colher (sopa) de sementes de mostarda
- 1 colher (sopa) de camomila

Queime em qualquer ritual para trazer sucesso em causas legais.

Encantamento para ganhar no tribunal

- Incenso para ganhar no tribunal
- 1 folha de louro inteira
- Marcador de feltro preto

Escreva as palavras "ganhar" e, se possível, o nome do juiz sobre a folha de louro, usando o marcador. Queime o incenso para ganhar no tribunal e passe a folha de louro pela fumaça, enquanto recita o feitiço três vezes:

A luz deve se erguer e começar a definir que eu possa ganhar no tribunal. Que assim seja!

Coloque a folha de louro no sapato esquerdo quando você for para o tribunal e sairá vitorioso!

VESTINDO-SE MAGICAMENTE

Imagem é um aspecto importante da autoestima e do empoderamento. Isso não é para dizer que é só o que está do lado de fora que conta, porém, para se sentir bem com sua autoimagem, o ideal é começar escolhendo usar coisas que lhe fazem se sentir fortalecido. Você estará tomando o controle sobre o aspecto mais óbvio da autoimagem. Fazer alterações em sua imagem externa pode produzir mudanças internas, assim como alterações internas podem mudar como as pessoas percebem o mundo exterior, mesmo se você não fizer nada de diferente. Confiança altera a maneira como ficamos de pé, andamos e falamos. Colocar adornos particulares pode nos ajudar a produzir essas alterações em nosso interior. Aqueles que vêm para a Bruxaria muitas vezes ornamentam-se de formas sutis e não tão sutis para abraçar seu Bruxo interior e o fluxo do poder mágico em cada momento.

Roupas, joias e maquiagem são formas eficazes para usar o poder da natureza, luz e cor para alterar sua energia. Quando bem trabalhadas, elas mudam a atmosfera do seu próprio *self* não só para si mesmo, mas criando uma atmosfera mágica para qualquer um que você encontrar. Procure criar uma assinatura, uma energia que ajuda a identificá-lo. Tudo começa com a intenção.

Algumas pessoas se apegam na intenção de não quererem ser identificadas. Elas simplesmente querem se misturar, mantendo-se sem assinatura. Apesar de isso ser útil em certas circunstâncias, para ser capaz de se mover como se fosse invisível, se fizer isso o tempo todo não acrescentará nada à sua autoestima. Tudo o que puder fazer de diferente do que faz normalmente, faça, pois vai ajudar a empoderá-lo.

Há magia até na maquiagem. Originalmente, maquiar-se era considerado uma arte mágica, usando ervas e minerais para pintar o corpo. Eu sempre pintei meus olhos. A maneira que você pinta seu rosto prepara você para o mundo. Chama a atenção para você como parte de sua assinatura. Cabelo é outra parte importante da imagem. Apesar de eu ser loira natural, pintei meu cabelo de preto, deixando algumas partes loiras para assumir a imagem da Bruxa. Preto atrai energia e luz para nosso chakra coronário. A tradição nos diz que as ruivas são as Bruxas mais poderosas. Não sei se eu concordo, mas vermelho é uma cor poderosa, é a cor da força vital. Se você quiser atrair essa energia em sua vida, tinja seu cabelo de vermelho. Para os outros, o loiro é a cor mais brilhante e marcante. Loiras chamam muita atenção na nossa sociedade. No final, não importa a cor de cabelo que tenha, mas o quanto ele empodera você, o quanto você se sente bonita, elegante e confiante com ele.

Sempre admirei os estilos egípcios e sua cultura. Sei que é uma parte profunda de mim, desde que eu era uma garotinha. Olhos destacados de turmalina-negra, o que eles agora simplesmente chamam de lápis de olho, somado ao cabelo preto, me empodera. Pode-se olhar para as estrelas pop recentes e para as modelos para ver que a moda de delinear os olhos de preto está de volta em grande estilo. Dizem que os olhos são as janelas da alma, se você quer que as pessoas olhem para seus olhos, tem que chamar atenção para eles.

Assim como o cabelo e os olhos, a cor mágica pode ser invocada com o uso de nossas unhas. Esmaltes coloridos podem atrair determinadas forças. Eu uso esmalte azul para trazer o poder do sucesso de Júpiter.

Enquanto muitos homens não se sentem tão confortáveis com alterações na cor do cabelo, ou do uso mágico com as cores das unhas ou maquiagem, a roupa é uma coisa que todos nós usamos para criar nossa imagem de assinatura. Muitas de nós, Bruxas, usamos preto porque, no plano físico, ele absorve todas as cores, toda a luz, e atrai as bênçãos de todos os planetas e poderes sobre nós. Quando vestimos o branco, refletimos todas as cores e somos incapazes de absorvê-las. Diferentes tradições dão ênfases diferentes a esse absorver ou refletir.

322 | Livro dos feitiços e encantamentos de Laurie Cabot

Se você conhece seu mapa astral natal, pode atrair as melhores cores específicas e suas próprias energias. Aqueles com conhecimento astrológico mais avançado podem olhar para ver como o alinhamento dos planetas no dia se relacionam com o do seu mapa natal e escolher as cores das roupas para aquele dia. Na minha conta do Twitter, deixo uma mensagem da cor geral favorável do dia para todos. Antes do Twitter, fiz isso no rádio. Às vezes a cor é influenciada pelo dia planetário da semana. Outras vezes, é baseada nos planetas fazendo alinhamentos poderosos naquele dia. Vestir a cor favorável do dia ajuda e lhe dá poderes para estar em alinhamento com as forças daquele momento. Recebo um monte de comentários de pessoas que sentem que isso realmente ajudou.

As joias, associadas às roupas, também ajudam a empoderar uma Bruxa. Cada aspecto da joia é governado por forças mágicas. O metal se alinha com uma potência planetária, bem como todas as pedras ou outras cores usadas em joias. Olhe para suas correspondências mágicas e veja que influências está convidando em sua vida e certifique-se de limpar e carregar suas joias com suas intenções mágicas. Em geral, se você tem um monte de energia psíquica, não precisa usar prata. Em vez disso, deve usar mais ouro para a força física e saúde. Se não tiver certeza sobre seus talentos psíquicos, use prata para impulsioná-los. Pessoalmente, gosto de usar os dois, para a Deusa e o Deus. Eu tenho um pentagrama que é de prata de um lado e do outro, ouro, para o equilíbrio.

Joias não precisam ser caras para serem eficazes. Desde que o item reflita e refrate a luz, ele pode fazer magia. Não precisa ir à falência com pedras caras. Uma pedra de qualidade ou um sintético como dióxido de cromo ou zircônio cúbico, pode funcionar também.

PROVANDO A CINÉTICA

Também conhecido como cinesiologia aplicada, o teste cinético é um método para testar a resistência do seu corpo ou a aceitação de uma substância. Em minhas aulas de Segundo Grau de Bruxaria, testamos os alunos para ver se a prata ou o ouro é um metal melhor para sua joalheria. Para fazer esse teste, é melhor ter duas pessoas – um testador e um testado. Reúne-se uma pequena quantidade de joias de ouro e outra pequena quantidade de joias de prata. Outros metais também podem ser testados, mas comece com o ouro e a prata. A pessoa que está sendo testada deve fechar os olhos, e o testador deve colocar uma pequena quantidade de joia em sua mão receptiva. Se o testado for destro, sua mão esquerda é a receptiva. A mão com a joia deve ser colocada firme no centro do plexo solar. O braço dominante (o direito de quem for destro) deve estar estendido ao lado do corpo, paralelo ao solo. Na contagem de três do testador, o testado deve estender o braço dominante para frente e mantê-lo rígido, enquanto o testador aplica uma pressão para baixo no braço. O sujeito tenta resistir o máximo possível.

Se o braço se mantém rígido nos primeiros momentos, esse metal está correto. Se o braço falha imediatamente e não consegue resistir, ou se há uma diferença notável em seguida, o metal é incorreto. Repita com o segundo metal, sem revelar, no entanto, qual metal que é. Geralmente a maioria das pessoas responde fortemente para um dos dois metais, e de maneira mais fraca com o outro, embora algumas pessoas respondam equilibradamente para ambos, mas podem sentir fraqueza com o cobre. O conceito é que conseguimos manter a força do braço com as coisas que são boas para nós, enquanto aquelas que são ruins deixa o braço fraco. O teste pode ser aplicado não só para metais em joias, mas também com ervas, vitaminas ou qualquer outra coisa.

Os resultados podem ser chocantes para muitas pessoas. É uma grande demonstração para céticos do poder da magia, vibração e luz. Dei uma palestra em New Hampshire, onde demonstrei a técnica, muitos dos participantes eram médicos e estavam acompanhados de suas esposas. Tinha um médico cético que queria provar que eu estava errada. Ele era forte e bem equilibrado, e era difícil de mexer o braço com ouro ou prata. Mas minha filha, Jodie, estava na primeira fila e nos deu um maço de cigarros. Eu o coloquei na mão dele e imediatamente o braço dele caiu com ligeira pressão. Ele ficou chocado e um pouco envergonhado, mas parecia mais aberto no final da palestra.

324 | Livro dos feitiços e encantamentos de Laurie Cabot

Todos os outros acessórios e itens podem ser usados em magia, nossos cintos e sapatos, bolsas e carteiras. Decida sobre a imagem que seja verdadeira para o que você é e para o que quer projetar para o mundo, sobre quem deseja ser. Use tudo à sua disposição para conjurar a autoimagem mágica que vai ajudá-lo a transformar a atmosfera de sua vida. Com a atmosfera certa, tudo é possível.

AS VESTIMENTAS DOS BRUXOS

Enquanto ofereço sugestões sobre cores de poder de vestuário para todos, com base na astrologia do dia, qualquer um que tenha me visitado sabe que sempre estou usando vestes pretas de Bruxa. Uma das poucas coisas que sabemos em nossa história é sobre o uso de vestes pretas para nosso povo. Se cada Bruxa usava ou não, eu não sei, mas sinto que é uma conexão forte com as Bruxas antigas do nosso passado.

Fiz um voto ao Deus e a Deusa para que eu fosse sempre visível em público, pois quando me tornei uma Bruxa, realmente não havia Bruxas que saíam nas ruas. Havia alguns autores da época, mas sinto que cada Bruxa de toda comunidade deve ser visível e disponível como parte do nosso trabalho ao mundo. Como o sacerdote católico, ou freira que é facilmente identificável, sinto que os Bruxos precisam desse reconhecimento. Eu era muito ingênua na época. Não esperava que tudo isso viria até mim, coisas boas e más, com a simples decisão de usar uma túnica preta publicamente. Não quebrei meu voto. Eu uso sempre. Tenho vestes públicas, vestes de casa, vestes de jardinagem, vestes de noite e vestes cerimoniais formais. Até tenho uma túnica para artesanato e pintura quando estou trabalhando em projetos mais bagunceiros.

Há muitos anos dei uma palestra no Old Town Hall sobre a espiritualidade das mulheres. Vieram mulheres de todas as esferas da vida. Falamos sobre a Deusa na história, a Deusa interior e comparei a imagem da Bruxa como sacerdotisa com outros arquétipos religiosos para as mulheres. Eu perguntei, e pedi que levantassem as mãos, quantas mulheres na sala eram freiras. Cinco mulheres levantaram a mão. Eles estavam em jeans e camisetas simples. Expressei a minha preocupação, não por haver freiras no grupo. Eu adorei isso. O que me preocupou foi que elas não vestiam orgulhosamente suas vestes; o povo não podia identificá-las. As pessoas não sabiam que elas estavam lá, mas era importante que as vissem para poderem se aproximar e pedir sua ajuda. Usar minhas vestes era importante pelo mesmo motivo. Eu acredito que você não deve se sentir pressionado.

Quando ando pelas ruas de Salem, tanto sou aplaudida como vilipendiada por causa do jeito que me visto. Muitos assumiram que, por eu ser uma Bruxa, dava má sorte eu estar por perto e alegavam que eu lançava maldições sobre eles. Precisamos quebrar esse estereótipo nas pessoas, confrontando-os. Não é que não possamos fazer essas coisas. Qualquer pessoa pode enviar energia ruim para prejudicar o outro. Nós, conscientemente, escolhemos fazer o oposto, não fazer o mal. Mas é uma escolha. Devemos assumir a responsabilidade e, no final, não nos cabe julgar. Muitas pessoas se tornam Bruxas porque não sentem que podem confiar em autoridades públicas e religiosas, que podem vir com um monte de sentenças e recriminações. Para aquelas pessoas que temem outros caminhos de ajuda, nós somos a opção mais segura.

Embora eu tenha razões religiosas para usar as vestes – para avançar no meu trabalho como uma Alta Sacerdotisa da Arte – existem também razões esotéricas para me vestir assim. A maioria das Bruxas e dos magos usam vestes cerimoniais, mesmo que não tenham feito um voto para usar as vestes em tempo integral. Como você sabe, preto absorve a energia da luz, e vestir uma túnica completamente preta traz mais energia mágica, e ela fica ainda mais poderosa com um capuz que atrai essa luz para seu chakra coronário também. Nós, muitas vezes, adornamos nossas vestes com outra cor – uma faixa ou um lenço que representa a cor de poder apropriada ou o formato da lua quando realizamos um ritual. Nós também usamos adereços de diferentes cores para os rituais sazonais de Sabbat, já que cada um tem cores tradicionais associadas.

Samhain	Preto e laranja
Yule	Vermelho e verde
Imbolc	Laranja, branco, azul-claro, lavanda, magenta
Ostara	Vermelho, branco, preto, tons pastéis
Beltane	Verde, vermelho e branco
Litha	Dourado, amarelo, verde, marrom
Lughnasadh	Dourado, verde, cinza, preto
Mabon	Laranja, bronze, dourado, vermelho, verde, preto, vinho, roxo

Reflita sobre seu próprio traje mágico. Vestir uma túnica ritualística vai definir um tom em sua mente e criar a atmosfera adequada para ajudar a induzir uma consciência mais profunda da magia. Como todo o resto, o manto é apenas uma ferramenta. Ajuda, mas você é a fonte de sua magia. Algumas tradições, como a tradição Cabot, tem um traje cerimonial específico que você obtém quando treina e se torna um Iniciado na Tradição. Nossas vestes negras estão decoradas com o *tartan* real dos Stuarts no ombro esquerdo, e Altas Sacerdotisas e Altos Sacerdotes usam um cordão trançado de branco, vermelho e preto. Bruxos solitários e ecléticos podem criar seus próprios trajes mágicos.

Se você não fez um voto para vestir o traje mágico em sua vida cotidiana, o ato de colocá-lo apenas para o ritual treina sua mente para entrar em um estado mágico. Assim como o cheiro de incenso e o óleo podem ser um gatilho de memória, o olhar e a sensação de um determinado artigo de roupa, joia ou outro acessório pode desencadear uma nova consciência. Removê-lo é então um sinal de que sua experiência mágica acabou e ajuda a aterrar, voltar ao normal, despertar a consciência.

ÓLEOS PARA OS SABBATS SAZONAIS

Associado às roupas sazonais, as Bruxas podem sintonizar-se girando com o poder da Roda do Ano usando óleos dos Sabbat não só nas cerimônias, mas também como parte de seus rituais diários de empoderamento. Faça estes óleos perto dos Sabbats. Eles podem durar por alguns anos, tendo seu poder intensificado com a idade. Gentilmente aqueça o óleo de amêndoa e coloque algumas pitadas das ervas secas, em seguida, adicione os óleos essenciais assim que o óleo esfriar.

Óleo de Samhain

- 80 gotas de óleo de amêndoa
- 40 gotas de óleo de lavanda

Infundir arruda, catinga-de-mulata, alecrim, cominho, casca de salgueiro branco, alho, casca de vidoeiro e teixo.

Óleo de Yule

- 80 gotas de óleo de amêndoa
- 40 gotas de óleo de pinho

Infundir cravo-da-índia, canela, noz-moscada, casca de pinheiro, sabugueiro e sangue-de-dragão.

Óleo de Imbolc

- 40 gotas de óleo de amêndoa
- 20 gotas de sangue-de-dragão infundido em óleo
- Granada esmagada
- 1 gota de mel 1 gota de leite

Infundir urze, trigo, rosa mosqueta, camomila e benjoim.

Óleo de Ostara

- 40 gotas de óleo de amêndoa
- 20 gotas de óleo de jasmim
- 20 gotas de óleo de lírio-do-vale

- 1 pitada de casca de ovo em pó
- 1 pitada de pelo de coelho

Infundir flores de narciso, flores de açafrão, sementes de girassol, trevo e casca de salgueiro.

Óleo de Beltane

- 20 gotas de óleo de amêndoa
- 40 gotas de óleo de sangue-de-dragão
- 20 gotas de óleo de arruda
- 10 gotas de óleo de rosa
- 1 cristal de quartzo claro
- 1 gota de mel

Infundir casca de carvalho, milefólio, hortelã, alecrim, arruda, giesta, urtiga rosa, urtiga, cardo e folhas de morangueiro.

Óleo de Litha

- 40 gotas de óleo de amêndoa
- 20 gotas de óleo de lavanda
- 20 gotas de óleo de rosa
- 20 gotas de óleo de semente de uva
- 20 gotas de óleo de almíscar
- 1 pitada de sal marinho

Infundir sálvia, hortelã, manjericão, cebolinha, salsa, íris, urze, hissopo, arruda, tomilho, funcho, samambaia, erva-de-são-joão e musgo irlandês.

Óleo de Lughnasadh

- 20 gotas de óleo de amêndoa
- 20 gotas de azeite
- 40 gotas de óleo de heliotrópio
- 20 gotas de óleo de avelã
- 20 gotas de óleo de abeto

O Empoderamento Mágico | 329

- 1 ágata musgo
- Penas de gralha azul

Infundir capuchinha, trevo, milefólio, flores de heliotrópio, pétala de rosa, raiz de confrei, sabugueiro, sementes de girassol, milho, aveia, trigo, arnica silvestre, alho e pinho.

Óleo de Mabon

- 40 gotas de óleo de amêndoa
- 20 gotas de óleo de avelã
- 1 pitada de folhas secas de carvalho
- 1 bolota de carvalho
- 1 colher (chá) de sal marinho
- 2 folhas de calêndula
- 1 gota de óleo de benjoim
- 1 pedra olho de gato

Infundir girassóis, milefólio, calêndula, visco, rosa mosqueta, trigo, aveia, carvalho, maçã, arruda, mirra e benjoim.

Óleo da lua azul

- 20 gotas de óleo de amêndoa
- 9 gotas de óleo de lilás
- 5 gotas de óleo de jasmim
- 1 pitada de artemísia
- 1 pitada de resina de mirra
- 1 pedra da lua
- Ágata-azul, quartzo-azul ou cristal de quartzo aqua aura

A 13ª lua do ano solar é a Lua azul, quando aparecem duas luas cheias em um mês, que é a contagem do Coven das Bruxas e o poder das Bruxas, mas que acontece apenas ocasionalmente. Use-o diariamente e ele trará as coisas para você mais do que apenas em uma Lua azul.

Óleo sagrado de carvalho

- 30 gramas de óleo de semente de uva ou óleo de girassol
- Folhas de carvalho (quebrada em pedaços ou secos em pó)
- Uma bolota de carvalho
- 1 pitada de sal marinho

Ferva o óleo em uma temperatura baixa e carregue magicamente mais tarde em um Círculo Mágico. Use para untar velas e outros objetos mágicos para evocar a sabedoria do carvalho e dos druidas. Samhain é o momento ideal para preparar e usar óleo sagrado de carvalho.

Óleo da sereia #1

- 40 gotas de óleo de avelã
- 1 concha
- 1 pitada de alga marinha
- 1 pitada de sal marinho
- 1 seixo marinho

Óleo da sereia #2

- 40 gotas de óleo de amêndoa
- 40 gotas de óleo de avelã
- Grande pitada de musgo irlandês
- ¼ de colher de chá de sal marinho
- 1 concha

Traga a beleza e a graça da sereia. Ao recitar este poema, use este óleo e contemple a água, que pode ser de uma bacia, do seu banho, de uma piscina, lago ou melhor ainda, do oceano. Invoque o poder da sereia enquanto se unge com o óleo.

As ondas azuis se enfeitam de branco
Seus cabelos verdes respingam a água brilhante.
Névoa, não foi feita para beber,
Espalhada com o cair de luz das estrelas conectadas
Pelos seus braços de concha.

Sal da sereia

- 2 xícaras de sal marinho
- 1 colher (sopa) de alga marinha
- 10 gotas de óleo da sereia (1 ou 2)

Use no banho para se conectar com o espírito das sereias.

Óleo da névoa do dragão

- 20 gotas de óleo de urze
- 20 gotas de óleo de musgo do carvalho
- 20 gotas de óleo de pinho
- 60 gotas de extrato de hamamelis
- 1 raminho de arnica silvestre, bem picado
- 1 pedaço de musgo irlandês, bem picado
- 2 pitadas de verbena
- ½ colher (chá) de sal marinho

Passe o óleo de névoa do dragão no corpo e recite este poema para sintonizar com as forças espirituais do espírito dragão das antigas terras. Para alguns, a névoa literalmente surgirá e vai cercá-lo, deixando você realmente perceber a presença do dragão.

> O vento entre os ramos suspira,
> E as asas do dragão se movem através do céu da meia-noite.
> Trilhas de névoa na Terra distante,
> E o bafo do dragão prova que Merlin não mentiu.

Incenso ritual

- 1 colher (sopa) de olíbano
- 1 colher (sopa) de mirra
- 1 colher (sopa) de copal
- 1 colher (sopa) de benjoim
- 1 colher (sopa) de estoraque

Queime em qualquer espaço sagrado ou quando for lançar o Círculo Mágico.

Incenso de defumação

- 1 colher (sopa) de olíbano
- 1 colher (sopa) de agulhas de pinheiro
- 1 colher (sopa) de sálvia
- Ramos/hastes de rosa
- Ramos de macieira

Faça um pacote com os ramos de rosa e macieira no centro. Enrole o pinho e a sálvia em torno dele e coloque o incenso dentro dos verdes. Enrole bem apertado com uma tira de algodão. Certifique-se de apenas queimar em um recipiente à prova de fogo, como um prato ou concha.

Incenso para perder peso

- 1 colher (sopa) de raiz de dente-de-leão
- 1 colher (sopa) de salsa
- 1 colher (sopa) de estelária

Queime isso em magias de beleza e saúde para ajudar a perder peso e voltar ao peso ou saúde ideal, ou coloque num saco mágico branco.

Incenso da estrela dos desejos

- 3 colheres (sopa) de trevo vermelho
- 3 colheres de sopa de estelária
- 2 colheres (sopa) de pétalas de rosa
- 1 colher (sopa) de erva-de-são-joão
- 10 gotas de óleo de lírio-do-vale
- 7 gotas de óleo de almíscar
- 1 pedaço de prata

Queime quando fizer desejos para as estrelas numa noite de primavera ou de verão. Fale ou pense em seu desejo enquanto o incenso leva sua intenção para cima, em direção às estrelas. Carregue uma porção de incenso em um saco preto ou prateado para voltar com você.

Incenso do relâmpago da Bruxa

- 1 pitada de carvalho atingido por um raio
- 1 colher (sopa) de resina de pinheiro
- 1 colher (sopa) de olíbano
- 1 colher (sopa) de mirra
- 1 colher de madeira de macieira
- Pitada de pelo de coelho

Queime esse incenso em um ritual para empoderar qualquer feitiço e acelerar qualquer magia. Faz com que as coisas se manifestem muito rápido!

Óleo do relâmpago da Bruxa

- 20 gotas de óleo de amêndoa
- 10 gotas de óleo de mirra
- 10 gotas de óleo de laranja-doce
- 5 gotas de óleo de musgo do carvalho
- 5 gotas de óleo de maçã
- 3 gotas de óleo de pinho
- Pitada de carvalho atingido por um raio
- Pitada de madeira de betônica
- Pitada de pelo de coelho
- Pedaço de prata esterlina

Use para acelerar suas magias, trazer sucesso e força com esta poção maravilhosamente perfumada, criada com o pó de um carvalho atingido por um raio.

Feitiço para mistérios

Este feitiço faz as pessoas vê-lo como misterioso e poderoso. Olhe para um espelho e recite:

Meus olhos podem se tornar os olhos de um gato, olhando para a escuridão na mente das pessoas.

Feitiço para ter sua voz e mensagem ouvidas

- Penas laranjas

Há momentos em que ninguém ouve o que temos a dizer. Use penas laranja, para Mercúrio, ao lançar sua mensagem, para certificar-se de que você será ouvido. Idealmente, faça isso quando o vento estiver soprando ou de um ponto mais alto, seja o topo de uma colina ou o topo de um edifício. Segure as penas na mão direita. Fale a sua mensagem, o que você quer que alguém ouça. Sopre fortemente sobre as penas, jogando-as ao vento.

Ser bem-sucedido na escola

- 2 colheres (sopa) de eufrásia
- 1 colher (sopa) de escutelária
- 1 ágata
- 1 tigela de vidro

Carregue as ervas e a pedra e coloque-as em uma tigela pequena de vidro. Coloque a tigela sobre a escrivaninha ou mesa onde você faz sua lição de casa. Cruze os dois primeiros dedos em ambas as mãos, os dedos indicador e médio. Coloque as duas mãos com os dedos cruzados sobre a bacia e diga:

Eu quero reter toda a informação.

Após dizer essas palavras, faça sua lição de casa normalmente.

Poção das sete luzes

- ½ xícara de óleo de girassol
- 3 colheres (chá) de pétalas de rosa
- 3 gotas de óleo de heliotrópio
- 8 gotas de óleo de laranja-doce
- 8 gotas de óleo de almíscar

Para ser usado em um feitiço para levar embora a tristeza em geral, ou quando você quiser trazer luz para sua vida e uma boa atitude em sua mente.

Feitiço para mandar a tristeza embora

Este feitiço vai ajudar a levar a tristeza e a dor emocional e trazer um futuro feliz. Você vai precisar de:

- Fita preta, 76 cm
- Fita branca, 76 cm
- 1 garrafa de poção dos sete raios
- 2 velas brancas e castiçais

Sente em um lugar especial onde você possa ver a natureza ao ar livre. Toque as velas com a poção. Segure cada vela em suas mãos e feche os olhos. Imagine um arco-íris se formando no céu sobre onde você está. Acenda as velas, segure a fita preta e visualize toda a sua tristeza enquanto amarra nove nós na fita. Toque a fita atada com a poção.

Desamarre os nove nós da fita preta; enquanto você desata cada nó, diga "tristeza e mágoa vai embora; só felicidade pode ficar". Depois de ter desatado todos os nós, toque a fita branca com a poção das sete luzes e comece a dar nove nós. Enquanto você faz os nove nós, diga estas palavras:

Luz do amor
Luz da esperança
Luz da harmonia
Luz da paz
Luz do riso
Luz da felicidade
Luz do cuidado
Luz do poder
Luz do seguir em frente

Toque em seu pulso, testa e nuca com a poção. Apague as velas e pendure a fita branca onde você possa vê-la todos os dias.

Feitiço da velha Bruxa

- 1 vela preta
- 1 pedaço de pergaminho
- 1 fósforo
- 1 pote para as cinzas
- 1 bolsa mágica preta
- Mistura de arruda, alecrim, pétalas de rosa, olíbano e mirra

Na Lua nova, coloque as ervas mágicas em torno da vela. Acenda a vela e diga:

Vivo bem com esse feitiço de glamour,
Ninguém deve saber minha idade.

Escreva seu nome em cima do papel-pergaminho e coloque-o sob sua vela. Deixe a vela queimar por cinco minutos. Retire o papel-pergaminho e coloque a borda do papel na chama. Verifique se você tem um pote para colocar o papel queimando. Quando estiver queimado, coloque as cinzas dentro do saco mágico com uma pitada de ervas. Na noite seguinte, acenda a vela novamente e coloque algumas ervas ao redor da base. Diga em voz alta:

Beleza, glamour e juventude, fiquem comigo.
Que assim seja.

Deixe a vela queimar. Coloque as ervas no seu saco mágico e esconda em sua casa. Nunca apague uma vela com o sopro.

Assobiar ao vento

- Pergaminho
- Caneta
- Penas
- Ervas
- Apito

Envie seus feitiços ao ar para se manifestarem. Medite sobre um encantamento que você deseja fazer, pense claramente sobre suas intenções. Escreva-o em pergaminho ou em um papel sem linha.

Carregue magicamente o feitiço, as ervas e as penas e assobie em uma praia, montanha ou área aberta, como em um parque, por exemplo. Limpe sua mente. Vire-se para o Sul, apite três vezes e, em seguida, espere o vento subir. Você pode repetir até que o vento sopre o apito. Então fale em voz alta o seu feitiço e deixe-o flutuar. Deixe as penas e ervas voarem contra o vento. Agradeça pelo ar em movimento. Seu feitiço é feito para o bem de todos, sem prejudicar ninguém.

Feitiço galês para despertar o vento

Dê três nós em um cordão ou em um fio quando não houver vento. Quando houver necessidade de ter vento novamente, desate um nó.

Feitiço do pote quebrado

Compre um pote de barro de jardim. Na lateral, pegue um marcador preto e escreva qualquer hábito ou situação que você está tentando se livrar. Leve-o ao ar livre e encontre um lugar onde haja pedras grandes. Fale em voz alta, lendo as palavras sobre o que deseja se livrar. Em seguida, atire o vaso nas rochas. Caso grandes rochas não estejam disponíveis, quebre o pote e depois atire pedras em cima dele para esmagá-lo. Como o pote foi quebrado, então o seu mau hábito também será banido. Afaste-se dos cacos, deixe-os virar pó com o tempo. Não volte a esse lugar.

Feitiço de Ano-Novo de Samhain

Recite este feitiço em Samhain, quando estiver celebrando no seu Círculo Mágico.

Falo para todos que me ouçam como sumo Sacerdote/Sacerdotisa, soberano do meu Tempo Mágico. Estou em Avalon, nosso espaço sagrado. Peço ao Deus e à Deusa para conceder-nos um brilhante e próspero Ano-Novo; sabedoria dos antepassados para ser usada de forma correta; que meu espírito seja repleto de gratidão por nosso Senhor e Senhora; que eu cure a mim mesma, ao mundo e a todas as coisas grandes e pequenas presentes nele; que a Mãe Terra seja curada, o ar limpo, água pura e a terra se enriqueça. Peço clareza e harmonia para todos. Que assim seja!

Feitiço do gato preto para fama, fortuna e felicidade

Na Lua minguante, use roupa preta da cabeça aos pés.
Você vai precisar de:

- 1 vela preta com castiçal
- 1 espelho grande
- 1 saco mágico preto
- 1 gato preto, ou foto de um gato preto (o animal deve ser seu e deve ser amado, alimentado e acariciado)
- Erva-de-gato
- Pelo de gato (pelo de gato preto é o ideal; escove seu gato para obtê-lo. O pelo deve vir sempre de um animal vivo e feliz)

Encontre um quarto silencioso e privado. Coloque o espelho no chão e encoste-o contra a parede. Sobre uma mesa por perto, coloque sua vela. Polvilhe a erva-de-gato em torno da base do castiçal. Coloque o saco mágico junto da vela e a acenda. Pegue o pelo de gato na mão e deite-se no chão, virado para o espelho. Rasteje na frente do espelho como um gato perseguindo sua presa. Faça um som de ronronar. Quando você chegar perto do espelho, diga em voz alta:

Fama, fortuna e felicidade é meu jogo. Consigo tudo isso quando falo meu nome.

Rasteje mais perto de seu espelho, em seguida, toque no espelho e diga:

Eu tenho a capa do gato preto e eu estarei rondando, perseguindo e alcançando a minha presa – fama, fortuna e felicidade. Que assim seja.

Volte para sua vela. Ainda ronronando, coloque os pelos de gato e a erva-de-gato no saco preto. Coloque o espelho em um lugar onde possa olhar todos os dias para renovar o feitiço. Leve a sacola com você em todos os momentos e, então, brilhe nos holofotes!

Feitiço de transformação

Outro feitiço já revelado em *O Despertar da Bruxa em cada Mulher* é o de transformação. Muitas vezes nos sentimos presas e temos dificuldade em transformar a nós mesmas ou nossas vidas. Embora escrito originalmente para empoderar as mulheres, pode ser adaptado para Bruxos que também precisam de transformação.

- Três penas pretas (de corvo seria o ideal)
- Fita preta
- Fita branca
- Fita vermelha
- Vela branca e castiçal

Carregue de energia sua vela branca para transformação e a acenda para iluminar seu trabalho. Pegue as três penas pretas e amarre-as juntamente com as três fitas. Segure as fitas e as penas na mão esquerda e recite este encantamento:

Vejo a beleza de minha idade
Ando pelo caminho de todos os Deuses com minha cabeça erguida.
Eu sou rainha
Eu sou a doadora de Terra, Ar, Fogo e Água.
Flores desabrocham sob meus pés.
Sobre minha coroa estão os ramos das árvores.
As estrelas brilham e deixam meus cabelos cintilantes.
Um anel de estrelas marca meu caminho para a Terra das Mulheres.

Pendure as penas em sua casa para convidar continuamente o poder de transformação em sua vida. Quando sentir que é o momento correto para lançar o feitiço, solte as penas e as fitas ao vento, deixe-as ir, e visualize e recite as palavras do feitiço para sempre lembrar-se de sua beleza em meio às transformações.

Feitiço do cálice

- 1 cálice de água de nascente
- 1 vela preta
- 1 vela branca
- 1 pratinho
- Fios de seu cabelo
- Athame
- Óleo para altar

340 | Livro dos feitiços e encantamentos de Laurie Cabot

- Papel-pergaminho
- Caneta e tinta preta

Este feitiço garante a vida eterna. Coloque a vela preta do lado esquerdo e a vela branca do lado direito do altar. Coloque o cálice entre as velas e o prato pequeno à esquerda com seu cabelo nele. Unte-se com o óleo do altar. Escreva o feitiço do cálice no pergaminho com tinta preta.

Cálice sagrado, você guarda o segredo divino e é fonte da vida eterna. Guarde as águas da vida. Iska-ba, abençoa-me enquanto eu bebo sua magia para que meu espírito viva para sempre e possa se sentar à mesa com nossos Deuses e Deusas, os antepassados e os Antigos.

Lance seu Círculo. Despeje a água de nascente no cálice e introduza o athame. Gire o athame no cálice três vezes no sentido horário e diga:

Misturo as águas da vida. Iska-ba.

Leia em voz alta o feitiço depois de acender as velas pretas, então acenda as brancas. Levante o cálice sobre o altar e diga:

Faço uma libação aos Deuses, Deusas e aos Antigos.

Beba quase toda a água, mas deixe uma pequena quantidade sobre os fios do seu cabelo no prato pequeno. Despeje a libação sobre o cabelo.

Abra o seu Círculo. Mantenha o prato com a água do cálice e seu cabelo em um lugar sagrado de sua casa. Quando a água evaporar naturalmente, coloque o cabelo em um saco mágico e mantenha-o em um lugar sagrado.

Capítulo Doze

Divindades Mágicas

Alguns feitiços e intenções são alimentados principalmente pelo poder pessoal do Bruxo. Outros dependem da vibração e da energia da luz e de suas correspondências. Ervas, óleos, pedras e conchas ajudam a alimentar a magia, por estar em sintonia com a intenção. Outros feitiços nos conduzem às divindades. Ligam-nos a uma divindade, um convite mental ou falado ou através de correspondências mágicas adequadas.

Às vezes, quando nos referimos à "divindade", queremos dizer que é o Universo que se manifesta como uma inteligência divina. No mais básico, as Bruxas Cabot chamam isso de mente divina. O princípio do mentalismo nos diz que somos todos pensamentos dentro da mente divina. Nossa natureza básica é o pensamento divino. Somos criados a partir destes pensamentos, e quando os usamos, criamos também. O princípio da polaridade e o princípio de gênero dividem a mente divina em feminino e masculino, no que chamamos de Deusa e Deus. Eles são o divino feminino e o divino masculino do Universo. Muitas Bruxas chamam a Deusa de Senhora e o Deus de Senhor, para indicar a sua vastidão, além da nossa compreensão humana atual. Eles são verdadeiramente os poderes infinitos do Universo.

Erroneamente, muitos pensam que a Bruxaria é focada exclusivamente no feminino. Enquanto procuramos restaurar o respeito do divino feminino e, conforme muitos encontram seu caminho para a Bruxaria através da Deusa, a importância do poder e do espírito do Deus é igual ao Dela. Há um equilíbrio da força vital. Nós, humanos, somos uma mistura de energias masculina e feminina, além do nosso gênero físico. Temos de tentar alcançar o equilíbrio único que é certo para cada um de nós. Equilíbrio nos ajuda a permanecer em harmonia com a gente mesmo, uns com os outros e todos com o Universo. Somente com este equilíbrio podemos ascender ao conhecimento superior e a uma vida melhor e ganhamos o entendimento do fluir com a força vital da Terra. Isto é imperativo para a sobrevivência de todos os seres do Planeta. Muitas religiões tentaram ensinar isso. Infelizmente, no entanto, esse conhecimento parece ter caído em ouvidos moucos.

Em nossos mitos, quando o Senhor e a Senhora estão em harmonia um com o outro, a Terra e tudo que nela vive também estão bem. Contos de realeza sagrada de reis e rainhas não são apenas sobre as pessoas, mas também sobre sua relação com a Deusa e o Deus para trazer bênçãos sobre a Terra. Reis e rainhas são Sacerdotes e Sacerdotisas, ao contrário dos faraós do antigo Egito, governando tanto politicamente e, de muitas maneiras, religiosamente. Quando as coisas estão bem entre o rei e a rainha, as coisas estão bem entre o Senhor e Senhora, e o reino floresce.

Nosso caminho é o caminho da vida e reconhece tanto a força feminina quanto a masculina em todos os trabalhos mágicos. Tecnicamente, podemos ver todos os feitiços como divinos, para nós, todos são uma parte da mente divina. Todos somos parte da Deusa e do Deus. Em nossa história, a Deusa e o Deus mudam rostos e nomes com cada tribo na Europa. A face do Deus é vista mais facilmente no Homem Verde, mas também no Sol e em muitas formas de animais. A face da Deusa é vista no Planeta em si, mas também na Lua, nas estrelas e nas flores. Formas localizadas de divindade, de cada árvore, de cada montanha, ganham nomes e formas como Deuses e Deusas.

Incenso da Deusa Tríplice

- 1 colher (sopa)de sândalo branco
- 1 colher (sopa) de sândalo vermelho
- 1 colher (sopa) de mirra
- 1 colher (sopa) de flores de jasmim

- 1 colher (sopa) de pétalas de rosa vermelha
- 1 colher (sopa) de patchouli
- 3 gotas de óleo de mirra
- 3 gotas de óleo de jasmim
- 3 gotas de óleo de rosas

Incenso usado para chamar todos os aspectos da Deusa. Se você tem três nomes específicos da Deusa para invocar, pode chamá-los. Isso vai ajudá-lo a entender as três faces da Deusa como Donzela, Mãe e Anciã, bem como a Deusa do Submundo, da Terra e do Céu. Esse incenso é bom para ajudar com qualquer problema emocional, trazendo equilíbrio, clareza e poder, e ajudando quem tem ansiedade ou estresse. Você pode não estar ciente das mudanças sutis ao usá-lo, mas registre seu trabalho em seu diário mágico. Ele é particularmente poderoso se estiver usando itens de roupas ou joias com as cores branco, vermelho e preto.

Altar da Deusa Tríplice (cortesia de Omen – Salem, MA)

Óleo para chamar a Deusa
- 20 gotas de óleo de amêndoa
- 10 gotas de óleo de lótus
- 5 gotas de benjoim
- 3 gotas de óleo de rosa
- 3 gotas de óleo de romã
- 1 pitada de sal marinho
- 1 pequena pedra de quartzo-rosa
- 1 chave mestra

Use para conectar a qualquer Deusa, particularmente para chamar a atenção dela. Misture e agite os ingredientes com a chave mestra. Você pode usar essa chave em cima de uma corrente ou em um cabo, posteriormente, como uma maneira de abrir as portas para a Deusa em sua vida e proteger-se do mal chamando por Ela.

Altar do Deus Cornífero (cortesia de Hex – Salem, MA)

Incenso para o Deus Cornífero
- 2 colheres (sopa) de casca de carvalho branco
- 2 colheres (sopa) de folhas de patchouli
- 1 colher (sopa) de copal preto

- 1 colher (sopa) de mirra
- 1 colher (sopa) de urtiga
- 1 colher (sopa) de vetiver
- 1 colher (chá) de palha de aveia
- 1 pitada de chifre em pó
- 10 gotas de óleo de patchouli
- 7 gotas de óleo de vetiver

Queime esse incenso para se conectar com o Deus de chifres e cascos das Bruxas. Para trabalhar com ele, é preciso aprender a quebrar qualquer condicionamento cristão passado. É importante aprender que o Deus Cornífero não tem nada a ver com o diabo cristão. Ele é um Deus da vida e da morte, mas não do mal. Ele é um Deus da natureza.

Óleo para o Deus Sol

- 20 gotas de óleo de amêndoas
- 6 gotas de óleo de girassol
- 6 gotas de óleo de milho
- 6 gotas de óleo de olíbano
- 2 gotas de óleo de pinho
- 1 gota de óleo de limão
- Pirita triturada
- Peça de joia de ouro

Use para sintonizar com os poderes do Deus Sol, incluindo sucesso, saúde e felicidade. Ele pode ser um excelente óleo para levantar da depressão e trazer a luz em sua vida.

Para trazer equilíbrio das energias masculinas e femininas, você pode queimar tanto o incenso da Deusa Tríplice como o incenso do Deus Cornífero, cada um em um turíbulo separado. Também pode usar o óleo para chamar a Deusa no seu pulso esquerdo e o óleo do Deus Sol em seu punho direito.

Além dessas expressões primais do Deus e da Deusa, existem outras manifestações das divindades. São os Deuses da antiga mitologia

Pagã. As figuras de nossos ancestrais e as do reino que hoje chamamos de Fey ou das fadas são reconhecidas como Deuses. Figuras como Lugh do mito irlandês são consideradas Deuses, e outros, como Merlin e o rei Arthur, são agora reconhecidos como Deuses em muitas tradições. Ao longo do tempo, história torna-se lenda e então é transformada em mito, e as figuras assumem uma importância mais divina, mítica.

Alguns feitiços e rituais são feitos para invocar uma dessas figuras específicas, para ajudar na nossa magia, para nos ensinar e para curar e inspirar. Estes Deuses estão vivos no Outromundo, no reino além da mortalha. Não são espíritos de mortos, mas nossos ancestrais vivos desde os tempos antigos transformados para um novo nível. Em tais ocasiões, culturas viveram com a magia como uma realidade cotidiana. A magia estava entranhada em tudo o que faziam. Então eles eram muito mais hábeis em usar habilidades mágicas e técnicas do que somos hoje. Mas só porque são considerados Deuses hoje, não significa que sempre usaram sua magia corretamente em suas próprias vidas. Dados sobre esses contos e vidas vêm até nós pelos mitos. Ensinam-nos não só sobre os Deuses, mas lições importantes sobre nossas vidas humanas.

Pode-se olhar para o conto de Rhiannon e ver uma história de engano e autoengano. Sua magia foi usada de maneira muito estranha. Poderíamos perguntar por que ela não fez melhor, mas isso é muito fácil dizer, olhando através das lentes distorcidas do mito de nossa era moderna. Naquela época, ela era humana também, com as mesmas falhas e problemas que temos hoje. Agora, no entanto, quando apelamos para ela, podemos contar com sua ajuda em torno das áreas de decepção e autoengano. Ela conhece muito sobre decepção e pode nos ajudar na obtenção de clareza. Quando tenho medo de estar sendo enganada ou me enganando, apelo a Rhiannon.

Da mesma maneira, vemos dificuldades pessoais no conto de Blodeuwedd. Depois de seu engano e traição, o Deus Gwydion, que era o tio de Lleu, o marido que ela traiu, a transformou em uma coruja como punição, embora não tenho certeza se isso seria um castigo para mim. Afinal, ela conseguiu sua liberdade depois de ter sido criada e controlada por outros. Mesmo que seu destino fosse mais merecido do que as punições sobre Rhiannon, ainda podemos aprender com isso. E devemos lembrar que, quando um mito chega até nós, não temos ideia de qual era a forma original e o ensino sobre ele. Às vezes podemos perguntar aos próprios Deuses para nos mostrar suas primeiras histórias.

Enquanto a área de especialização de Rhiannon talvez tenha nascido da dor, cada Deus parece ter uma especialidade, um ponto forte. Eles podem não só ajudá-lo usando seus talentos especiais, mas também ajudá-lo a aprender o mesmo talento. Alguns Deuses são guerreiros. Alguns são feiticeiros e Bruxos. Outros trazem amor. Muitos trazem cura. Cada um tem uma área ou diversas áreas de especialização. Em muitos aspectos, os Deuses mediam esse poder da mente divina e nos ajudam a aprender com ele, porque aprenderam sobre isso em suas próprias vidas e mitos.

Sendo o Outromundo um reino místico que existe simultaneamente ao nosso próprio Universo físico e que constitui uma parte do cosmos, Deuses estão fora do que conhecemos como tempo e espaço. A partir de seu ponto de vista, a magia pode trabalhar muito mais rápida e diretamente. O Outromundo é considerado o modelo, o padrão perfeito de nosso mundo. Quando eles fazem mudanças em seu mundo para nós, as alterações correspondentes ocorrem em nossas vidas. Esta é a força de sua magia, e uma das razões principais por que Deuses podem nos ajudar a manifestar alterações poderosas e duradouras.

Um dos fatores primários do trabalho bem-sucedido com uma divindade mágica é ter uma relação pessoal com a Deusa ou com o Deus que pretende chamar. Como pessoas, eles provavelmente não responderão se não sabem quem você é. Não há nenhuma regra que um Deus tenha de responder a um ser humano, e eles são menos inclinados a responder se não nos conhecerem. Ao contrário do conceito de Deus em outras religiões, divindades pessoais não têm que estar disponíveis o tempo todo. Eles estão vivos em sua própria existência, no Outromundo, além de nós, e estão abertos a relacionamentos com seres humanos que os honram e respeitam. Essa honra os torna mais aptos a responder, mas não é garantido. Quando não comungam conosco, eles têm outras coisas para fazer que provavelmente estão além da nossa compreensão linear, pois têm suas próprias vidas, desafios e tarefas para atender, tal como nós.

Parte da construção de um relacionamento com os Deuses é para evitar recorrer a eles somente quando tiver algum problema, sem nunca falar com eles quando as coisas estão bem. Se você só os chama quando está em apuros, como a maioria das pessoas, eles não vão querer vê-lo. Uma relação envolve bons e maus momentos. Amigos com quem você gasta tempo são mais propensos a estarem disponíveis em tempos difíceis, se você já construiu uma relação com eles. Deuses são assim também. Não estão ao seu dispor.

Algumas coisas que você pode fazer para desenvolver uma relação com os Deuses:

Aprender seus mitos

Cada uma das divindades que conhecemos tem uma história, uma mitologia que nos fala sobre eles. Uma das melhores maneiras para honrar os Deuses é aprender suas verdadeiras histórias, não o que pensamos sobre elas. Há um monte de livros disponíveis, alguns com boas informações e outros nem tanto. Quando possível, procure uma tradução direta dos mitos que sobreviveram. Procure saber mais sobre a cultura do local que a divindade veio, especialmente sua língua. Dizer algumas palavras a uma divindade em sua língua nativa, ou pelo menos uma aproximação, é uma boa maneira para se conectar com sua energia. Quando você estabelece comunicação com uma divindade, pode descobrir que eles irão compartilhar como seu mito se aplica à sua vida agora.

Construir um altar

Construa um altar especial para a divindade com quem você deseja trabalhar e conhecer. Muitos Bruxos fazem altares para os deuses que os chamam mais, para honrá-los e respeitá-los. Passe um tempo regularmente, se não diariamente, no altar. Muitas estátuas dos Deuses estão disponíveis hoje, mas se não conseguir uma, emoldure uma imagem da divindade. Fotos de arte e estátuas tradicionais estão facilmente disponíveis online. Use velas em cores associadas, pedras ou cristais, especialmente se você puder obter de um local que tenha relação com a divindade. Encontre outros símbolos e itens que parecem ressoar com os Deuses. Eles irão guiá-lo ao folclore tradicional não disponível. Faça uma oração e fale com eles. Não espere que eles respondam com contato e mensagens profundas todos os dias, mas faça um esforço diário para construir uma ligação forte entre vocês.

Fazer oferendas

Enquanto parece supersticioso para alguns, fazer oferendas aos Deuses e aos espíritos é uma antiga tradição. Registros históricos muitas vezes mostram que nossos antepassados, para honrar os Deuses, faziam oferendas em rituais. Hoje nós usamos ofertas como velas e incensos, água, vinho, cerveja ou licor. Pão e bolos também são comuns. Estas oferendas são semelhantes aos presentes oferecidos para as fadas. Isso mostra que você está gastando tempo preparando algo que ressoa com a divindade, e a energia que colocou na oferenda ajuda a se conectar com ela em um nível mais profundo. As ofertas devem ser eliminadas regularmente, enterradas na terra, deixadas à beira da natureza ou respeitosamente jogadas fora se você estiver vivendo em um ambiente urbano onde as outras duas opções não estejam disponíveis. Nunca coma ou beba qualquer item depois que eles foram colocados no altar, pois eles já não pertencem a você.

Fazer arte para a divindade

Fazer pinturas, desenhos, estátuas, cantos, músicas e danças para honrar os Deuses é uma forma alternativa de oferta. Você está oferecendo sua arte para se conectar mais profundamente com suas energias. Essa arte pode ser uma mistura entre pesquisar suas características e símbolos e deixá-los orientar a sua intuição, desenvolvendo uma visão pessoal daquela divindade no processo.

Falar seus nomes

Para obter a atenção de um Deus, fale seu nome três vezes em voz alta. Nomes são palavras de poder. A energia da luz viaja com o som, bem como com os pensamentos. Sua voz empresta energia para sua magia. Diga o nome do Deus três vezes e tente fixar uma imagem da divindade em sua mente, baseando-se em obras de arte antigas e sua na sua história.

Converse com os Deuses

Não chegue aos Deuses apenas com problemas. Fale-lhes sobre sua própria vida, regularmente. Quando você tem um problema, em vez de dizer-lhes o que quer que eles façam, entre em um estado meditativo e peça conselhos e então siga o que receber de orientação. Às vezes eles podem dar conselhos práticos, ou fornecer um feitiço para fazer ou ainda oferecer-se para pegar um problema nas mãos e cuidar dele, de seu ponto de vista no Outromundo.

Invocando

Invocar as divindades é um meio de elas falarem através de você. Serve também para aprendizados e trabalhos feitos pelas deidades usando você como veículo. Uma técnica avançada no ofício é permitir que um Deus com quem se tenha uma relação forte seja puxado para dentro de você e oriente suas palavras, ações e energia. Essa invocação vai além de apenas pedir para ajudar ou para estar presente; ela pede para a divindade estar dentro de você. Isso não é possessão, pelo menos não como a maioria das pessoas pensam acerca desse assunto; é um ato de profunda comunhão divina. Bons ritualistas, curadores e professores encontram muitas maneiras de os Deuses falarem através deles por meio da invocação. A energia deles torna-se parte de você, que pode se tornar mais como eles, absorvendo suas características e habilidades mais facilmente. Quando a invocação acabar, você mudará para melhor.

Algumas pessoas dizem que um feitiço é como uma oração. Bem, eu não entendo a comparação. Bruxos sabem que podem projetar sua própria energia e magia para manifestar a sua intenção. Não é sempre que exortamos nossos Deuses e Deusas para nos ajudar. Na verdade, aprendi que tenho de tentar tudo o que sei, psicologicamente, fisicamente e magicamente antes de invocar um Deus ou uma Deusa. Também nossas divindades não respondem sempre. É por isso que trabalhamos duro para criar um relacionamento com um Deus ou uma Deusa com quem queremos trabalhar. Saber da história de cada ser divino vai guiá-lo para desenvolver uma relação com eles. Cada divindade tem uma história de como lidava com suas provações e tribulações.

Depois de ter percebido qual Deusa ou Deus você sente perto, faça um altar especial para eles. Honre-os com cristais, velas, poções e as coisas favoritas relacionados com sua história e cultura. Não se esqueça de ficar na frente do altar, chamá-los pelo nome e falar com eles. Não fale apenas sobre o que você precisa, ou quer, ou sobre os seus problemas. Faça perguntas para aumentar sua sabedoria. Louve os Deuses, assim você sentirá a presença deles. Ouça as suas vozes e não se esqueça de anotar o que ouve ou sente. Mantenha um Livro das Sombras especificamente para o seu trabalho com os Deuses.

A Bruxaria que leciono é europeia, e a tradição Cabot centrou-se nos Deuses celtas, incluindo irlandeses, galeses, escoceses e lendas e mitos nativos britânicos, como os de Arthur e Camelot. Mas Deuses de outras culturas podem ser adicionados, lembrando sempre de ter uma compreensão completa de como funciona a magia e respeito para com essas culturas. Se sua descendência é outra, pode ser bastante eficaz invocar divindades e espíritos da sua cultura de nascimento. Faça isso com respeito e a intenção de não prejudicar ninguém. Muitos sentem um chamado para o panteão de Vodu dos espíritos Loas. Não precisa ser haitiano ou mesmo africano para visitá-los, uma vez que saiba o que estiver fazendo. Outros são atraídos para as práticas de magia cerimonial e invocam espíritos e Deuses hebraicos, latinos ou árabes.

Embora historicamente muitas dessas culturas usassem magia para prejudicar os outros, Bruxos modernos não procuram fazer mal com qualquer magia, emprestada ou não. Isso requer uma familiaridade com a cultura, com os espíritos, Deuses, símbolos e intenções do seu feitiço para adaptar. O truque é encontrar coisas que você pode usar que sejam eticamente confortáveis, pois isso combina com nossa época atual.

Quando se lê alguns dos antigos feitiços clássicos das tradições egípcia ou cerimonial, dá para pensar que tudo o que fizeram foi ruim. Um dos primeiros feitiços egípcios que já pesquisei acabou sendo uma maldição para um inimigo viver mil anos com diarreia grave. É muito triste, realmente, toda a energia desperdiçada em magoar um ao outro. Portanto, certifique-se de que o feitiço que você está pedindo não seja prejudicial. Mantenha-o dentro de sua própria cultura mágica e leis pessoais. Quando explorar, vai ver que pode encontrar outras divindades com quem se identifica, como Diana ou Adônis. Às vezes eles falarão com você, que poderá desenvolver um relacionamento com eles. Ísis é uma das Deusas fora do panteão celta com quem tenho uma forte relação.

Altar para Ísis (cortesia de Laurie Cabot – Salem, MA)

Ísis

Ísis é uma das Deusas mais antigas e mais poderosas da antiga religião egípcia. Irmã e esposa do Deus Osíris, ela o ressuscitou quando ele foi desmembrado pelo seu irmão Set. Hórus, seu filho, sucedeu seu pai como o governante do Egito. O nome Ísis significa "trono", identificando-a como a verdadeira fonte do poder para os faraós do Egito.

Conta a história que as inundações do rio Nilo eram causadas pelas lágrimas que Ísis derramou por seu marido. Chamada de Aset na língua egípcia, e Ísis pelos gregos, ela é conhecida como amante da magia e a grande Deusa de mil nomes. Apesar de originalmente egípcio, seu culto foi exportado para muitos outros países e culturas. Dizem que o nome dela era falado em tantos lugares, tantas vezes, que ele é agora como um mantra, criando a energia do seu ser e sua bênção.

A primeira vez que invoquei Ísis não percebi qual era a sua lição ou mensagem para mim. Chamei-a e pedi para ser capaz de vê-la, para ser capaz de compreendê-la melhor. Quando fiz isso, ela apareceu como um pequeno ponto na tela da minha mente e então começou a se mover em minha direção. Quanto mais perto ela chegava, maior ficava; ela começou seu caminho longe no horizonte. Quando chegou a mim ela estava tão alta, que eu fiquei do tamanho do seu dedo do pé. Ela era uma giganta. Foi irresistível para mim. Eu não sabia o que significava aquilo. Agora tenho uma maior compreensão do Universo e dos Deuses, tenho uma ideia melhor do quão vasto eles são. Tentar entendê-la em tal escopo cósmico não foi uma tarefa fácil. Nós, em nossa existência humana limitada, estamos subindo em direção à mente divina, assim como os Deuses. Há muito mais além da nossa compreensão, um infinito para além de tudo o que sabemos. Os Deuses têm evoluído além da nossa compreensão humana, e eles podem nos ajudar nesta transição, pois também cresceram.

Ísis me ensina que podemos ir além de nossos limites humanos e nos tornar um com a luz universal, porque essa luz está presente ao nosso redor. Acho que podemos ser unos com o Universo enquanto encarnados, mas certamente vamos ainda mais longe quando deixarmos nosso corpo mortal e tivermos aprendido o suficiente para acabar com nosso ciclo de encarnação, todos juntos. Como um antigo poder ancestral egípcio, Ísis – como os antigos adeptos e avatares em outras culturas – é capaz de manifestar tudo o que ela precisa, tornando-se amante da magia. Milagres de ressurreição e concepções milagrosas são atribuídos ao seu trabalho.

Nossa humanidade atual não tem estrutura para entender e reconhecer tal nível de magia. Fomos programados para acreditar que é impossível. Uma vez que entendamos e realmente incorporemos o processo dentro de nós mesmos, seremos capazes de manifestar o que precisarmos. Embora compreenda os conceitos, não significa que eu tenha integrado totalmente essas lições em minha vida nem que possa usá-las a qualquer momento. Estou aqui, como todos nós, em uma viagem, limitada por nossa consciência, lugar e tempo. Os antepassados, como Ísis, por exemplo, conheciam esse tipo de magia, e a aplicavam verdadeiramente em todas as áreas da vida. E o contato com eles nos ajuda a recuperá-la.

Óleo de Ísis

- 20 gotas de óleo de amêndoa
- 10 gotas de óleo de rosas
- 5 gotas de óleo de âmbar
- 5 gotas de óleo de benjoim
- 3 gotas de óleo de lótus

Ísis guiou-me para fazer essa poção, ajudando-me a encontrar um dos fixadores mais antigos conhecidos nos perfumes egípcios, o benjoim. Quando você usa essa poção, entra em sintonia com essa Deusa poderosa e a traz para o seu lado.

Danu

Danu é a Deusa mãe dos Deuses irlandeses, que são conhecidos como os Tuatha de Danann, ou filhos de Danu. São poucos os mitos escritos sobre ela, aparentemente como uma Deusa mais cósmica, embora alguns a relacionem ao Planeta Terra, às águas do oceano, ou ao vasto oceano cósmico. Estudiosos acreditam que o nome dela talvez tenha origem com o rio Danúbio. Danu tem um cognato em mitologia galesa com a Deusa mãe galesa Don.

Nós a vemos como a grande mãe, tendo o Deus Dagda como o Deus pai. Danu pode ser chamada para ajudar em todas e quaisquer formas de magia, sendo uma fonte de todas as coisas. Muitos feitiços de petição podem invocar a Deusa e o Deus em geral, ou Danu e Dagda.

Divindades Mágicas | 355

Altar de Danu (cortesia de Omen – Salem, MA)

Poção de óleo de Danu
- 20 gotas de óleo de amêndoa
- 12 gotas de óleo de sangue-de-dragão
- 10 gotas de óleo de rosa
- 1 pequeno cristal de quartzo claro
- Pétalas de rosa

Misture pétalas de rosa e um pequeno cristal de quartzo no frasco de óleos, todos carregados em honra a Danu.

Chifre de unicórnio de proteção de Danu
- 2 velas douradas
- 1 cálice de água de nascente
- Raminho de azevinho
- Coroa de azevinho
- Anel de ouro
- Óleo de Danu
- Bastão espiralado de madeira ou chifre

356 | Livro dos feitiços e encantamentos de Laurie Cabot

- Athame
- Imagem de um unicórnio
- Papel-pergaminho
- Caneta

O chifre de "unicórnio" do rei Eduardo ainda está no Palácio de Buckingham, na Inglaterra. Foi esse chifre que ele usou para impedir que fosse envenenado. Sabemos que o unicórnio é o protetor das mulheres. Os espinhos da árvore do azevinho são um símbolo do unicórnio; dizem que possuir um raminho de azevinho é o mesmo que possuir um chifre de unicórnio.

Escreva este feitiço em papel-pergaminho:

Danu, Deusa mãe

Traga-nos a chama e o azevinho ao nosso Círculo Sagrado.

O retorno da chama do Sol à Mãe Terra

E o azevinho protege a Terra.

A bênção do unicórnio reside no azevinho que está em nosso altar.

A chama do caldeirão traz o poder e o retorno da vida do Sol,

Trazendo magia a todos que executam esse ritual.

Neste momento, eu seguro o anel de ouro

E uso a coroa do rei do azevinho.

O anel de ouro é o anel do Sol, nunca tem fim. Nunca se desfaz.

Danu, mão de nosso povo, os Sídhe

Conjure a magia para sermos revividos e renovados em nosso poder mágico, para atender à Terra em suas necessidades.

Nós somos suas crianças fadas.

Abençoa-nos, Mãe, contra a escuridão e o medo,

Mais uma vez na virada do ano.

Que assim seja.

Lance seu círculo com um bastão. Unte a si mesmo e as velas com óleo de Danu. Acenda as velas douradas. Coloque a imagem do unicórnio na base das velas e o cálice com água no centro do altar. Carregue de energia as águas da vida com o athame. Coloque a coroa de azevinho sobre sua cabeça e o anel de ouro no altar onde possa alcançá-lo. Posicione o feitiço no altar onde você consiga lê-lo enquanto segura o anel e o azevinho.

Leia o feitiço, prendendo o raminho de azevinho no anel. Acenda as velas. Levante o cálice sobre o altar e diga, "uma libação para Danu, o unicórnio e o Rei do Azevinho". Coloque o polegar na água abençoada e toque os teus lábios três vezes e diga: "Iska-ba, as águas da vida". Libere seu Círculo.

Coloque o anel de ouro no dedo e coloque o raminho de azevinho em sua casa. Mantenha a coroa em um lugar sagrado em sua casa. Você pode reacender as velas para ampliar o feitiço, mas certifique-se de não a apagar com o sopro. Apague-as cada vez que repetir até queimar tudo.

Dagda

Dagda é um dos mais poderosos do Tuatha de Danann. Conhecido como pai e protetor da tribo dos Deuses ele é descrito como um gigante com um porrete que mata seus alvos com o primeiro golpe e os ressuscita com o segundo. Sua harpa muda as estações do ano com sua música e seu caldeirão mágico nunca fica vazio.

Feitiço de Dagda

- 1 vela marrom
- Caldeirão pequeno de ferro
- Variedade de sementes de cereais e vegetais

O caldeirão de Dagda é o receptáculo da abundância, manifestando a comida. Na Lua crescente, acenda sua vela em honra a Dagda. Purifique e carregue de energia o caldeirão. Carregue de energia as sementes para a abundância e a comida em sua casa. Encha o caldeirão com as sementes e faça um talismã para o lar, certificando-se de que ninguém passará fome em casa.

Morrighan

Morrighan é uma Deusa tríplice irlandesa, conhecida como a Deusa da guerra, da sexualidade e da feitiçaria. Seus três aspectos são referidos em diversos textos como Anu, Badb e Macha, ou as Deusas Badb, Macha e Nemain. Morrighan tem muitos totens, mas é particularmente associada com os corvos, portanto, penas pretas são um símbolo adequado para se conectar com ela. Também associo a ela o meimendro, uma planta venenosa.

Como Deusa tríplice, Morrighan ajuda e ensina sobre estratégia e a superar seus inimigos, que podem ser suas circunstâncias, pessoas específicas e, o mais importante, as coisas dentro de você que são autodestrutivas. Ela nos transforma através da batalha e pode nos ensinar a magia dos poderosos guerreiros e melhorar nossas vidas diárias.

Altar para Morrighan (cortesia de Omen – Salem, MA)

Macha

Uma das manifestações mais conhecidas e amadas da Deusa tríplice Morrighan, Macha também está associada com os corvos, bem como com os cavalos. Seus mitos são sobre o tratamento adequado de pessoas, mulheres, em particular, e ela castiga aqueles que as têm prejudicado ou ido contra as leis naturais da terra. Quando tomou forma física na Irlanda ela estava grávida de gêmeos, devido à arrogância de seu marido sobre sua natureza mágica, ela foi forçada pelo rei de Ulster

Divindades Mágicas | 359

a correr contra seus cavalos mais velozes. Se ela falhasse, seu marido morreria. Ele se gabou de que sua esposa era mais rápida que os cavalos do rei, sabendo de sua natureza mágica. Ela venceu a corrida e deu à luz gêmeos, em cima da linha de chegada, e, como castigo, amaldiçoou os homens de Ulster para sentir as dores do parto em seu momento de maior necessidade. Mais tarde, na era do herói Cú Chulainn, realizou-se a maldição e os homens não conseguiram lutar devido a dor.

Macha e Morrighan são chamadas na magia para trazer os maus à justiça, para deter aqueles que cometem crimes. Quando apelamos para ela, não dizemos o que queremos que aconteça, simplesmente pedimos justiça. Penas negras correspondem a esta magia.

Filtro de Macha

- 1 colher (sopa) de agulhas de pinheiro
- 1 colher (sopa) de alecrim
- 1 colher (sopa) de pétalas de girassol
- 1 colher (sopa) de sálvia
- 1 colher (sopa) de folhas secas de macieira
- 2 cogumelos secos
- 3 gotas do óleo sagrado de carvalho

Use esse filtro mágico para honrar a Deusa Macha e seu totem, o corvo. No Samhain, carregue esse filtro com você em um saco mágico laranja ou preto, como um amuleto para aprofundar seu relacionamento com ela.

Óleo de Macha

- 40 gotas de óleo de semente de uva
- 20 gotas de óleo de cone de cicuta
- 20 gotas de óleo de pinho
- 2 cogumelos secos
- 1 pena de corvo

Não coloque esse óleo em sua pele, use-o para ungir talismãs e objetos para se sintonizar com Macha.

Benções de Macha para Samhain

Eu coloco neste cálice
O poder e a magia que trarão prosperidade e saúde
para todos que executam bons trabalhos,
E aquelas pessoas que fazem o mal...
Receberão o que merecem.
A Deusa Macha beberá este feitiço
E protegerá os bons, e se manifestará
Para todos aqueles que ouvem minha voz.
Que nosso ano traga bênçãos para mente, corpo e espírito
Para que curemos nós mesmos e o mundo.
Que assim seja!

Lugh/Lleu

Deus celta da luz e de muitas manifestações. Para os irlandeses, ele é Lugh Lámhfhada, "Lugh do braço longo". Sua lança é associada com o poder da luz e do relâmpago e é um dos quatro presentes sagrados dos Deuses irlandeses, assim como a espada, a pedra e o caldeirão. Em sua jornada, ele tornou-se habilidoso em diferentes talentos e entrou na casa dos Deuses, o reino de Tara, devido às suas muitas habilidades. Eventualmente, tornou-se rei do Tuatha de Danann. Embora seja mais um Deus do relâmpago, no renascimento Neopagão moderno, Lugh se tornou associado cada vez mais não só com a luz, mas também com o Sol e com a colheita. O primeiro Sabbat da colheita, conhecido nas tradições irlandesas como Lughnasadh, na verdade celebra a festa de funeral de sua mãe adotiva, não do próprio rei. Ela, sendo uma giganta, livrou todos os campos da Irlanda das pedras, então os campos puderam ser plantados, realizando a colheita atual.

Apesar de pronunciado um pouco diferente em galês antigo, seu cognato do outro lado do mar da Irlanda é Lleu Llaw Gyffes, que significa "brilhante com a mão hábil (ou forte)". Enquanto Lugh é geralmente pronunciado como o moderno nome de Lou, muitos dizem Lleu da mesma forma, embora tecnicamente seja parecido para os "leigos", essa palavra se fala com a ponta da sua língua na parte de trás dos dentes superiores, quase cuspindo fora o ar de ambos os lados da boca.

Sua história encontra-se no ciclo do mito *Mabinogn*, detalhando seu nascimento incomum pela Deusa Arianrhod, assim como o de seu irmão, Dylan, o Deus do mar. Ele foi adotado por seu tio Gwydion e amaldiçoado três vezes por sua mãe. Gwydion o ajudou a superar as três maldições, embora a última, a de nunca ter uma mulher de qualquer uma das raças atualmente sobre a terra, resultou em uma noiva criada artificialmente, Blodeuwedd Nono que, no entanto, o traiu. Gwydion vem em sua ajuda novamente e amaldiçoa Blodeuwedd, transformando-a em uma coruja, pássaro rejeitado pelas outras aves e temido por muitos.

Enquanto Lugh e Lleu derivam de uma divindade mais velha protocéltica (cujo nome, significado e origem celta os estudiosos ainda debatem), hoje podemos chamá-lo de Deus da luz. Nós usamos fogo a céu aberta para chamá-lo. Esse Deus pode nos ajudar a ganhar poder pessoal e político e a usar nosso poder para o bem da nossa comunidade. Com base no casamento de Lleu, tendemos a nunca o chamar para feitiços de amor ou para casamento e conselhos. Enquanto muitos não gostam de ouvir a palavra "política" ou qualquer uma de suas muitas formas, ela desempenha um papel vital em nossa comunicação e comunidade, construindo com todas as pessoas ao redor, quer gostemos ou não. Em qualquer cultura, é preciso estar ciente da arena política em que vivemos; caso contrário, você é apenas um peão no jogo. Lugh/Lleu nos ajuda a fazer as escolhas mais apropriadas para usar nosso poder sabiamente nessas questões.

Caldeirão de fogo de Lugh

- Caldeirão de ferro pequeno com tampa (usada para queimar o incenso)
- Álcool isopropílico
- Sal de Epsom
- 3 gotas de óleo essencial de olíbano
- 3 gotas de óleo essencial de laranja
- 3 gotas de óleo essencial de gengibre
- 3 gotas de óleo essencial de alecrim

Uma das maneiras que honramos Lugh em nossos Sabbats, particularmente em Lughnasadh, é ter um pequeno caldeirão de ferro com uma chama. Os caldeirões pequenos usados para incenso são ideais, pois quanto maior o caldeirão, mais alta será a chama, e isso pode ser perigoso dentro de casa. Geralmente colocamos o caldeirão menor dentro de um maior, que irá conter esse primeiro caso haja qualquer vazamento ou acidente.

Encha o caldeirão até a metade com sal de Epsom, caso não tenha, sal de cozinha vai funcionar. Cubra o sal e encha três quartos do resto do caldeirão com álcool isopropílico. Você pode adicionar gotas de óleos essenciais solares ou do elemento Fogo. Se não tiver os óleos, pode usar uma pitada das mesmas ervas, mas não ficará tão aromático. Cubra o caldeirão até que você esteja pronto para usá-lo.

Quando invocar Lugh ao seu círculo de celebração, comece descobrindo o caldeirão pequeno. Acenda um fósforo e atire-o nesse caldeirão, no pequeno, incendiando o álcool, que vai queimar, liberando o aroma dos óleos, enquanto as chamas dançam ao redor da boca do caldeirão. Essa é uma forma dramática, poderosa e eficaz para trabalhar com esse Deus da luz. Sinta sua presença na luz e no fogo.

Brid/Brigit

Brigit, conhecida como Brid nos dias antigos e transformada em Santa Brígida pelos cristãos, era na verdade filha de Dagda. O mito sugere que ele tinha três filhas, todas chamadas Brigit. Ela é uma Deusa tríplice, mas não é donzela, mãe e anciã; é a Deusa da poesia, da cura e da forja. Suas sacerdotisas mantiveram o fogo do seu santuário sagrado, em Kildare, aceso, e agora as freiras por lá continuam mantendo assim. Muitos poços curativos também são sagrados para ela.

Para mim, ela é uma das Deusas donzelas. Não a vejo como uma figura maternal. Apelo a ela para a cura, pois é uma grande herbalista, uma mulher da casa e do fogo da lareira. Brigit pode ajudá-lo a curar e a sustentar sua família com ótima alimentação. Ela pode ajudar com quaisquer questões em torno da família e do lar. Chama e fogo são seus aliados, assim como a água sagrada. Para construir um altar para ela, faça ou compre uma cruz de Brigit de palha ou de trigo e cerque-a com três velas vermelhas. Isso pode atrair sua atenção e energia para você.

Óleo de Brigit
- 40 gotas de óleo de amêndoa ou azeite
- 20 gotas de óleo de sálvia
- 10 gotas de óleo de sangue-de-dragão
- 1 granada triturada

Use esse óleo para as três áreas sagradas de Brigit – escrita, cura e criatividade. Se você for escritor, poeta ou músico, ela poderá ajudá-lo. Se estiver praticando qualquer arte de cura, desde magia até medicina, apele a Brigit. Se você deseja manifestar uma ideia, como o ferreiro dando forma ao metal, use esse óleo.

Altar para Brid (cortesia de Omen – Salém, MA)

Feitiço da vela de proteção para Brigit

- 3 velas pretas
- 3 castiçais de latão
- 3 colheres (sopa) cheias de verbena

Entre em seu espaço mágico. Pegue cada vela e repita em voz alta:

Pelo poder da Deusa tríplice Brigit, esta vela vai trazer a luz para proteger minha casa, minha família, meus amigos, meus animais, as Bruxas e eu. Que assim seja!

Coloque as três velas em seus castiçais e coloque-os juntos. Espalhe a verbena em três anéis entrelaçados em torno de cada uma das velas. Acenda as velas e sente-se por um momento olhando para suas chamas.

Três anéis

Visualize a Deusa Brigit colocando três anéis de luz ao redor de tudo o que você deseja proteger. Abra seu círculo. Deixe as velas queimarem. Nunca sopre a vela. Use um abafador ou uma colher para apagar as velas, conforme necessário, e reacenda e deixe-as queimar novamente até sumirem.

Feitiço de Brigit para carreira

Eu chamo o poder de Brigit para trazer a mim (diga seu nome) o conhecimento que preciso ter para uma carreira bem-sucedida. Peço que me conceda consciência, habilidade e entusiasmo para levar a minha carreira à fruição e ao sucesso. Peço que isto seja para o bem de todos. Que assim seja!

Recite esse feitiço na Lua crescente para mudar sua carreira. Brigit, a Deusa de muitas habilidades, vai ajudá-lo.

Círculo de fogo psíquico de Brigit

O fogo sagrado de Brigit pode inspirá-lo, aquecê-lo e energizá-lo. Suas sacerdotisas são conhecidas como "guardiãs da chama", com este ritual é possível compartilhar a magia de fogo da Deusa sagrada.

- 1 pedra vermelha – rubi ou granada
- 3 velas pretas
- 3 velas brancas
- 3 velas vermelhas

Crie um círculo de velas ao seu redor, alternando as cores preto, vermelho e branco. Acenda as velas no sentido horário e sente-se no centro com sua pedra vermelha. As velas e o fogo representam a Deusa, e a pedra representa a chama psíquica. Entre em estado meditativo. Segure a pedra junto ao seu plexo solar, logo abaixo da caixa torácica. Sinta a chama alimentando a pedra, e ela trazendo a energia de Brigit em seu corpo. Recite o feitiço de Brigit:

Esta é minha chama psíquica que está dentro de mim.
Ela vai estimular o fogo das minhas habilidades psíquicas.
Eu carrego esta pedra como símbolo de sua força dentro de mim.
Eu sou a guardiã da chama.
Toda vez que eu acender uma vela, reacenderei minha habilidade psíquica.
Eu sei que meu sentido psíquico me guia, me protege, me cura e me inunda com amor e autoestima.
Eu sempre uso minha habilidade psíquica para o bem de todas as pessoas.
Como uma Bruxa, eu nunca prejudico ou retribuo o mal.
Eu neutralizo e selo todos os maus pensamentos, ações e atos
E que o resultado seja a força da grande Deusa Brigit.

Apague as velas, mas você pode reacendê-las em círculo, ou uma por uma, para reacender a chama psíquica. Carregue a pedra perto de você e toque-a para reacender a chama psíquica dentro de si.

366 | Livro dos feitiços e encantamentos de Laurie Cabot

Nuada

Nuada era o rei irlandês mais velho dos Tuatha de Danann, governando antes de Lugh. Ele carregava a espada sagrada, um dos quatro presentes dos Tuatha, assim como a lança, a pedra e o caldeirão. Nuada governou sabiamente durante tempos muitos conturbados, mas devido às leis dos Deuses, o rei deve ser perfeito, e ele perdeu uma mão na batalha, tendo que se demitir como rei por um tempo. Mais tarde ele voltou, quando sua mão foi magicamente substituída por uma de prata. Então os médicos mágicos substituíram-na por uma mão de carne e osso.

Bem como Lugh, Nuada é um grande líder, sabe quando agir e quando dar um passo para trás para deixar os outros agirem. Ele pode ensinar essas lições valiosas. Para chamá-lo, use a imagem de uma mão de prata. Um amuleto com um braço ou um punho, isso o ajudará a chamá-lo, especialmente se for feito ou revestido de prata. Muitos amuletos, particularmente das tradições portuguesas, usam a imagem de um punho, ideal para se conectar a Nuada. Uma luva prata como um símbolo pode ser pintada e ofertada a ele. Velas prateadas podem ser colocadas sobre o altar.

Cerridwen

Cerridwen é a Deusa mãe de todos os bardos. Ela deu à luz magicamente o bardo Taliesin. Em sua história, teve dois filhos, uma linda filha chamada Creirwy e um filho igualmente feio chamado Afagddu. Cerridwen é uma feiticeira, para ajudar o filho com magia decidiu fazer a poção de inspiração conhecida como *greal* no seu caldeirão. Enquanto um velho cego mantinha o fogo sempre aceso, ela fez Gwion, um garoto, mexer a poção, que era extremamente complexa e requeria muitos ingredientes, colocados em momentos específicos. Ela viajou para buscar todos os ingredientes, deixando os dois na cabana no preparo da poção. Quando estava quase pronta, o caldeirão superaqueceu e três gotas pularam para fora dele, queimando Gwion no polegar. Ele lambeu o dedo, bebendo, sem querer, a poção de poder. Instantaneamente ele passou a saber de todas as histórias, canções e feitiços existentes, e também previu que Cerridwen iria matá-lo por esse erro e então fugiu. Mas ela o persegue em uma viagem fantástica assumindo diversas formas. Finalmente, ele se esconde, transformando-se em um grão de trigo. Na forma de uma galinha preta, Cerridwen o come. Magicamente, ela fica grávida com a semente e dá nascimento a ele nove meses depois. Essa nova criança torna-se o bardo Taliesin.

Cerridwen é uma grande Bruxa, uma feiticeira sem igual. Ela pode nos ensinar a arte da transmutação, magia herbal e os mistérios do caldeirão. Embora todos os Deuses possam se metamorfosear, ela se destaca nisso. O caldeirão do conhecimento e de inspiração é mantido por ela, podendo conceder inspiração para você. É preciso ter cuidado com Cerridwen, que pode ser complicada e temperamental. Alguns a chamam para ajudar com problemas de raiva, já que ela os conhece tão bem. Ela também nos ajuda a encontrar a beleza no que para os outros parece feiura.

Altar de Cerridwen (cortesia de Omen – Salem, MA)

Em um altar de Cerridwen um caldeirão é o melhor item. Os animais totêmicos são a porca, bem como os quatro animais em que se transforma: um cão de caça, uma lontra, uma águia e uma galinha preta. Quaisquer símbolos ou imagens desses animais também são úteis para se conectar com ela.

Óleo de Cerridwen

- 40 gotas de óleo de amêndoa
- 20 gotas de óleo de avelã
- Casca de avelã
- 5 grãos de trigo

Use esse óleo para ganhar a inspiração da Deusa do caldeirão e para tê-la como guia em seu caminho.

Feitiço de Cerridwen e Celi

- Vela prateada
- Vela dourada
- Poção do Sol
- Poção da Lua
- Joias de ouro e de prata

Faça este feitiço ao ar livre, ao amanhecer, no pôr do sol, à meia-noite e ao nascer da lua. Unte a vela prateada com a poção da Lua e a vela dourada com a poção do Sol. Use um equilíbrio de joias de ouro e prata.

Cerridwen, Deusa criadora
Todas as fases da lua vieram
E há ainda mais por vir.
Pela luz da Lua,
Vou dançar, cantar e louvar o seu poder.
Celi, Deus da Luz e da ascensão e configuração do Sol.
Cerridwen, Celi, nos dê a luz do dia e da noite.
Que possamos ver sua grandeza no nascer e no pôr do sol,
E enquanto a lua cresce e mingua
Mediante a realização de uma vida próspera.
Que assim seja!

Celi é outro nome para o Deus do Sol e da luz, às vezes acompanhado de Cerridwen. Alguns mitos sobrevivem associados com este Deus, embora seu nome seja encontrado na controversa obra conhecida como *The Barddas de Iolo Morganwg*. Você pode se comunicar com Celi chamando por ele enquanto observa o nascer do sol, especialmente se estiver fazendo magia crescente com ele, e pode chamá-lo para diminuir algo quando o sol estiver se pondo.

Taliesin

Na lenda de Cerridwen, o jovem rapaz, que era Gwion, foi colocado em uma sacola de couro pela feiticeira e jogado nas águas. Ele foi encontrado em Beltane, por um homem que pescava salmão, e que, quando abre o saco, encontra os olhos brilhantes de Gwion, explicando que o significado do seu novo nome é "testa brilhante", possivelmente referindo-se ao seu terceiro olho. A criança começa a falar eloquentemente, clamando "testa brilhante", ou Taliesin, como seu nome. Ele passa a ser um grande bardo e mago, mais tarde servindo na corte do rei Arthur como companheiro de Merlin.

Taliesin nos ajuda, com poesia, a contar histórias e a fazer magia através de versos e canções. Ele é o bardo consumado. Invoquei-o uma vez e pedi para ouvir um dos seus feitiços de tempos atrás. Entrei em transe profundo, colocando o chifre de um touro cheio de ervas aromáticas no meu peito e me deitei na cama. Na visão me vi na beira da floresta por um prado. Ele veio em minha direção repetindo estrofe após estrofe de um poema. Era um feitiço de amor. Eu estava hipnotizada por isso enquanto ele se aproximava cada vez mais. Disse que eu tinha que acordar e lembrar o que estava dizendo, mas ele me deixou extasiada. Quando acordei, isto é o que eu lembrava:

Eu sou a brisa suave que move seus cabelos dourados
Eu sou o vento fresco que traz cor para o seu rosto.
Eu sou o eixo que tece as roupas que vestes.
Eu sou os dedos que costuram o laço
Que coroa sua beleza,
Que aquece o seu coração.
Eu sou o passarinho que canta seu amor,
Que canta a sua beleza,
E que acelera seu coração.

Eu sou a luz do luar que banha seu sono,
Que aprofunda sua beleza,
Que tranquiliza seu coração.
Eu sou a luz que ilumina seus sonhos.
O amor é tudo o que parece.

Esse feitiço veio diretamente de Taliesin. Ele estava me dando o que eu pedi, mas não percebi que era realmente um poema de amor para mim. Quando criança eu tinha cabelos dourados. Foi uma experiência muito profunda que eu realmente não entendi até que tivesse acabado, mas quero compartilhar com vocês o que fui capaz de gravar.

Ele pode ensinar sobre qualquer tipo de feitiço que precisar, não só feitiços de amor. Certifique-se de ter uma caneta e papel prontos para registrá-lo quando acordar.

Instrumentos musicais, especialmente os celtas, são sagrados para ele quando estiver montando um altar. Seus totens são o coelho, o salmão, as aves e o trigo. Taliesin também foi responsável pela morte de dois cavalos, quando a poção que restou do *greal* se tornou um veneno, rachou o caldeirão e envenenou a água deles. Os dois cavalos coincidentemente ou carmicamente pertenciam à família de Elphin, o homem que, mais tarde, o resgatou. Por causa disso, ele também pode ser associado com cavalos.

Arianrhod

Arianrhod é a Deusa galesa do céu estrelado. Embora alguns considerem sua brancura pálida como indicativa de ela ser também uma Deusa lunar. Dizem que seu castelo está nas estrelas. O irmão dela é Gwydion, o mago, e seu tio é o rei mago Math. Ela dá à luz dois filhos incomuns, Dylan e Lleu. Suas ações parecem incomuns para a maioria de nós, seres humanos, pois ela imediatamente deixa Dylan saltar para o mar, e abandona Lleu com o irmão dela, que o cria. Está implícito que seu nascimento lança calúnias sobre sua virgindade, e que talvez Gwydion seja o pai. Esta seria a razão de Arianrhod não querer nada com seus filhos, além de dificultar a vida de Lleu, ela amaldiçoa-o três vezes. Primeiro que nunca tenha um nome a menos que ela dê, e ela promete não dar nome algum a ele. Gwydion faz ela nomeá-lo usando um disfarce mágico. Ela o amaldiçoa a nunca portar armas, a menos que ela lhe dê as armas, mas jura nunca o armar. Não ser capaz de portar armas na sociedade celta era uma maldição. Novamente, Gwydion a engana com um disfarce. Ela então o amaldiçoa a nunca ter uma mulher de qualquer uma das raças sobre a terra. Não foi fácil burlar essa maldição, mas Gwydion e Math criaram uma noiva para ele feita de flores. Embora seja fácil ver a Bruxa amaldiçoadora em sua história, muitos acreditam que essa é na verdade uma história de iniciação e transformação. Semelhante a Morrighan, ela testa aqueles que lhe pertencem, sejam crianças, amantes ou estudantes. Existem contos do bardo Taliesin sendo preso em seu castelo, mas ele aprende a ver tudo do ponto de vista das estrelas. Arianrhod pode ser uma professora severa, mas também pode capacitá-lo a vencer as adversidades da vida e a encontrar soluções criativas para seus problemas. Ela nos ajuda a nos conectarmos com os céus, com as estrelas e com sua magia especial celestial.

Óleo de Arianrhod

- 40 gotas de óleo de amêndoa
- ½ colher (chá) de resina de sangue-de-dragão
- 20 gotas de óleo de maçã
- 2 gotas de óleo de estoraque
- 1 pitada de artemísia

Use esse óleo para conectar-se com a Deusa Arianrhod. Ela pode nos ajudar a ver a lição nas duras situações de nossas vidas e também a nos conectar com a Lua e os reinos estrelados.

Feitiço de Arianrhod

- 3 estrelas de papel
- Óleo de Arianrhod

Três estrelas são um símbolo da Deusa celeste Arianrhod. Antes de conjurar este feitiço, pegue uma estrela em suas mãos e invoque a

Deusa para ajudá-lo a fazer as pazes com seu amor. Unte-a com o óleo. Coloque essa estrela no seu bolso ou bolsa. Com a segunda estrela na mão, unte-a com óleo e peça a Deusa para ficar com você até que o feitiço seja feito. Coloque esta estrela em sua casa, no local em que dorme. Em uma noite estrelada, segure a terceira estrela em suas mãos, unte-a com óleo e fale esse feitiço em voz alta:

Estrela cadente
No seu rastro
Brilha sua luz
Para destruir toda a ira.
Derrame sua luz,
Envie seu feixe
Traga o meu amor
A este sonho agradável.
Para o bem de todos, sem prejudicar ninguém.

Ao jogar a estrela de papel no céu da noite, vislumbre seu amor sonhando com vocês dois juntos e felizes se amando.

Rhiannon

Rhiannon é uma Deusa galesa, cuja lenda encontra-se no *Mabinogion*. Ela é a mãe de Pryderi. Seu nome significa "problema" e muito de sua história inclui os problemas nos quais ela se envolve e o que ela ganha com eles. Seus totens são pássaros e cavalos. Ela é bem conhecida por conta da canção de Fleetwood Mac, cantada por Stevie Nicks, mas os versos da música pouco têm a ver com a real lenda de Rhiannon. Considero-a uma figura para o empoderamento, pois ela pode nos ajudar a evitar cometer os mesmos tipos de erros que ela fez.

Banho de Rhiannon e poção ritual

Use esta poção quando quiser usar os poderes de Rhiannon e pedir as bênçãos de aprender com o passado para que você não o repita. Um excelente feitiço para ajudar a remover o caos ou o drama desnecessário e indesejado em sua vida. Este feitiço já foi publicado em meu livro *O Despertar da Bruxa em cada Mulher*.

- 1 cálice de prata ou de vidro
- 1 xícara de suco de maçã
- 3 avelãs em pó
- 1 pedaço de casca de carvalho limpo ou 1 colher (chá) de casca de carvalho em pó

Antes de preparar esta poção, é essencial tomar um banho de limpeza. Faça um banho mágico com sal marinho, dulce (algas), flores de lavanda e pó de avelã. Você pode colocá-los em um saco de linho para impedi-los de entupir o ralo. Acenda velas brancas e lavanda, ungidas com a poção como parte de seu ritual de banho. Este é um momento de deixar ir todo sofrimento e dúvida. Saiba que você merece o melhor que a vida tem para oferecer, e sua vida não tem necessidade de manipulação, enganos, mentiras, perigos, tramas e palavras ruins. Você vai neutralizá-los e deixá-los ir. Quando entrar no banho, apele a Rhiannon:

Ó, graciosa Rhiannon
Você sofreu para que eu possa não sofrer,
Você suportou a dor e a tristeza que nenhuma mulher merece
Com sua experiência e poder mágico
Seu mais belo espírito me protege do engano.

Concluído o seu banho de limpeza e sintonia com Rhiannon, prepare sua poção para trabalhar com a energia dela ainda mais. Carregue de energia todos os ingredientes em nome de Rhiannon e deixe ferver em fogo baixo. Ao primeiro sinal de bolhas fervendo o suco, desligue o fogo e deixe esfriar. Pegue um pedaço da casca de carvalho (você pode mantê-lo como um amuleto para continuar seu trabalho com Rhiannon.) Despeje a poção em seu cálice. Chame Rhiannon pelo nome três vezes, pense sobre o tipo de ajuda e bênção que está procurando. Agradeça a ela pelo empoderamento e beba a poção com goles longos, lentos, saboreando cada gota. Faça uma libação com o que sobrar na terra verde.

Merlin

Merlin, ou Myrrdin em galês, é o mágico da corte do rei Arthur, em Camelot. Considerado um druida e assistente, Merlin é um caminhante entre os mundos mortais e o reino de Avalon e a Dama do Lago. Embora visto como um mago acadêmico hoje, seus mitos mais antigos o retratam mais como um profeta ou bardo e um homem selvagem da floresta. Possivelmente houve mais de um Merlin. A lenda nos diz que ele mudou as pedras de Stonehenge da Irlanda para onde estão hoje, na Inglaterra e deu as profecias sobre o mundo em sua torre de vidro. Finalmente, ele foi preso, alguns dizem em uma caverna, outros em uma árvore ou em sua própria torre.

Tenho uma relação forte com Merlin. Quando o chamo, sinto que ele está sempre interessado. Ao contrário de outros Deuses e espíritos, ele está mais apto a se comunicar. Merlin gosta de falar e é definitivamente um brincalhão. Se você for uma pessoa mágica, que estuda a arte e a ciência da magia, ele estará ansioso para ensinar e vai colocá-lo em situações e aplicar seus truques, você nem vai perceber. Ele dá as coisas que você precisa, mas não pede algo em troca ou não quer. Você tem que ter cuidado quando trabalhar com Merlin, pois nunca se sabe o que receberá.

Quando disser o nome dele, você pode ser transportado para sua caverna em Tintagel, Inglaterra. É um dos lugares muito ligados à sua energia. Eu o vejo menos como um mago e mais como um homem da floresta, vestido de peles de animais. Às vezes ele tem o cabelo castanho, de homem da floresta, outras vezes seus cabelos são brancos, como o de um homem sábio. Merlin pode mudar sua forma. Sobre o altar, ou em feitiços para chamá-lo, use itens da floresta, particularmente maçã e carvalho. Bastões de madeira são excelentes ligações para o mago. O símbolo de triskle é também uma boa maneira de se conectar à sua energia. Os cogumelos são uma ótima oferta para ele, pois seu totem é o porco e o falcão. Use os títulos de Homem Selvagem, Homem Sábio, Homem da Floresta quando se referir a ele e, apesar de ele gostar de falar, você tem que bajulá-lo para trazê-lo para perto, e deve estar pronto para ele, é melhor ter uma pergunta em mente, ou pedir-lhe para ensinar algo específico depois que ele chegar. Merlin não gosta de ser chamado por motivos fúteis, e se o fizer, ele não virá novamente, embora isto aconteça também com a maioria dos Deuses e espíritos. O druida é um excelente professor de poções e misturas e pode dar suas fórmulas para você usar. Escrever com ele é uma excelente maneira de obter feitiço, peça-lhe para escrever um para você. Eu tive grande sucesso com isso. O mago também pode ajudá-lo a desenvolver suas habilidades como vidente e psíquico, ele é o guardião dos lugares sagrados e de toda a natureza e me ajuda a aprender muitas coisas.

Triskle

Incenso de Merlin

- 2 colheres (sopa) de casca de carvalho branco
- 3 bolotas de carvalho esmagadas ou 1 colher (chá) de farinha de bolota
- 1 colher (sopa) de folhas de carvalho
- 5 gotas de óleo de almíscar
- 5 gotas de óleo de abeto
- Casca de maçã seca

Queime para evocar o poder da magia e dos mistérios de Merlin. Esse perfume ajuda a aumentar sua habilidade psíquica e força mágica.

Óleo de Merlin

- 20 gotas de óleo de avelã
- 20 gotas de óleo de abeto
- 1 pedra de um local sagrado para Merlin, como Tintagel (caverna de Merlin) ou Dinas Emrys (primeira profecia de Merlin)
- 1 raminho de carvalho, se possível atingido por um raio

Use esse óleo para se conectar com o mago de Camelot, bem como para adicionar energia ao seu trabalho mágico.

Ritual de Samhain em honra a Merlin

O frio do vento de outubro nos Estados Unidos às vezes muda de repente para quente, como no verão, uma época conhecida como verão indiano. Eu prefiro o frio e a queda das folhas coloridas e a partida do sol. A maioria das portas é decorada com bonecos, abóboras e espigas de milho, abrindo o caminho para a noite mágica de outubro. Nesta época, o véu entre nosso mundo e o mundo dos nossos antepassados está aberto. No Ano-Novo dos Bruxos, as Bruxas da tradição Cabot se vestem em trajes representando nosso feitiço para o próximo ano. Vestimo-nos como queremos nos tornar, permitindo que toda a comunidade possa projetar o que deseja se tornar. Eles podem vê-lo nesse papel.

Em seguida, vem a colheita. Em tempos mais antigos, era uma colheita de carne. Hoje é a torta de abóbora, maçãs cozidas, suco de maçã, manteiga de maçã e os dos últimos legumes do verão. Até mesmo as cafeterias da Dunkin' Donuts servem bolinhos e café com sabor de abóbora. Parece que a sociedade moderna muitas vezes tem uma memória profunda do que o outono traz.

Nos tempos modernos, o Ano-Novo é comemorado no dia 1º de janeiro – a maioria das pessoas se veste com suas melhores roupas para celebrar, mostrando sua riqueza, jantando fora e bebendo champanhe, lançando os mesmos feitiços que Bruxos fazem no Samhain.

Não exibimos fantasias violentas ou que provoquem horror. No entanto, muitas vezes honramos nossos ancestrais e entes queridos com o uso de um crânio, que é a casa do nosso espírito, não um símbolo de horror.

Neste outono, Merlin tem aparecido em minha mente. A sincronicidade entrou em jogo quando Christopher Penczak me trouxe uma pedra da terra de Merlin, no País de Gales. Ganhei o livro *The Quest for Merlin*, de Nikolai Tolstoy, e sei que é um terceiro sinal de que Merlin está abrindo a porta para o mundo dele. Eu seria tola se não levasse essas mensagens para o coração.

Então comecei a minha comunicação com Merlin. Eis um feitiço que eu fiz para deixá-lo saber o respeito e a admiração que tenho pelo Homem da Floresta. Esse homem selvagem tem a arte da profecia. Meu feitiço é para pedir a Merlin que empreste seu dom psíquico para mim.

- Bastão de carvalho
- 3 maçãs
- 1 dente de javali (em um colar para usar ao pescoço)
- 1 pitada de pelo de lobo
- Chifres de cervo
- Suco de maçã
- Cálice
- Penas de pássaros

Fique ao ar livre perto de uma área arborizada. Encha seu cálice com suco de maçã e coloque no chão. O dente de javali vai em volta do seu pescoço. Coloque as maçãs e o pelo de lobo em torno de seu cálice e os chifres na frente do cálice. Segure as penas na mão esquerda.

Segure seu bastão na mão direita. Lance um Círculo ao redor de si mesmo e de seus instrumentos mágicos.

Sopre as penas para o ar e diga em voz alta:

Belo povo antigo
Venha a este local marcado
E ajudem com a minha magia.

Pegue o cálice e diga:

Merlin, isto é em sua honra.
Esta bebida da maçã sagrada deve trazer sua voz à mente.
Conceda-me a voz da profecia e a sabedoria da floresta selvagem.
Mostre-me o poder do cervo.
Eu ofereço estas maçãs sagradas para alimentar seu espírito.
Você já não será tocado pelo rei hostil dos cristãos
Você está seguro agora.

Beba o suco de maçã. Deixe um pouco e despeje-o sobre a terra. Segure os chifres na cabeça e diga:

Merlin, você é uma bênção para mim.
Por favor me guie.
Faça-me sábio.

Agradeça ao povo das fadas por ajudá-lo:

Abençoado seja.

Abra seu círculo. Deixe as maçãs perto de uma área arborizada para os animais comerem. Coloque o pelo de lobo em um saco mágico e carregue-o contigo.

Rei Arthur

O Rei Arthur é tanto uma figura na nossa história mítica quanto um Deus sacrificial. O mito nos ensina sobre o desejo de paz e de harmonia entre os mundos divergentes, embora ele não tenha ido sempre pelo caminho certo para cumprir suas intenções declaradas. Por um breve tempo, Camelot era considerada um paraíso, mas suas ações acabaram por desfazer isso. A forma como olhamos para o mito arturiano hoje, como uma ponte entre as eras Pagãs e cristã, poderia ter funcionado como uma manifestação para trazer harmonia a ambos os lados. Em vez disso, perdemos o reino e vivemos na terra devastada. Hoje, magicamente, Arthur ajuda a obter a vida que você quer, em seus relacionamentos e lares, mas de uma maneira que não requer que você desista de suas coisas para isso. Muitas pessoas, especialmente mulheres, se esforçam para ter um lar feliz, mesmo que não sejam verdadeiramente felizes. O sacrifício não está funcionando, mesmo que elas estejam fazendo tudo o que sentem que devem fazer para que dê certo. Como o sacrifício de Arthur não funcionou, ele pode ajudá-la a entender quando você precisa se sacrificar e quando não precisa. Ele pode ajudá-lo a não cometer os erros que teve em seus relacionamentos, amizades e reino.

Guinevere

Guinevere é uma personagem muito difícil para entendermos. Muitos a retratam como a rainha da falha humana, ao ceder à sua paixão por Lancelot, como a Eva do Velho Testamento, tornando-se um bode expiatório para todas as coisas ruins que aconteceram depois. Outros a veem como uma Sacerdotisa, mediando as bênçãos da Deusa da terra, para um rei fracassado, que não poderia fornecer um filho. A maneira mais esotérica de vermos Guinevere é que ela era uma rainha fada encarnada no mundo e ela parecia não ter muita preocupação com as questões humanas porque, na verdade, não era humana. Ela impunha sua presença no mundo, mas era frequentemente raptada por outros reis. Para ela, não importava com qual rei era casada, conquanto houvesse uma união entre o mundo humano e o Reino das Fadas. Guinevere não se importava com batalhas humanas. Alguns dizem que ela foi para um convento, mas neste contexto histórico eles ainda não estavam bem informados, pois sabemos que ela se retirou e voltou para o Reino das Fadas, porque os velhos costumes não foram honrados e a magia não estava sendo usada corretamente. Não havia nenhum convento em 500 EC. Então, sabemos que muitos dos contos modernos sobre ela não são verdadeiros.

Hoje Guinevere nos ajuda com nossas escolhas, quando permanecer e quando ir. Ela nos ajuda a não sermos pegos no drama de outra pessoa ou batalhas, pois essa é a jornada dos outros, não a nossa. Temos nossas próprias jornadas a fazer. Qualquer coisa verde – pedras, velas e terra verde – pode ser usada para invocá-la.

Dama do Lago

A Dama do Lago é a mulher fada mais evidente dos mitos arturianos. Ela reside na Ilha de Avalon, além das brumas. Às vezes chamada Morgana, Nimue ou Viviane, sua personagem foi dividida em várias personalidades em contos posteriores da história. Sabemos que ela simplesmente era a Senhora do Lago, uma feiticeira, curandeira e professora de magia, possuidora original e talvez mesmo criadora da espada Excalibur.

A Dama do Lago concede a luz da Excalibur, uma parte central do mito de iniciação da Tradição Cabot. Hoje temos a luz da Excalibur em nossas espadas. Ela pode conceder o poder da luz e da verdade àqueles dispostos a carregar o poder da espada. Seus símbolos são os lírios d'água, maçãs e o grou.

Incenso de Excalibur

- 1 colher (sopa) de casca de salgueiro
- 1 colher (sopa) de ulmária
- 1 colher (chá) de lírio d'água
- 1 colher (chá) de pó de taboa
- Pitada de casca de caracol esmagada

Réplica pequena de uma espada, como um abridor de carta ou imagens de uma espada

Use a espada pequena para carregar magicamente o incenso, projetando sua energia de luz através da espada na mistura.

Feitiço de igualdade da Dama do Lago

Queime o incenso de Excalibur recitando este feitiço para trazer mudança em sua comunidade.

Dama do Lago, conceda-me a coragem de ver a verdade da minha vida e compreender a verdade quando ela for contada para mim. Ajude-me a levantar a espada do espírito para proteger os meus direitos e os direitos de todas as Bruxas, para o bem de todos. Que assim seja!

Óleo da fada Morgana

- 60 gotas de óleo de amêndoa
- 20 gotas de óleo de maçã
- 20 gotas de óleo de âmbar
- 10 gotas de óleo de rosa
- 1 pena preta
- 1 azeviche pequena
- 1 granada pequena
- 1 cristal de quartzo pequeno

Carregue com a energia da Lua crescente por cinco dias e da Lua minguante por mais cinco dias. Amarre a garrafa com uma fita preta carregada no sol e amarre em uma pena preta na garrafa com a fita.

Feitiço de prosperidade da fada Morgana

- 2 velas pretas
- 1 vela vermelha

Óleo da fada Morgana

Unte a si mesmo e as três velas com o óleo da fada Morgana. Acenda as velas. Recite este feitiço e deixe as velas queimarem até o fim.

Fada Morgana, rainha das fadas, minha antepassada, ser radiante, Deusa da Lua.

Você que é conhecida pelo seu poder mágico, eu lhe peço para trazer seu poder para me ajudar a garantir o equilíbrio financeiro para sustentar a mim e minha família.

Estamos sempre a seu serviço. Eu trabalho duro para alcançar meus objetivos e posso trabalhar minha magia com a sua.

Ensina-me sabedoria, clareza, compaixão e artes de cura.

Que sua voz possa ser ouvida no mundo hoje e sempre.

Trago uma maçã e uma pena de corvo negro como presentes para honrá-la. Que assim seja!

Sir Gawain

Um dos mais famosos cavaleiros da Távola Redonda, a aventura iniciática do Sir Gawain é contada no conto *Sir Gawain*, o Cavaleiro Verde. Sobrinho do Rei Arthur, descrito como um dos mais compassivos e conscientes dos cavaleiros, Sir Gawain é fiel e verdadeiro, um defensor das mulheres e, em alguns contos, sua força aumenta e diminui com o Sol, tornando-o uma figura solar. Ele também tem conhecimento sobre cura com ervas.

Nós invocamos Gawain como um protetor e professor. Ele pode usar a magia de seu escudo e espada para defender, mas também nos diz onde estamos falhando em nossa própria vida. Seu conselho é não só na nossa prática mágica, mas em todas as áreas de nossas vidas – família, trabalho e desenvolvimento pessoal. Gawain pode orientá-lo para as ações certas para equilibrar sua vida e para ajudá-lo a evitar as batalhas desnecessárias. Não precisamos sempre da força de batalha para nos defendermos. Muitas vezes simplesmente podemos neutralizar e nos movermos em torno dessas forças e aproveitar os ensinamentos das mesmas lições que os Deuses e Deusas da guerra, porém de uma maneira mais suave. Além de alertar sobre relacionamentos prejudiciais ou pessoas prejudicando sua identidade e imagem, bem como um perigo mais direto, ele ainda pode ajudar a evitar todas estas coisas e confrontá-las quando necessário. Um grande aliado para as pessoas com negócios, ajudando a conviver com o seu chefe e colegas de trabalho durante o desenvolvimento de sua carreira, Gawain pode proteger suas ideias para que ninguém no seu escritório as roube e injustamente leve o crédito por elas. Quaisquer associações com cavaleiros – armaduras, espadas, escudos e outras armas – podem ser usadas para chamá-lo ou homenageá-lo em um altar.

Rainha Medb

Rainha Medb é a rainha de Connacht no mito de Ulster da mitologia irlandesa, uma inimiga jurada do rei de Ulster, seu ex-marido, Conchobar Mac Nessa. Famosa por ter roubado o gado de Cooley e o touro de Ulster. Medb queria a riqueza igual a do marido e tentou comprar ou pedir emprestado o touro para aumentar essa riqueza. Seus mensageiros, com êxito negociaram o touro, mas cometeram um erro quando estavam bêbados e disseram que se Conchobar não concordasse, Medb levaria o touro à força. Ao ouvir esse insulto, vassalos do Conchobar se recusaram a receber o representante de Medb e isso deu início ao roubo e batalhas subsequentes. Esse episódio permitiu que a maldição de Macha fosse lançada sobre os homens de Ulster, dadas as associações de Medb com Macha e Morrighan. Quando um druida profetizou que seu filho chamado Maine mataria seu inimigo Conchobar, e ela não tinha nenhum filho chamado Maine, Medb decidiu nomear todos os homens com o nome de Maine. A profecia foi cumprida quando um de seus filhos matou Conchobar, mas o Conchobar errado. Medb teve muitos maridos e muitos amantes e ela exigia que seus maridos não fossem ciumentos. A Rainha Mab, uma fada em *Romeo e Julieta de Shakespeare*, possui algumas associações óbvias com a rainha Medb celta.

Apele a Medb para proteção e glamour. Ela sabe tudo sobre ser uma rainha, ajudando-o com sua magia, incluindo como os outros percebem você. Medb gosta de ser rainha, gosta de ter poder e prestígio, trabalhar com ela pode ajudá-la a se sentir como uma rainha. Ela pode auxiliar e orientar você sobre o que vestir, o que fazer e como agir para exercer essa influência e estima em sua vida. Recorra a ela na noite ou em uma hora de Vênus, para pessoas que usam a hora planetária. Medb é uma excelente estrategista, ajudando você a entender e vencer seus inimigos. Ela pode ajudá-lo a desenterrar emoções poderosas para abastecer sua magia e pode ajudar a alimentar sua persona com soberania. Com a ajuda dela, você pode começar um feitiço dizendo "Eu sou a rainha. Eu exijo...". O mundo vai responder ao comando de uma rainha que conhece o seu poder. Seus símbolos são o cetro, a coroa e o mundo real.

Boudica

Lendária rainha da tribo Celta dos icenos, Boudica liderou seu povo em uma revolta contra os romanos, quando estes ocuparam as Ilhas Britânicas. O marido dela era um aliado dos romanos, quando ele morreu, seu reino foi deixado para suas filhas. Os romanos ignoraram esse desejo e tomaram o seu reino. Boudica foi açoitada pelos romanos e suas filhas foram estupradas. Ela então liderou uma rebelião contra os romanos tão feroz que levou o imperador Nero a repensar a sua ocupação, embora os romanos tenham vencido a revolta e Boudica tenha cometido suicídio em vez de ser capturada novamente. Em sua magia, ela invocava a Deusa Andraste, a Deusa da vitória, e usava uma lebre antes da batalha como forma de adivinhação, soltando o animal e vendo para onde ele corria como forma de orientar suas decisões. Lebres em todas as suas formas são bons talismãs para Bruxos. Pele de coelho, símbolos, amuletos e imagens são muito úteis.

Sinto uma grande afinidade com Boudica, considero-a uma ancestral e aliada. Ela tinha duas filhas, assim como eu, e fez tudo o que podia para protegê-las, mas mesmo assim elas foram feridas. Quem tem filhos tem um forte desejo de protegê-los, mas você tem que lutar suas batalhas ao lado de outras pessoas. Hoje, ela é uma excelente aliada no momento de divórcio, para certificar-se de que as necessidades dos filhos sejam atendidas por ambos os pais. Boudica vai ajudá-lo a decidir pelo melhor para seus filhos, mesmo se não for sua primeira escolha. Ela também ensina diferentes maneiras para superar seus inimigos, frequentemente por magia silenciosa, ao invés de um confronto direto, algo que não funcionou para Boudica e agora ela ensina novas maneiras de agir. A lebre é seu símbolo mais poderoso. Fotos ou gravuras da lebre podem ser usadas em sua honra.

Scathach

Scathach foi professora de grandes guerreiros. Ela treinou Cú Chulainn, um famoso guerreiro irlandês, que acabou se casando mais tarde com Uathach, a filha de Scathach. Antes disso, Cú Chulainn possivelmente foi seu amante. Seu nome, embora escrito como

Scathach, é geralmente pronunciado scar (cicatriz, em inglês). Seu lar está na Escócia, na Ilha de Skye.

Mestra de artes marciais e de todas as armas e estratégia, Scathach hoje pode ser chamada para dar-lhe não só a habilidade marcial, mas também armas mentais, a espada mental que usa da comunicação para combater. Scathach nos ajuda em nossas batalhas intelectuais e físicas. Se você está nas forças armadas ou trabalha na aplicação da lei, ela vai ajudá-lo e lhe ensinará todas as coisas dos caminhos da guerra, metafórica e literalmente, para ser um guerreiro honrado e eficaz. Para ela, a batalha silenciosa é o mais importante, algo compreendido por todos os verdadeiros guerreiros. Scathach ajuda a tomar decisões em sua vida como um guerreiro.

Eu a vejo de pé em cima de um monte de caveiras com seus cabelos vermelhos, soprados pela brisa, com uma espada numa mão e uma lança na outra, uma capa vermelha em cima de seu ombro enquanto aguarda, pronta para a batalha. Se eu a invoco, o que é raro na minha prática, ela chega a centímetros do meu rosto. Scathach pode assumir o seu espaço. Depois de reconhecê-la e pedir sua ajuda, ela se afasta e fala com você. Espero que ela se aproxime rápido. Ela literalmente pode bater em você em sua chegada. Armas celtas tais como a espada e a lança podem ser usadas para honrá-la, bem como a cor vermelha e a imagem do crânio.

Feitiço para atar a influência de uma deidade

Enquanto nos esforçamos para ter um relacionamento forte com nossos Deuses, podemos, em determinados momentos, não querer sua influência em uma determinada situação ou relacionamento. Este feitiço vai essencialmente "engarrafar" ou segurar a energia de um Deus ou Deusa em uma situação específica. Use-o com cuidado, pois os Deuses têm conhecimento e influência além da nossa compreensão e, às vezes, a coisa que não queremos é exatamente o que precisamos. Tais ligações podem fechar uma porta para as bênçãos futuras, mas às vezes pode ser bastante necessário.

Este feitiço é uma variação do feitiço da garrafa tradicional, para vincular o dano e a influência de um indivíduo específico.

- 2 colheres (sopa) de olíbano
- 2 colheres (sopa) de mirra
- 4 colheres (sopa) de pó de ferro
- 4 colheres (sopa) de sal marinho
- 4 colheres (sopa) de raiz de orris (ou musgo de carvalho)
- 1 vela branca
- 1 frasco com uma rolha ou tampa para selá-lo
- 1 caneta preta ou caneta de pena e tinta preta
- Fio preto
- Papel-pergaminho
- Um símbolo, pedra ou erva associada com a divindade

Escreva sobre seu papel pergaminho com tinta preta:

Eu neutralizo o poder de (nome da divindade) para fazer mal a mim ou alguém na minha vida (se você tem preocupações específicas, diga o nome das pessoas que você deseja proteger). Peço que isso seja correto e para o bem de todos. Que assim seja.

Acenda a vela branca. De preferência, faça esta magia dentro de um Círculo Mágico quando a lua estiver minguando. Misture os ingredientes secos (plantas, ferro e sal) em uma tigela. Recite o feitiço, enrole o pergaminho e amarre-o com o fio preto. Coloque o pergaminho, com o símbolo da divindade, dentro da garrafa. Encha a garrafa com os ingredientes secos. Feche o frasco. Escorra a cera branca no sentido anti-horário sobre a tampa para selá-lo. Enterre a garrafa em algum lugar onde não será aberta, quebrada ou mexida. Se você sente que precisa desfazer o feitiço, basta abrir ou quebrar a garrafa para libertar o encantamento.

Libação para agradecer a divindade

Assim como existem momentos em que gostaríamos de remover a influência de uma deidade, muitas vezes queremos agradecê-la verdadeiramente por uma bênção, mesmo que não soubermos na época. Você pode achar que tem aquilo que pediu e outras vezes perceberá que recebeu o que precisava em vez do que queria. Ambos são razões para dar graças.

Encha um cálice especial ou copo com uma bebida que sente que seria adequada para a divindade que deseja agradecer – vinho, cerveja ou hidromel simplesmente dissolvido em água de nascente. Se você puder encontrar algo da cultura ou do país da deidade, tanto melhor. Vá para um lugar externo especial e crie um altar de libação à divindade. Você pode colocar três pedras pequenas de mesma altura formando um triângulo e, em seguida, uma pedra plana no topo, ou usar um toco de madeira.

Lance um Círculo. Honre as quatro direções e os espíritos dos quadrantes. Carregue de energia a taça e a bebida dentro do copo. Segure o copo no nível dos olhos e diga:

> Eu bebo este cálice para amor, saúde e prosperidade e honro os poderes que tomam conta de mim.

Tome um gole. Agradeça aos Deuses e Deusas específicos, nomeando o que você está agradecendo a eles em sua vida. Então diga:

> Eu ofereço esta bebida sagrada para (nome da divindade).

Tome um segundo gole e diga:

> E a todos os Deuses e Deusas do Universo.

Tome um terceiro gole e ofereça a bebida. Em seguida, despeje o restante sobre o altar ou outro lugar especial, onde ninguém mexa. Dedique alguns minutos em apenas ser grato. Então honre os espíritos das direções, abra o Círculo e se despeça de todos os espíritos.

Dedicação aos Deuses e Deusas

- 1 metro de cordão preto
- 1 frasco de tinta preta
- 1 pena de corvo negro
- Mistura de ervas de pétalas de rosa, raiz de ligústica, agulhas de pinheiro
- Papel-pergaminho
- Poção de altar
- Tigela
- 1 saco mágico preto

Uma noite antes do plenilúnio, coloque as ervas em uma tigela, despeje a poção e escreva este feitiço em tinta preta sobre papel-pergaminho, usando a pena:

> Dedico minha vida à Bruxaria, aos Antigos e aos Deuses e Deusas celtas. Nunca vou usar minha magia para prejudicar alguém ou alguma coisa. Vou obedecer a Lei Tríplice. Por minha vontade, então que assim seja!

Dê nove nós no cordão. A cada nó que você amarrar, chame a Deusa e o Deus:

> Deusa e Deus, ouçam a minha voz e ouçam meu voto.

Recite o feitiço em voz alta para a Deusa e para o Deus. Levante suas mãos para o céu e, em seguida, toque o chão. Coloque as ervas e o pergaminho no saco mágico continuamente por nove dias e nove noites. Deixe o cordão de nove nós em um lugar sagrado, onde você veja todos os dias.

Embora esse feitiço seja feito para a Deusa e para o Deus em geral, você pode adaptá-lo e se dedicar a uma divindade específica, caso você se sinta chamado por essa divindade e estiver preparado para assumir um compromisso.

Capítulo Treze

Magias Emprestadas

Uma vez que você conheça as leis mágicas e entenda seu próprio caminho, vai poder começar a explorar outras formas de magia no mundo. Com um entendimento do que é certo e apropriado, o que deve e não deve ser feito em termos de intenção, eu pego emprestado magias de qualquer outra cultura, se sua natureza for adequada para mim e meus caminhos. Bons Bruxos devem educar-se sobre magias e feitiços de outras culturas tanto quanto possível. Queremos entender melhor o mundo onde vivemos e, devido à falta de magia em nossa própria cultura, aprender como outras culturas viveram e usaram esses poderes. Mas devemos ter cuidado. Muitas práticas antigas eram desprovidas de ética e das preocupações dos Bruxos de hoje. Você não deve pedir coisas muito prejudiciais ou nocivas, seja para os outros, seja para si mesmo. Depois de ter compreensão de suas próprias maneiras e das leis da natureza e de aprender a ser cuidadoso em tudo o que fizer, você pode então, com sucesso, pegar magias emprestadas e melhorar a sua própria prática.

Parte do trabalho com magia emprestada é aprender não só sobre a cultura e a época de onde a magia vem, mas aprender sobre como honrar suas divindades. Os Deuses de outras culturas estão intimamente amarrados à sua magia. Como os feitiços do capítulo anterior, você pode trabalhar com as divindades de outras culturas e honrá-las, desde que saiba o que está fazendo e seja respeitoso.

Frequentemente são encontrados em outras culturas Deuses semelhantes com os quais você já está familiarizado. Embora seja importante não confundi-los, pois eles desenvolveram relacionamentos com diferentes culturas e em diferentes sistemas de magia, uma comparação pode ajudar a compreendê-los melhor, especialmente se o antigo povo fez alguma associação com eles. Os gregos eram famosos por traduzir sua compreensão das divindades egípcias em seu panteão, criando o sincretismo que comumente vemos entre o egípcio Tehuti, mais conhecido por Thoth, e o Deus grego Hermes, dando origem mais tarde à figura de Hermes Trismegisto. Os romanos, ao invadir territórios celtas da Gália, fizeram o mesmo que os gregos. Eles sincretizavam muitas deidades célticas que acreditavam ser suas contrapartes romanas, e não usavam nem mesmo seu nome gaulês. Eles associaram Mercúrio com o mais popular Deus gaulês, quem hoje acreditamos ser Lugus, a contraparte gaulesa de Lugh e Lleu. Embora o Deus gaulês Teutates também tenha sido associado a Mercúrio.

Culturas mágicas antigas estabeleceram uma longa tradição de empréstimos umas das outras. Um dos melhores exemplos pode ser encontrado no período egípcio posterior, na magia greco-romana- -egípcia encontrada no que hoje é conhecido como papiros mágicos gregos, o PGM entre estudiosos. Ali há feitiços de toda espécie: nomes, palavras, práticas e imagens gregas, romanas, egípcias, judaicas, babi- lônicas e cristãs. Mesmo o PGM sendo uma coleção de notas e feitiços manuscritos, e não sabermos quem estava praticando exatamente o quê, ele é uma forma extensa de mostrar que não somos as primeiras nem as últimas pessoas a pegar emprestado magia.

MAGIA EGÍPCIA

A primeira magia fora das tradições celtas que eu aprendi foi a egípcia. Sou fascinada pela magia dos egípcios. Toda a cultura é tão mística e misteriosa. Estou profundamente ligada a esse tempo e lugar.

Para os egípcios, a magia era chamada de *Heka*, uma força e uma divindade. *Heka* significa uma parte da alma conhecida como *Ka*. O *Ka* faz magia. O hieróglifo de *Heka* é dois talos de linho torcidos juntos, que é muitas vezes interpretado como duas serpentes, como o caduceu dos gregos, com dois braços estendidos. *Heka*, como divindade, trabalhava com *Hu*, a palavra divina falada, e *Sia*, a divindade da onisciência, criando uma tríade divina.

A magia egípcia consistia normalmente no poder das palavras e dos símbolos, apelos para as divindades, o uso de rituais e os poderes das plantas e das pedras. A magia era um aspecto da vida cotidiana no antigo Egito, com uma grande variedade de feitiços e encantamentos para todas as facetas possíveis da vida, da família do faraó aos plebeus. Para os egípcios, os Deuses eram conhecidos como Neteru (Neter, no singular) ou forças da natureza. Muitos hoje interpretam isso como manifestações de uma força única, que hoje poderíamos chamar de mente divina. Neter

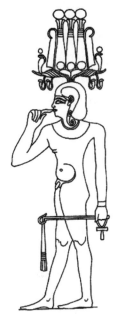

"Heka" by A.F. F. Mariette (1821-1881)

está associado com o mundo da natureza, pois eram manifestações dos espíritos da natureza em escalas locais e cósmicas. A vida cotidiana – e todos os tipos de magia – era profundamente entrelaçada com os Neteru.

Ísis foi considerada a maga mestra dos egípcios e uma poderosa Neter. Apesar de não ter começado sua história como a Deusa mais poderosa, ela logo se tornou uma. Quando o Deus criador, Ra, Neter do Sol, tornou-se mais velho e mais debilitado, ele babava e cuspia enquanto falava. Embora nada além de seu próprio poder pudesse prejudicá-lo, Ísis pegou um pouco de sua saliva e a misturou com barro, formando uma serpente. Ela soprou vida na serpente e a deixou livre para que fosse até Ra e o mordesse. Ra ficou histérico de dor e não podia curar a ferida. Muitos tentaram ajudá-lo, mas se o Deus mais poderoso não podia curar a si mesmo, que chance eles tinham? Ísis ofereceu seus serviços, mas pediu para saber o nome verdadeiro dele, a parte da alma conhecida como Ren. Ele contou a ela muitos de seus títulos e nomes exteriores, mas ela sabia que não eram verdadeiros. Ra hesitou a contar seu nome verdadeiro, pois quem tem o verdadeiro nome de alguém detém o seu poder. Ele não queria perder seu poder. Mas ela não iria ajudá-lo se não compartilhasse esse segredo. E então, ela o cobriu com seu manto verde para que ninguém mais pudesse ouvir e ele sussurrou seu nome com isso, ela facilmente o curou da mordida da cobra. Logo depois, ele começou a se retirar dos assuntos diretos do mundo, indo além, ao reino celestial. Ísis e Osíris, e mais tarde seu filho Hórus, assumiram um papel mais direto na Terra até que eles também se retiraram e o Deus foi incorporado no faraó. A história de Ísis e Ra mostra a importância de nomes e das palavras no poder mágico.

Além de Ísis, outros Deuses egípcios populares entre Bruxos incluem Osíris, Hórus, Thoth, Anúbis, Bast e Hathor. Osíris é irmão e marido de Ísis, considerado um "Homem Verde" egípcio, pois ele é a manifestação da vegetação após as inundações do Nilo. Embora seja considerado um primeiro rei mítico, ou faraó, que trouxe a civilização para a humanidade, no Egito, esotericamente falando, todo mundo torna-se Osíris após a morte. Seu filho, Hórus, toma seu lugar depois que Osíris é morto por Set, mas apenas depois de uma longa disputa com ele.

Thoth é representado com a cabeça de um pássaro íbis ou um babuíno. Ele é o escriba dos Deuses, o guardião da magia, do conhecimento e da sabedoria. É também o guardião do calendário lunar e um grande auxílio para aqueles que são estudiosos, pesquisadores, escritores ou cientistas. Uma versão do mito da criação egípcio começa com Thoth como o criador, ele que geralmente é comparado com Hermes nas tradições gregas, pois eles compartilham muitos dos mesmos atributos.

Anúbis é o Deus com cabeça de chacal. Como Hórus com cabeça de falcão, muitos Deuses egípcios eram representados com cabeças de animais para mostrar melhor suas características e essências. Anúbis lida com os caminhos para o reino dos mortos e seu retorno, embora não seja especificamente um Deus dos mortos, como Osíris. Ele é um Deus da viagem e da transformação, e pode orientá-lo e mantê-lo seguro quando você estiver fazendo um trabalho espiritual entre os dois mundos. Se você estiver preocupado com suas capacidades psíquicas, ficando fora de controle, ou levantando a informação errada na hora errada, peça a Anúbis para ajudá-lo. Ele é particularmente útil para fazer a travessia com os moribundos ou trabalho psíquico, ajudando as pessoas a se comunicarem com seus ancestrais.

Bast é a Deusa com cabeça de gato, enquanto Hathor é a Deusa com cabeça de vaca. Hoje, muitos dos seus atributos se entrelaçam. A compreensão do povo egípcio sobre os Deuses mudou ao longo do tempo e, em um dado momento, Bast, ou Bastet, foi fortemente associada com a Deusa com cabeça de leão Sekhmet, embora, com o tempo, as duas tenham se tornado cada vez mais separadas. Sekhmet

Bast

é considerada uma Deusa mais destrutiva. Ela foi associada com perfumes e pomadas protetoras. Apele para Sekhmet com a finalidade de aprofundar sua conexão com um felino familiar e para proteger e curar felinos de todos os tipos.

Hathor é às vezes retratada com chifres ou cabeça de vaca. Ela é a Deusa de todas as coisas boas – felicidade, alegria, fertilidade, música, dança, bebida e feminilidade, e é associada com os mortos nas terras ocidentais, ajudando-os em sua jornada. Vários mitos descrevem-na como mãe ou filha de Ra, ela é considerada o olho dele. Da mesma forma, Hathor é a esposa de Hórus, ou sua mãe, ligando-a com Ísis. Ela também está ligada com Sekhmet e, em um conto, se transforma na Deusa com cabeça de leão em fúria sanguinária. Porém, ela é geralmente considerada uma Deusa benigna para trazer bênçãos e coisas boas, aquela que ajuda as mães com seus filhos e abençoa particularmente mulheres dando à luz.

Tenha cuidado ao pesquisar magia egípcia, pois muitos dos feitiços são maldições e têm más intenções. Em uma época e local em que magia era tão poderosa, aqueles que se sentiam injustiçados legalmente muitas vezes recorreriam à justiça mágica para punir quem o tinha prejudicado. Certifique-se de que você entenda totalmente o feitiço que está usando, que a tradução seja confiável. Nunca faça algo que não compreenda.

Incenso egípcio do Sol

- 1 colher (sopa) de olíbano
- 1 colher (sopa) de calêndula
- 1 colher (sopa) de camomila
- 1 colher (sopa) de benjoim
- 1 colher (chá) de farinha de milho
- 9 gotas de óleo de Ísis
- Glitter dourado

Queime esse incenso em rituais egípcios para conectar-se ao mistério e à magia de qualquer um dos Deuses e Deusas egípcios. Ele pode ser usado durante o inverno por aqueles que vivem em áreas sem muita luz solar, ajuda a evitar a depressão e provoca empoderamento.

Disco solar egípcio

Disco solar alado

O disco solar egípcio é um símbolo da divindade e da realeza, com variações encontradas na Mesopotâmia e na Pérsia e mais tarde no simbolismo maçônico e alquímico. O disco alado frequentemente é flanqueado com serpentes. Numa variação, o disco solar com chifres, encontra-se acima das coroas de muitos Deuses egípcios. Ísis tornou-se fortemente associada com o disco solar com chifres. Um disco solar com uma serpente foi colocado sobre a cabeça de Ra. Use este símbolo para invocar o poder divino e a autoridade real.

O Olho de Hórus

Adoro o Olho de Hórus. É um ótimo talismã protetor, bem como um símbolo do poder real e da boa saúde. Foi usado por muitos para manifestar o poder do divino Deus Hórus, pois ele é um Deus solar e tem um aspecto vingador. No mito, seu olho é arrancado por seu tio Set, o Deus negro da destruição, e restaurado por Hathor ou Thoth. Devido às suas associações solares o símbolo era às vezes conhecido como o Olho de Ra, embora seu outro nome – Uadjit – seja associado à Deusa serpente. Amuletos do olho em forma de joias estão disponíveis em diversas lojas e são usados por muitos Bruxos para proteção, da mesma forma que o pentagrama. O Olho de Hórus também pode ser desenhado em papel ou no ar para ativar seu poder e bênção.

Olho de Hórus

Ankh

O ankh, também conhecido como a cruz ansata, é o símbolo da vida e da reencarnação. Deuses egípcios são vistos carregando o ankh como uma chave, às vezes conhecida como a chave da vida. Ele era retratado nas paredes dos templos e das tumbas. Acredito que é o símbolo do retorno, sendo a cruz o ser humano e o laço, o ankh mostra que nossa alma se volta para uma vida humana. Ele tem sido usado na cultura gótica como um símbolo de vampiros, com o mesmo sentido de retorno à vida, mas não acho que é como os antigos egípcios viam. Hoje, muitas Bruxas o usam como um talismã para honrar e invocar a sabedoria e o mistério do antigo Egito e os Deuses egípcios. Nós o usamos no símbolo do templo hermético Cabot-Kent, um nó com o ankh pendurado dentro dele. Você pode usá-lo em qualquer feitiço para adicionar a força vital ao seu trabalho.

Ankh

Templo Hermético Cabot-Kent

Outras maneiras de se usar símbolos egípcios é investigando hieróglifos e seus significados e unindo os símbolos com base em sua intenção. Apesar de o trabalho clássico de Sir Walter Budge nem sempre ser aceito por egiptólogos modernos e praticantes egípcios, eu o considero muito útil na pesquisa da magia e de símbolos egípcios.

MAGIA GREGA E ROMANA

Como os egípcios, os gregos e os romanos também viam o ritual como parte de sua vida diária. Os rituais eram feitos em casa e nas configurações do templo, por pessoas comuns e por profissionais contratados para executar sacrifícios e feitiços especiais. Filósofos respeitados os estudavam e praticavam e, além dos rituais ortodoxos públicos, o mundo greco-romano dava suporte a várias escolas de mistérios e organizações secretas para ensinar sobre a natureza da alma, morte e reencarnação. Assim como hoje, varinhas mágicas, ervas, símbolos e palavras especiais eram parte da prática da magia. Pode ser difícil distinguir magia de culto religioso e honra aos Deuses e, em muitos casos, não havia diferença. Assim como em outras culturas, pessoas invocavam os Deuses para ajudá-los em suas vidas, fazendo oferendas e muitas vezes lançando feitiços.

"Sulis Minerva" nos banhos romanos em Bath, Inglaterra

Uma das minhas Deusas romanas favoritas é Minerva. Conhecida pelos gregos como Atena, ela foi sincretizada na Grã-Bretanha com a Deusa Sulis, o que mais tarde se tornaria a protetora dos banhos romanos da Inglaterra. Juntas, elas se tornaram conhecidas como a Deusa Sulis-Minerva. Muitos locais sagrados foram dedicados a ela na Inglaterra, depois que os romanos governaram. Deusa controladora dos ventos, orientadora de marinheiros, que tem sabedoria para fazer tudo o que for pedido. Quando eu quero saber se um feitiço teve sucesso e foi concedido, chamo Minerva para me dizer. Gosto de verificar meu trabalho, e ela me envia um sopro de vento para confirmar se meu feitiço foi bem-sucedido.

Júpiter é o pai romano dos Deuses. Seu nome grego é Zeus e ele é o pai do céu e senhor dos raios e das tempestades. Para os antigos, as tempestades também traziam a vida, pois as chuvas trazem sementes para a terra, fazendo as coisas crescerem. Portanto, Deuses da tempestade são divindades da vida e da luz, e não apenas da escuridão ou da destruição potencial. Eles têm dois lados, tal como todos nós. Como o pai de todos, Zeus pode fazer qualquer coisa, mas sua esfera de influência particular era o Céu, bem como boa saúde, riqueza e bênçãos. Seu planeta, na astrologia mágica, traz fortuna e boa sorte. Se você invoca Zeus para ajudá-lo com um feitiço pode esperar para ver um raio ou dois logo depois para mostrar que seus desejos foram ouvidos. Isso não necessariamente significa que ele concorda ou que cumprirá seu pedido, pois Zeus tem vontade própria, mas vai deixar você saber que ele foi ouvido.

Hécate

Hécate é a Deusa grega negra da Bruxaria. Amante da magia, das ervas e dos feitiços, ela é um guia para aqueles que estão perdidos no escuro. Deusa muito mais antiga que os Deuses do

Olimpo. Enquanto Zeus e seus irmãos Poseidon e Hades, dividiram a criação – ficando com o céu, o mar e o submundo, respectivamente –, ela era tão honrada e temida que recebeu uma porção de cada um dos três reinos. Esse é um dos motivos pelos quais ela é considerada uma Deusa tríplice, muitas vezes representada com três faces, podendo ser de cobra, cavalo e cão.

Para mim, Hécate é como a Deusa Macha. Ela vai atrás dos iníquos mesmo sem pedir. Quando há uma situação caótica, ela vai dar uma olhada na situação e ajuda se ela achar que convém. Não se pode pedir para ela fazer algo específico, Hécate faz as coisas à sua própria maneira, assim como Macha e Morrighan. A roda de Hécate, seu símbolo, é excelente para invocá-la. Ela pode ajudar e ensinar magia e os segredos do Submundo. Gosto de ir a uma encruzilhada para invocá-la.

Certa vez, à meia-noite, fui ao centro, não muito longe do famoso hotel Hawthorne, e as luzes do salão de baile estavam acesas. Eu levei uma maçã e algumas ervas para um feitiço com Hécate, lá, lancei o feitiço e a chamei. Coloquei o feitiço no centro da encruzilhada com a maçã em cima dele, e espalhei ervas sobre tudo. Eu estava com minhas vestes completas e de casaco, porque estava frio. Todos no salão pararam e me olharam pela janela. Eu não imaginava isso; pensei que por ser meia-noite, não haveria pessoas ao meu redor, não percebi que as pessoas ainda estavam no salão, desfrutando de um sarau, tarde da noite. Quando você visitar Hécate, não seja tão pública assim. Vá a um lugar menos visível.

Roda de Hécate

MAGIA JUDAICO-CRISTÃ

Durante vários séculos as práticas de magia na Europa foram continuadas por magos judaico-cristãos, trabalhando com as tradições do grimório. Apesar de, certamente, tradições mágicas populares terem sido praticadas mesmo enquanto o paganismo foi sendo suprimido pela Igreja, aqueles que praticavam magia das tradições judaicas e cristãs secretamente prosperaram, documentando seu funcionamento nos livros mágicos conhecidos como grimórios. O grimório passou a influenciar os avivamentos mágicos da Inglaterra, particularmente da Aurora Dourada e, mais tarde, o trabalho de Gerald Gardner, Alex Sanders e muitos precursores da Wicca que influenciam a Bruxaria até hoje.

O grimório chamado *As Clavículas de Salomão* foi altamente influente nos estilos mais cerimoniais da Wicca. Ele é dividido em duas partes: a Clavícula de Salomão propriamente dita, incorretamente referida como a *Grande Clavícula*, um livro que remonta à Renascença do século 15 e a *Clavícula Menor de Salomão*, também conhecido como *O Lemegeton*, que remonta ao século 17. Embora ambas partes sejam atribuídas ao rei hebreu Salomão, famoso pela construção do templo, com o auxílio de espíritos, djinns ou demônios, ele provavelmente nada têm a ver com o Salomão histórico. Naquela época, era bastante comum atribuir um livro a uma figura histórica ou mítica, tal como todos os textos de autoria de Hermes ou toda a poesia atribuída a Taliesin. Salomão é uma figura interessante para as Bruxas. Embora ele fosse um rei hebreu, muitos mitos cercam sua relação com a rainha de Sabá, dando origem à imagem deles como Sacerdote e Sacerdotisa antigos de uma Deusa Pagã do Oriente Médio.

Nos livros, há vários símbolos e sigilos mágicos que atrairiam a influência de planetas, anjos e o que são chamados de espíritos goéticos, algumas vezes considerados demônios. Os símbolos nas chaves são muito interessantes para mim. Um amigo me fez um conjunto de todos os pantáculos clássicos de *As Clavículas de Salomão* em metais apropriados. Ele os fez todos na hora certa, no dia planetário correto, na hora planetária exata. Ele sabia o que estava fazendo, vestindo as cores adequadas, no espaço ritual certo, com as palavras apropriadas de bênção. O conjunto é extremamente poderoso e todos foram bem colocados juntos em termos de correspondências mágicas, apesar de estarem ancorados nas letras, sequências numéricas e sigilos da tradição mágica hebraica. A maioria deles tem um "impulso" forte por terem sido usados por tanto tempo por muitas pessoas, mas existem apenas alguns que eu pessoalmente usaria em minha magia. Muitos têm atributos dolorosos e fora de sincronia com meu próprio senso de equilíbrio e bondade. Outros têm escrita hebraica, e é bom usar somente o que você entender completamente. Palavras de origem estrangeira podem ter vários significados. Eu gosto de usar os selos de Vênus, planeta que está bem representada no meu mapa astrológico de nascimento. Muitas vezes coloco o pantáculo de Vênus em meu altar para atrair suas bênçãos em minha vida. Eu o coloco em cima do lado direito do meu altar, para atrair a luz de Vênus para me dar mais força venusiana, poder e bênçãos.

O Terceiro Pantáculo de Vênus
"Isto, se for simplesmente mostrado a qualquer pessoa, serve para atrair o amor."

Se você for usar os selos de Salomão, realmente deve estudar o grimório todo e entender as forças que está chamando antes disso. Hoje, muitas Bruxas escolhem o selo apropriado para sua intenção e também o fazem em papel colorido adequado, ou mesmo em uma fotocópia colorida em papel-pergaminho. Os selos podem ser enrolados e colocados em sacos mágicos. As velas podem ser queimadas em cima deles para ativar seu poder para o feitiço, e eles podem ser colocados atrás de quadros ou sob o tapete para sutilmente trazer sua influência.

Outra influência mítica de Salomão que fez o seu caminho dentro da tradição maçônica, que por sua vez influenciou o renascimento da Bruxaria moderna é o uso dos dois pilares. Dois pilares do portão do lendário Templo de Salomão, Jachin à direita e Boaz à esquerda, conforme estão retratados no tarô Rider-Waite. Na tradição bíblica, são pilares de bronze decorados com imagens de romãs e lírios no topo. *Jachin* significa fortalecer, enquanto *Boaz* significa força, apesar de magos modernos olharem para os dois como pilares da Árvore da Vida que tem três pilares – severidade em preto à esquerda; misericórdia em branco à direita e equilíbrio em cinza no centro. A carta da Sacerdotisa retrata Boaz e Jachin em preto e branco, com as letras B e J, e a Sacerdotisa guarda um portal onde o pilar médio pode ser encontrado. Além dela, há um jardim de romãs, não só um símbolo bíblico, mas também encontrado nas tradições da Deusa da Grécia antiga. Alguns acreditam que o portal não seja uma abertura, mas uma tapeçaria impressa de romãs, escondendo o Santo dos Santos, o mistério interior do templo.

A Alta Sacerdotisa

Hoje olhamos para eles como o equilíbrio, conhecido no Oriente como yin e yang, a polaridade branca e preta. Estudamos esse conceito no princípio hermético da polaridade. Juntos, eles ensinam sobre equilíbrio. Muitos Bruxos colocam uma vela preta no lado esquerdo do seu altar e uma vela branca no lado direito. O preto é para a Deusa, a Lua, a noite e o pilar escuro da severidade. E o branco é para o Deus, o Sol, o dia e o pilar branco da misericórdia. A vela escura atrai a luz para nossa magia, enquanto a vela branca a transmite, mandando luz para nossa magia. Elas criam não apenas o equilíbrio, mas também uma estação para receber e outra para transmitir nossas intenções. Quando você desejar criar o equilíbrio em sua vida, coloque uma vela preta e uma vela branca com esta intenção e queime. Se uma queima mais lentamente que a outra, demonstra qual polaridade está fora de equilíbrio.

A Árvore da Vida judaica, símbolo que resume os ensinamentos cabalísticos judaicos, é outra imagem popular que foi propagada por muitos. Ela tornou-se uma parte dos ensinamentos cristãos e foi absorvida pela alquimia e pelas tradições de grimório. A Aurora Dourada começou como um grupo ocultista no século 18, na Inglaterra, que usava a Árvore da Vida como seu símbolo primário e baseava todos os seus ensinamentos e sistemas em torno dela. Hoje, muitos Bruxos olham para a Árvore da Vida como outra maneira de entender o Universo e as várias correspondências astrológicas e espirituais na magia ocidental.

A Árvore da Vida

Um dos aspectos mais populares da magia judaico-cristã atual é a magia angelical. Essas entidades muito poderosas encontram-se na tradição e filosofia judaico-cristã e podem ter raízes em outra magia cultural do Oriente Médio, mas suas expressões dominantes como entendemos hoje vêm das tradições judaico-cristãs. Elas são mencionadas a princípio com os nomes que estamos familiarizados no Antigo Testamento. Apesar das ideias populares de seres muito gentis, amorosos e neutros, as histórias do Antigo Testamento mostram um lado diferente dos anjos. Eles são humanos apenas quando assumem a forma de um "homem", mas são frequentemente monstruosos com muitos olhos, asas, cascos e chifres, misturando atributos animais. Anjos são mencionados no mito cristão e nos estudos da Cabala hebraica. Cada uma das dez esferas da Árvore da Vida – chamada *sephiroth*, que significa "emanação" – é regida por um arcanjo e uma ordem de anjos sob o comando desse arcanjo. Os sete arcanjos associados com sete planetas são os mais populares, mas diferentes textos listam diversos grupos de arcanjos, dependendo do sistema.

A Aurora Dourada focava em quatro arcanjos principais, para os quatro elementos e as quatro direções. Eles chamavam seus quadrantes usando esses anjos, e foram mais tarde referidos na Bruxaria e na Wicca como as Torres de Observação, outro termo da Magia Cerimonial. Muitas Bruxas primeiro aprendem a lançar um Círculo com os arcanjos. Na Tradição Cabot, podemos orientar os elementos com a Terra ao Norte, Fogo no Leste, Ar ao Sul e Água no Oeste, mas as tradições angélicas geralmente juntam Ar e Fogo, com base em ensinamentos da Aurora Dourada.

Anjos, ao contrário dos Deuses, são tradicionalmente comandados para fazer a sua vontade no mundo. É parte da cultura desta tradição mágica. Eu pessoalmente não concordo com isso. Não gosto de ser uma Bruxa comandando. Eu gostaria de ter parceria com os Deuses. Mas se você optar por trabalhar com os anjos, pode usar em sua magia seus sigilos muito parecidos com os selos de Salomão, colocando os anjos para trabalhar para você. É muito importante certificar-se que o anjo que você escolher coincide com a sua intenção. Os anjos só têm influência na sua esfera de poder. Se você fizer a escolha errada, a magia não vai funcionar.

Uriel é considerado um importante arcanjo no círculo elemental, mas não um dos sete arcanjos planetários. Hoje podemos associá-lo com Urano ou Plutão.

Arcanjo	Elemento	Planeta	Influência
Rafael	Ar	Mercúrio/Sol	Comunicação, escrita, viagem, cura.
Miguel	Fogo	Sol/Mercúrio	Força, cura, proteção, luz.
Gabriel	Água	Lua	Mensagens psíquicas, nascimento, sonhos, família.
Uriel	Terra	Urano	Manifestação, morte, conhecimento.
Haniel/ Anael	—	Vênus	Amor, beleza, ervas, paixão, natureza.
Samael/ Khamael	—	Marte	Proteção, destruição, remoção, cirurgia.
Tzadkiel/ Sachiel	—	Júpiter	Boa sorte, fortuna, prosperidade, direção.
Tzafkiel/ Cassiel	—	Saturno	Mistérios, conexão, espiritualidade, meditação.

A primeira vez que usei os quatro arcanjos em um Círculo, tive uma experiência muito poderosa. Eu tinha mudado para Chestnut Street, em Salem, e criei um Círculo Mágico no chão da minha casa, "emprestando" os quatro arcanjos para o Círculo. Dentro desse espaço sagrado, fiz um feitiço para "ensinar a Bruxaria como uma ciência para o mundo". Com Uriel eu pude sentir um vento vindo por trás de mim, quase me empurrando enquanto eu estava no Círculo. Duas semanas depois, eu estava em um clube em Rhode Island, assistindo a um amigo e não tinha ideia de por que eu estava lá. Acabei conhecendo o diretor de educação continuada da Welsley High School, que me convidou para ensinar Bruxaria como uma ciência em seu programa de educação continuada. Isso logo me levou a realizar o mesmo trabalho no Salem State College, e o resto é história!

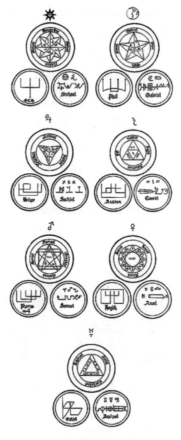

Selos dos sete Arcanjos

MAGIA NÓRDICA

De todas as magias emprestadas do mundo, sinto-me mais confortável com a nórdica e com as diversas tradições relacionadas com os teutônicos. Eles são mais como os meus antepassados celtas, sendo tribos do norte europeu. Com as invasões dos saxões da Inglaterra, tradições semelhantes se misturaram com os britânicos, influenciando a Bruxaria, tal como a conhecemos. Estudiosos hoje acreditam que quando os romanos se referiam aos teutões, estavam realmente se referindo ao povo celta, em vez do germânico, apesar de ser difícil distinguir as pessoas nessas fontes antigas. Hoje, os teutões se referem ao povo germânico, incluindo aqueles que conhecemos como noruegueses, suecos, austríacos, holandeses, dinamarqueses, alemães e mesmo ingleses. No paganismo moderno, nós tendemos a pensar as tradições mágicas como nórdicas ou anglo-saxãs. Embora as duas sejam diferentes, elas têm algumas práticas, imagens e Deuses semelhantes. Praticantes modernos que revivem tradições antigas muitas vezes identificam-se como *heathen*, preferindo a palavra mais nativa para suas tradições do que a palavra latina "Pagão". Estes Pagãos dedicados aos Deuses do céu conhecidos como os Aesir são conhecidos como Asatru, já aqueles especificamente dedicados ao Deus Odin são os Odinistas.

Odin

A magia nórdica é dividida em duas categorias principais, *seidr e galdur*. Em alguns aspectos, isso é semelhante à divisão entre os Deuses nórdicos, que podem ser de duas tribos: os vanir, que são considerados mais terrenos e terrestres e os aesir, Deuses do céu que residem no reino de Asgard. Podemos compará-lo aos Deuses antigos e novos da antiga Irlanda, os fomorianos e os Tuatha De Danann.

Seidr é a feitiçaria mais feminina. Hoje, podemos associá-la com o ato de sacodir e tremer para entrar em um transe xamânico, mas pode incluir todo o tipo de feitiçaria e magia da natureza também. Seidr foi associada com a magia sexual. Os homens poderiam praticá-la, mas era considerado um tabu. O Deus aesir Odin aprendeu seidr com Freya dos vanir e foi considerado seu patrono.

Freya

Ao lado de seu irmão, Freyr, o senhor, Freya é a "senhora" dos vanir. Ela é uma mulher complexa, pois pode ser muito gentil e benéfica, mas dura e raivosa. Nunca se sabe o que vamos obter quando chamamos por ela. Freya está associada com gatos, de forma muito semelhante à Deusa egípcia Bast, e gatos puxam sua carruagem, que viaja através dos céus, com a senhora chorando por seu marido perdido. As lágrimas que atingiram o mar se tornaram âmbar e as lágrimas que caíram na Terra tornaram-se ouro. Ela também está associada com Vênus, que é uma Deusa do amor. Sexta-feira, o dia de Vênus, é dia de Freya, embora alguns digam que esse dia pertence a Frigga, esposa de Odin; Freya era sua amante. Elas muitas vezes se confundem.

408 | Livro dos feitiços e encantamentos de Laurie Cabot

Freya pode ser invocada para ajudar com todas as formas de sexualidade e com a feitiçaria intuitiva. Ela é também uma grande protetora e vai detectar informações que você precisa saber. Também peço para ela me ajudar quando estou viajando, principalmente se eu me perder dirigindo ou vagando na floresta. Ela é a senhora da terra verde.

Galdr são os encantamentos falados ou cantados, incluindo as runas, que são sons, e símbolos; juntos, cada um deles representam um mistério. De acordo com o mito nórdico, Odin obteve o conhecimento e o poder das runas por enforcamento na Árvore do Mundo, um freixo chamado Yggdrasil, onde ficou pendurado durante nove dias e nove noites. Quando ele terminou este ritual de sacrifício, ganhou seu poder e o compartilhou com os outros.

Mais popular entre Bruxos e Pagãos é o conjunto de runas do alfabeto antigo *Futhark*, composto de 24 poderes simbólicos. Runas podem ser colocadas juntas de várias maneiras diferentes para criar um feitiço. Uma única runa pode ser usada em um feitiço para chamar seu poder. Uma série de runas pode ser escrita da esquerda para a direita para evocar todo seu poder e várias runas podem ser combinadas em uma forma, um *bindrune (junção de runas)*, para unificar o seu poder. Esses símbolos podem ser transportados como um talismã ou uma peça de joalharia, esculpidos em velas ou desenhados em papel e colocados sob um feitiço com uma vela, esculpidos em madeira, pintados na pedra, ou mesmo simplesmente desenhados no ar e visualizados. Algumas Bruxas empoderam peças de joias comuns com as runas sobre elas ou usam peças específicas personalizadas. Ensinamentos sobre o galdr indicam que também é importante falar ou cantar o nome da runa para empoderá-la.

Runas também são utilizadas na adivinhação, como cartas de tarô, elas podem ser retiradas de um saco, organizadas em um layout, ou espalhadas sobre um pano e interpretadas com cartas ou I-Ching, dando uma leitura geral ou respondendo a uma pergunta específica. Se você tiver um conjunto de runas para adivinhação, pode tirar runas específicas e colocá-las sobre seu altar para evocar uma mudança mágica em sua vida ou usá-las em conjunto com outra magia.

Runas

Aqui estão algumas combinações de runas que eu uso em magias eficazes:

Hagalaz – Othila = Proteção, particularmente contra possessões.
Berkana – Wunjo = Para aumentar a felicidade e a alegria em sua vida.
Fehu – Berkana – Kenaz = Aumentar a prosperidade.
Fehu – Jera = Sucesso nos negócios ou dinheiro rápido.
Laguz – Kenaz – Pertho – Algiz = Ativar habilidades psíquicas.
Eihwaz – Raido – Ehwaz – Laguz = Viagem psíquica e projeção astral.
Algiz – Isa = Neutralizar uma situação.
Ansuz – Teiwaz = Sucesso em falar em público.
Gebo – Wunjo – Ing = Bênçãos sobre um relacionamento.
Nauthiz – Raido – Mannaz = Conectar-se com a pessoa certa para uma determinada situação.

MAGIA VODU

Dentre as culturas que me fascinam está também a magia do Vodu e a Santeria. Um aluno uma vez me trouxe uma joia do Haiti com um dos *veves*, ou símbolos, de um *Loa*, representando os espíritos do Vodu, o que alimentou o meu fascínio por esta tradição muito poderosa e interessante. Essa prática foi sincretizada com o catolicismo e então muitos dos espíritos foram sincretizados com os santos católicos. Práticas de Vodu e Santeria – popularizada nos centros urbanos americanos pelas lojas conhecidas como botânicas, similares em muitas maneiras a lojas ocultistas e nossas próprias lojas de Bruxaria – entraram rapidamente nas práticas das Bruxas urbanas e então tornaram-se parte da Bruxaria moderna americana. Vodu de Nova Orleans e a tradição folclórica mágica do Hoodoo continuam a influenciar as práticas americanas e agora estão indo para Europa e para a Austrália.

Meu outro interesse por magia africana decorre do desejo que tenho de honrar a figura histórica de Tituba, escrava e residente de Salem, e honrar seus caminhos africanos, embora hoje estudiosos debatam sua etnia, questionando se ela era parte africana e/ou parte nativa-americana. Não sei se alguma vez saberemos isso com certeza. Isso me influenciou tanto que cheguei a dedicar uma parte de minha loja para Tituba. Ela não tinha sido homenageada em nossa cidade de nenhuma maneira. Todas as exibições turísticas históricas escrevem e falam sobre ela, mas nenhuma se concentra nela, em como ela era incompreendida e em como ela é importante. Ela nos ensina a importância de reconhecer e compreender diferentes culturas, num tempo em que as pessoas não se importavam com outras culturas. Então decidi abrir uma loja em nome dela e pintei um quadro dela, baseando-se em seu espírito para me guiar. Achei que era hora de alguém dar mais atenção à sua história, e então, fizemos uma breve biografia sob a perspectiva dela nos panfletos da loja, para que os turistas conhecessem mais do que apenas o seu nome quando viessem visitar a cidade.

Tituba

A Magia Vodu, ou mais propriamente magia da diáspora africana, pertence às tradições do Haiti e de Nova Orleans. Lá têm surgido duas tradições diferentes, complementares entre si; o Vodu haitiano é mais ortodoxo e hierárquico, enquanto o estilo Nova Orleans é uma forma mais livre e aberta. Enquanto Vodu é uma mistura de práticas africanas e católicas francesas vindas do Haiti, a Santeria é uma mistura de práticas africanas e católicas espanholas vindas de Cuba. Em vez de honrar os Loas, honram espíritos similares, conhecidos como Orixás. Apesar de serem religiões diferentes, reuni nesta mesma seção as duas formas de magia como eu aprendi e prático, porque elas apresentam muitas semelhanças entre si.

O Loa e o Orixá são únicos em nossa compreensão de magia que pegamos emprestada. Enquanto muitas religiões Pagãs mais antigas reconhecem seus espíritos como Deuses, essas tradições africanas têm sido sincretizadas com o catolicismo, que, portanto, não permite quaisquer outros Deuses além da trindade cristã de Deus pai, Deus filho e Deus Espírito Santo. Esses espíritos não são Deuses em si, mas são exclusivos de sua tradição. Alguns os descrevem como Deuses arquetípicos, mas a maioria dos praticantes dessas religiões ficaria ofendido se esses espíritos fossem chamados de Deuses. Eles também são comparados a anjos, santos ou ancestrais. Alguns seres humanos podem se tornar Loas, como a rainha Vodu de Nova Orleans, Marie Laveau, mas nem todos os Loas tiveram forma humana. Alguns praticantes de Vodu reconhecem a iconografia de outras religiões além do catolicismo para representar seus espíritos. Alguns olham para estátuas de Ísis e veem como La Siren, uma Loa.

Os Loas e Orixás têm fortes tradições estabelecidas. Sua sabedoria inclui quais as cores que preferem e quais as ofertas de comida, bebida e outros itens são mais apropriados. Cada um deles tem símbolos, conhecidos como veves no Vodu, canções e dias especiais da semana Vodu. Alguns não querem ser colocados ao lado do outro, por não se darem bem. Muitas vezes fazer uma oferenda errada pode ser considerado ofensivo e podem acontecer coisas difíceis para a pessoa que faz tal oferta. Certifique-se de aprender sobre os espíritos que você escolher para trabalhar, especialmente se você planeja honrar a longo prazo algum destes grupos particulares de espíritos.

Feitiço de Legba

- Tabaco
- Cachimbo
- Saco vermelho
- Fita vermelha

Moedas Veve de Legba

Legba é o velho homem das encruzilhadas. Seus olhos são mais brilhantes que as estrelas. Se você der de presente um tabaco para seu cachimbo, na encruzilhada, ele vai trabalhar sua magia para você. Ele pode lhe trazer boa sorte e boa fortuna e enviar coisas ruins em outros lugares. E pode levantá-lo do fundo, em direção às alturas. Suas outras ofertas incluem moedas, rum, café, cana-de-açúcar e charutos, além de apreciar uma bengala perto de seu altar.

Coloque o veve de Legba e as suas oferendas numa bolsa vermelha, e amarre com a fita vermelha. Vá a uma encruzilhada e diga em voz alta:

Legba, Legba, Legba. Trouxe-lhe algum dinheiro e um cachimbo. Por favor me ensine e me abençoe.

Ele sempre vai apreciar o seu presente. Seu trabalho é lento, mas com precisão. Dê-lhe tempo para fazer mudanças na sua vida e para aprender com ele.

Veve de Legba

Moedas para Oya

Se você acha que tem um inimigo, mas não tem certeza quem ele é, poderá usar este feitiço. Não precisa estar necessariamente sob uma maldição, o feitiço funciona para neutralizar as energias incorretas. Você pode sentir quando existem muitas energias desencontradas e as coisas não estão indo bem. Oya é o Orixá que pode agitar as coisas, como uma Deusa das tempestades. Ela agita as coisas, manda embora e cuida de tudo, e ainda deixa você saber quem são seus inimigos.

Fui ao cemitério da rua Charter, em Salem, onde estão os antepassados antigos da cidade. Era pleno dia, mas eu não liguei, senti a necessidade de fazer este feitiço e tinha de ser feito no cemitério.

Havia muitos turistas olhando para mim. Eu levei três moedas de um centavo e joguei, cantando "Oya, Oya, Oya. Deixe-me saber quem são os meus inimigos".

Voltei para o carro e as pessoas ainda estavam me encarando, boquiabertas. Evidentemente que nunca tinham visto uma Bruxa ir para o cemitério para lançar um feitiço. No dia seguinte, uma tempestade de relâmpagos varreu Salem. Um raio atingiu o templo maçônico no centro da cidade, deixando-me saber o que estava causando o desequilíbrio em minha vida. O relâmpago era rosa e tão brilhante e poderoso que fez todos os tipos de sirenes e alarmes explodirem. Com este conhecimento do que estava causando os problemas, pude neutralizar a energia, colocar um escudo mais forte e desassociar-me daquela pessoa. Apesar de achar que somos perfeitamente capazes de proteger a nós mesmos e que as pessoas realmente não podem nos prejudicar, quando sua astrologia está fora de sincronia com seus desejos e intenções, e a minha na época estava com Plutão em um trânsito difícil, isso pode nos fazer sentir vulneráveis.

Conclusão

Magia, Religião & Criação

Toda religião é sobre a criação, que nunca está finalizada. É um processo eterno. No entanto, o Sol nasce e se põe sem nossa ajuda. O movimento da roda do ano é tanto humano quanto divino. Temos um papel ativo na mudança das estações. As Bruxas são cocriadoras do mundo. Podemos transformar energia em matéria.

A Bruxaria está se tornando parte integrante do esforço mundial para fazer a vida humana mais sensível às necessidades da Terra. Estamos trabalhando magias de cura e de limpeza para renovar as reservas do mundo. Deixe-nos tocar a Terra com cuidado e curar a natureza. A Terra é o templo da Bruxa.

Passei muitos meses na Inglaterra reunindo o poder dos meus antepassados. E trouxe para cá aquela a magia, tanto espiritual quanto física. Estar no Tor de Glastonbury, que é Avalon, e lançar um Círculo em Stonehenge foi ao mesmo tempo um despertar e surpreendentemente natural. Agradeço aos meus ancestrais celtas Hwicce e Dobunni por manterem a magia do Reino das Fadas e a Bruxaria vivas e a todos os "estudiosos" que falharam em ver que não é só a névoa e o som do mar em um país silencioso que nos leva a acreditar em magia. É tudo isso e muito mais, muito mais. É ciência, arte e religião. Nada neste mundo é sobrenatural. Tudo é natural. Bruxaria é uma religião da natureza e um caminho de vida vindo de tribos europeias. Como Bruxos, nós misturamos as energias da natureza para promover cura, crescimento e vida. Nossas meditações e feitiços continuam esta prática. Como seguidores da velha religião, arte e ciência, nós usamos ervas, pedras, metais e os padrões de energia do Universo para manter a magia viva.

Só os homens temem a maldição dos cristãos, o povo do país das fadas não a considera.

The Faery Faith in Celtic Countries de TY Evanz Wentz. Citadel Press